U0557738

南京大学管理学院学术文库/主编　王跃堂

消费者在线评论信息生成的动力机制研究

Study on motivations for consumers-generated online reviews

周海花　著

南京大学出版社

图书在版编目(CIP)数据

消费者在线评论信息生成的动力机制研究 / 周海花著. — 南京 : 南京大学出版社, 2020.8

(南京大学管理学院学术文库 / 王跃堂主编)

ISBN 978 - 7 - 305 - 23334 - 0

Ⅰ. ①消… Ⅱ. ①周… Ⅲ. ①电子商务—消费者行为论 Ⅳ. ①F713.55

中国版本图书馆 CIP 数据核字(2020)第 087476 号

出版发行　南京大学出版社
社　　址　南京市汉口路 22 号　　　邮　编　210093
出 版 人　金鑫荣

丛 书 名　南京大学管理学院学术文库
书　　名　消费者在线评论信息生成的动力机制研究
著　　者　周海花
责任编辑　陈　佳　　　编辑热线　025 - 83686308

照　　排　南京南琳图文制作有限公司
印　　刷　南京爱德印刷有限公司
开　　本　718×1000　1/16　印张 14.5　字数 260 千
版　　次　2020 年 8 月第 1 版　2020 年 8 月第 1 次印刷
ISBN 978 - 7 - 305 - 23334 - 0
定　　价　80.00 元(精装)

网　　址　http://www.njupco.com
官方微博　http://weibo.com/njupco
官方微信　njupress
销售热线　025 - 83594756

编 委 会

总 序

《南京大学管理学院学术文库》(简称《文库》)是由南京大学管理学院组织相关学者撰写的一套管理学丛书。南京大学管理学院从2019年开始,计划每年出版若干部高水平管理学著作,向全社会展现南京大学工商管理学科的最新成果,以期对中国的工商管理理论研究以及企业发展做出应有贡献。

南京大学管理学院目前设有工商管理系、会计学系、营销与电子商务系、人力资源管理学系4个系,同时设有整合全院研究力量的企业战略研究所、人力资源战略研究所、市场研究与咨询中心等研究机构。企业管理于2002年获评为国家重点二级学科;工商管理于2003年获评为江苏省一级学科重点学科,2011年获评为江苏省优势学科(第三期已立项);会计学二级学科于2003年获评为江苏省唯一的会计学省级重点学科。在第四轮学科评估中,管理学为"A"类学科。近年来,管理学院教师在管理理论、人力资源管理、企业战略与组织、技术创新、市场营销、会计学以及财务管理等领域开展了大量有价值的科学研究,在学术界产生了重要影响。2010年以来,学院教师承担了一百多项国家自然科学基金项目,发表了大批高质量的学术成果,获得了32项省部级以上科研或教学奖励。学院拥有国家精品课程4门、精品教材4部,教育部长江学者特聘教授2人,"万人计划"2人,"优青"2人,"新世纪人才"4人,"百千万人才"2人,"马工程"首席专家1人。

由于社会经济活动正在面临巨大的结构变革,进入21世纪的世界经济将会发生质的变化,这对工商管理的理论研究提出了新的挑战。为此,我们非常关注管理理论上的创新,《文库》中也体现了这方面的最新成果。比如，戴万稳老师的著作《危机管理之道》对危机管理的动态复杂性之谜进行探索，并在危机管理理论上形成一定创新。该书系统解析个体和企业已发生和正在发生的危机情境，带领读者以系统思维主动感知和认识自己身边的各种潜在危机信号，反思自己在过去的危机管理过程中的行动，审视自己在当下的危机应对过程中的策略，并针对未来可能出现的各种潜在危机制定和不断完善危机预案。

南京大学管理学院的学科建设不仅注重理论研究，而且更关注如何将研究成果运用于组织实践。《文库》也出版了具有组织实践价值和重要现实意义的研究成果。比如，冯巧根教授的著作《中国管理会计：情境特征与前景展望》对近年来管理会计研究成果进行总结与提炼，通过对管理会计情境特征的研究与探讨，结合中国经济社会转型与科学技术发展的实践，提出对管理会计未来发展的趋势判断及远景展望，为中国特色管理会计理论与方法体系的构建做出了贡献。近年来，互联网、大数据经济的崛起推动我国信息化建设迈向新的台阶，医院信息操作平台(HIS)、办公自动化系统(OA)以及以电子病历为核心建立临床信息系统(包括 PACS、LIS、手术麻醉系统等)等的不断开发应用，在一定程度上提高了医院的工作效率和工作质量，并积累了大量有价值的医疗管理数据。吕伟老师的著作《医疗健康组织的绩效管理研究》探讨了如何在互联网技术环境下对医疗健康组织进行绩效管理，并提出基于信息系统按照事前预测、事中控制、事后管理，提供便捷完善的数据服务。

如果说，管理理论与实践的创新是工商管理学科发展的驱动力，那么不能忽视的另一种驱动力则是一些相近学科的发展，特别是经济学、心理学、社会学、数学等学科发展的最新成果都在管理学研究中得到了运用。南京大学管理学院将在未来几年里逐步推出一些具有学科交叉特色的研究成果，为工商管理学科的发展再添助力。

前 言

在线评论(Online Reviews)是消费者发布在企业网站或第三方网络平台上关于商品或服务的评价,属于网络口碑(Online Word-of-Mouth)的一种常见表现形式。1966 年动机研究之父 Dichter 提出了四个积极口碑传播动机:产品相关、自我相关、其他卷入度和信息相关。时隔 50 多年,在移动互联网高速发展的今天,消费者参与在线评论的动机是否仍然是前人所研究的结论呢? 通过我们的初步调研,消费者中仍然有 63.5%很少发表评论,对感觉特别好的体验或商品会发表评论,对感觉特别糟糕的购物体验也会发表评论,有 15%从来不发表评论。如何让消费者积极地参与在线评论? 消费者参与在线评论的动机到底如何? 哪些因素会影响消费者发表在线评论? 鉴于此,提出了本书的研究课题:移动互联网环境下消费者在线评论信息分布规律及生成的动力机制研究。

本书的主要学术价值可归纳为以下三个方面:

首先,利用豆瓣网电影在线评论和京东商城某商品评论对传统文献计量学的三大定律进行了实证。实证结果表明:① 从布拉德福定律拟合结果可以看出,曲线增长整体上呈“缓慢增加—平稳—缓慢减弱”的趋势。为验证布拉德福定律曲线的三个部分,即先是一段上升的曲线,然后是一段直线,最后是下垂曲线,将豆瓣网电影在线评论布拉德福拟合曲线图的部分数据进行放大处理,可以发现第一段是加速上升的,不太符合传统布拉德福定律曲线特征,导致这一差异的根本原因在于网络信息资源的增速比较快。② 从齐普夫定律拟合结果可以看出,以词级 r 和词频 f 的对数作一张图,齐普夫定律应该为一直线,但我们检验获取的数据发现,不完全符合齐普夫定律,如果用一条直线来拟合我们所作的曲线,其拟合优度等于 0.896 7。原因一方面可能是研究获取的数据量不够,另一方面可能是网络信息资源与普通文献信息资源在本质特征上有所区别。③ 从洛特卡定律拟合结果可以看出,拟合直线与传统洛特卡直线有所区别，从拟合情况看，拟合优度达 0.762，接近于完全拟合优度 1。由一元线性回归模型可知：$n=1.0871$，$C=0.047753$，这个公式适用于传统的文献信息资源时，n 等于 2，n 会随着信息资源类型的不同而有所差别，由于研究数据有限，暂时无法得出进一步结论，即是否所有在线评论信息资源的洛特卡定律的拟合结果都是这样。

其次，基于 TRA、TPB 等态度行为关系理论，到 TAM、TAM2 以及 UTAUT 等信息技术接受模型，本研究将行为态度作为行为意向的前因变量，遵循“系统认知—行为态度—行为意向”的分析逻辑，构建了消费者参与在线评论的动力机制行为模型框架，并利用该模型进行实证。① 调查样本的描述性统计分析和推断性统计分析。明确了消费者参与在线评论信息生成的现状，并采用独立样本 t 检验和单因素方差分析法，从性别、年龄等方面对消费者参与在线评论信息生成的行为进行了分组分析，发现上述因素对消费者参与在线评论行为无显著影响。② 样本正态分布、信效度检验及消费者在线评论信息生成的动力机制模型的验证性因素分析。主要对调查样本进行正态分布和信效度检验，并对消费者在线评论信息生成的动力机制模型进行验证性因素分析，检验因子拟合指标、收敛和区别效度。③ 对消费者在线评论信息生成的动力机制模型进行检验、修正及效果计算。这一过程主要包括对模型进行识别、拟合与评价，并根据 AMOS 输出结果中的修正指标对前期假设模型进行适当修正，修正后的模型的拟合指标值较高，模型适配度较为理想且整体解释力较高，最终确定了消费者在线评论信息生成的动力机制模型。④ 对假设进行检验和效果计算。分析研究假设的检验结果，计算各影响因素对感知成本（PC）、感知风险（PR）、感知趣味性（PF）、传播习惯（HA）、行为态度（BA）、行为意向（BI）的直接、间接和总影响效果。

最后，采用用户画像的方法对在线评论用户类型进行分类，呈现消费者在线评论特征，并分析潜在的消费者采纳在线评论的行为。总体来说，基于在线评论的用户可以分为五个类型的画像，但这五种类型不是不交叉的，其分类标准是消费者在进行购物或体验后大部分情况下采取的评论方式，根据访谈结果，有些消费者不管什么时候都不会发表评论，即便遇到质量问题，也是直接和店家沟通后解决，解决后也不会发表任何评论，而有的消费者会对超出预期和特别糟糕的产品和服务进行评论，大部分时候也是选择沉默不语。本书仅以这些用户画像来揭示典型用户在发表评论过程中的态度、情感、意愿，然后分析这些在线评论对潜在消费者的影响，未来可基于用户类型与潜在消费者的采纳行为之间的关系做更深入的定量分析。

本书受南京大学商学院管理学院学术文库资助，还受南京市“十三五”重点学科应用经济学(培育学科)资助，是南京晓庄学院高层次培育项目“互联网+”背景下在线评论对消费者网购行为的影响研究(项目编号：2017NXY03)、江苏高校哲学社会科学研究项目移动商务用户的采纳行为研究(项目编号：2016SJD630021)的研究成果之一。

众多网络信息资源管理领域学者的前期研究为本书的创作提供了无穷的思想源泉，请恕本人无法一一表达感激之情。千里之行，积于跬步，唯愿本人的努力能为用户行为研究抛砖引玉。限于本人精力和学识，书中难免存在不足之处，恳请专家与读者批评指正。最后，衷心感谢所有对本研究给予过支持和帮助的专家和学者！感谢本书的主编和责编！感谢他们在本书出版中付出的辛勤劳动！

目　录

图目录

表目录

第一章　引　言

1.1　研究背景和意义

1.1.1　研究背景

2019 年，互联网覆盖范围进一步扩大，贫困地区网络基础设施“最后一公里”逐步打通，“数字鸿沟”加快弥合；移动流量资费大幅下降，跨省“漫游”成为历史，居民入网门槛进一步降低，信息交流频率得到提升。通过工业和信息化部统计的移动互联网接入流量，2016 年以来逐年上升，2019 年已达到 553.9 亿 GB（见图 1-1）。移动互联网的便捷发展使得手机上网和网络购物越来越普及。据第 44 次《中国互联网络发展状况统计报告》，截至 2019 年 6 月，我国网民规模达 8.54 亿，较 2018 年年底增长 2 598 万，互联网普及率达到 61.2%，较 2018 年年底提升了 1.6 个百分点。我国手机网民规模达 8.47 亿，较 2018 年年底增长 2 984 万，我国网民使用手机上网的比例达 99.1%，较 2018 年年底提升 0.5 个百分点。我国网络购物用户规模约达 6.39 亿，较 2018 年年底增长 2 871 万，占网民整体的 74.8%；手机网络购物用户规模约达 6.22 亿，较 2018 年年底增长 2 990 万，占手机网民的 73.4%。我国网络支付用户规模达 6.33 亿，较 2018 年年底增长 3 265 万，占网民整体的 74.1%；手机网络支付用户规模达 6.21 亿，较 2018 年年底增长3 788万，占手机网民的 73.4%。（见表 1-1、表 1-2）

电子商务领域首部法律《电子商务法》正式出台，对促进行业持续健康发展具有重大意义。在经历多年高速发展后，网络消费市场逐步进入提质升级的发展阶段，供需两端“双升级”正成为行业增长新一轮驱动力。在供给侧，线上线下资源加速整合，社交电商、品质电商等新模式不断丰富消费场景，带动零售业转型升级；大数据、区块链等技术深入应用，有效提升了运营效率。在需求侧，消费升级趋势保持不变，消费分层特征日渐凸显，进一步推动市场多元化。网络购物市场保持较快发展，下沉市场、跨境电商、模式创新为网络购物市场提供了新的增长动能。在地域方面，以中小城市及农村地区为代表的下沉市场拓展了网络消费增长空间，电商平台加速渠道下沉；在业态方面，跨境电商零售进口额持续增长，利好政策进一步推动行业发展；在模式方面，直播带货、工厂电商、社区零售等新模式蓬勃发展，成为网络消费增长新亮点。（见表 1－1，表 1－2）

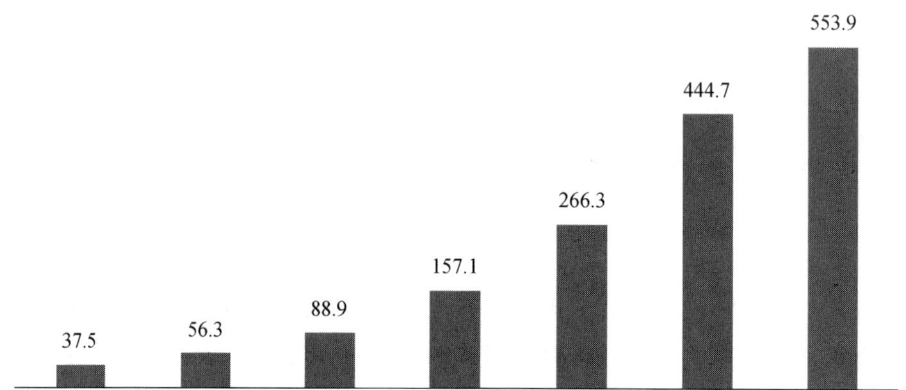

图 1－1　移动互联网接入流量(单位:亿 GB)

来源:工业和信息化部(2019 年 6 月)

表 1－1　2018 年 12 月～2019 年 6 月网民各类互联网应用的用户规模及使用率

应用	2018 年 12 月		2019 年 6 月		
	用户规模/万	网民使用率/%	用户规模/万	网民使用率/%	半年增长率/%
即时通信	79 172	95.6	82 470	96.5	4.2
搜索引擎	68 132	82.2	69 470	81.3	2.0
网络新闻	67 473	81.4	68 587	80.3	1.7
网络视频（含短视频）	72 486	87.5	75 877	88.8	4.7
网络购物	61 011	73.6	63 882	74.8	4.7
网络支付	60 040	72.5	63 305	74.1	5.4
网络音乐	57 560	69.5	60 789	71.1	5.6
网络游戏	48 384	58.4	49 356	57.8	2.0
网络文学	43 201	52.1	45 454	53.2	5.2

（续表）

应用	2018年12月		2019年6月		
	用户规模/万	网民使用率/%	用户规模/万	网民使用率/%	半年增长率/%
旅行预订	41 001	49.5	41 815	48.9	2.0
网上订外卖	40 601	49.0	42 118	49.3	3.7
网络直播	39 676	47.9	43 322	50.7	9.2
网约专车或快车	33 282	40.2	33 915	39.7	1.9
网约出租车	32 988	39.8	33 658	39.4	2.0
在线教育	20 123	24.3	23 246	27.2	15.5
互联网理财	15 138	18.3	16 972	19.9	12.1
短视频	64 798	78.2	64 764	75.8	−0.1

来源：CNNIC中国互联网络发展状况统计调查（2019年6月）

表1-2　2018年12月～2019年6月手机网民各类手机互联网应用的用户规模及使用率

应用	2018年12月		2019年6月		
	用户规模/万	网民使用率/%	用户规模/万	网民使用率/%	半年增长率/%
手机即时通信	78 029	95.5	82 069	96.9	5.2
手机搜索	65 396	80.0	66 202	78.2	1.2
手机网络新闻	65 286	79.9	66 020	78.0	1.1
手机网络购物	59 191	72.5	62 181	73.4	5.1
手机网络支付	58 339	71.4	62 127	73.4	6.5
手机网络音乐	55 296	67.7	58 497	69.1	5.8
手机网络游戏	45 879	56.2	46 756	55.2	1.9
手机网络文学	41 017	50.2	43 544	51.4	6.2
手机网上订外卖	39 708	48.6	41 744	49.3	5.1
手机在线教育课程	19 416	23.8	19 946	23.6	2.7

来源：CNNIC中国互联网络发展状况统计调查（2019年6月）

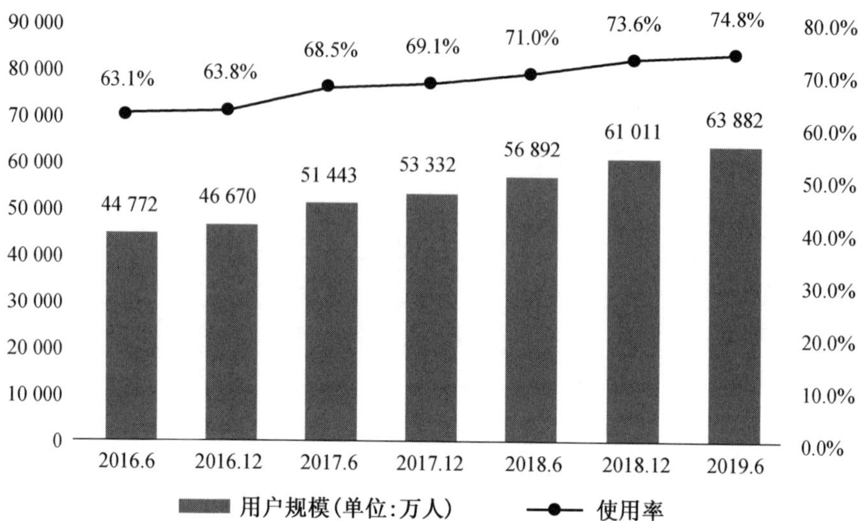

图 1-2　2016 年 6 月～2019 年 6 月网络购物用户规模及使用率

来源:CNNIC 中国互联网络发展状况统计调查(2019 年 6 月)

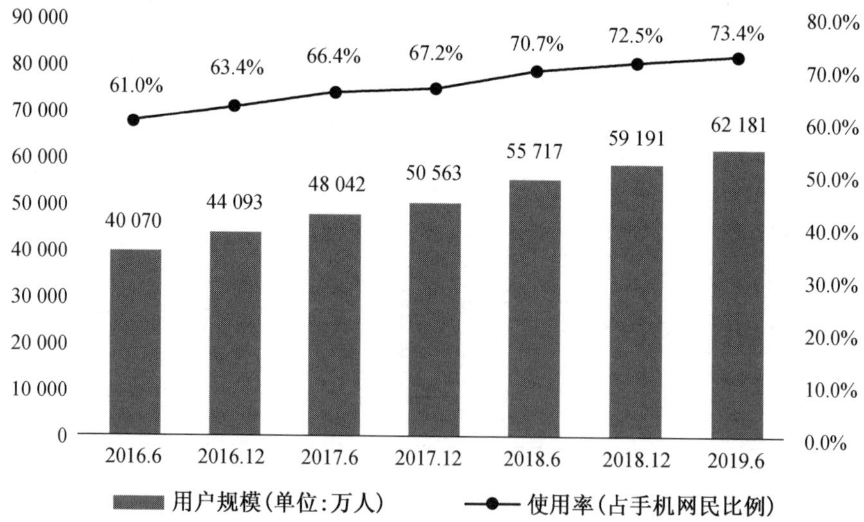

图 1-3　2016 年 6 月～2019 年 6 月手机网络购物用户规模及使用率

来源:CNNIC 中国互联网络发展状况统计调查(2019 年 6 月)

2012年，易观国际董事长于扬首次提出了“互联网+”理念，认为未来的行业场景应是多屏跨平台用户常见的结合。2014年李克强总理在首届世界互联网大会上指出，互联网是实现“大众创业、万众创新”的重要工具。一年之后，在2015年的政府工作报告中，李克强总理对“互联网+”行动计划做了官方的阐述和说明，以此推动移动互联网、云计算、大数据、物联网等概念与现代制造业的对接，促进电子商务、工业互联网和互联网金融的协调发展，可以说，“互联网+”行动计划不断地助力行业发展，互联网对社会的影响已经进入了一个全新的阶段。随着网民数量的增加和移动支付方式的发展，网络购物参与度越来越高，网络购物不仅能浏览其他消费者对已购商品的评论，而且也能将自己对商品的消费体验及时分享给他人，实现用户之间的信息共享。据调查，大约有80%的消费者在做出购买决策前都会阅读其他用户发表的关于该商品的在线评论，但仅有29.5%的消费者在购买或使用商品后愿意发布关于该商品的在线评论。由此可见，在移动互联网环境下用户发布在线评论的动力远远不足，因此本书试图从信息生产过程视角来分析信息分布特征与规律，并探究消费者在线评论信息生成的动力机制，在此基础上提出激励策略，这些研究的结论在一定程度上丰富了在线评论信息生成机制的理论研究。同时电子商务的经营机构可以在本书的基础上，依据各自的企业特点，系统引进或选用各部分研究的成果，结合实践，开发出有关在线评论质量测评系统、在线评论平台综合管理评价系统、在线评论用户动态跟踪系统等。对互联网监管部门而言，在线评论的生成机制研究结论对形成良性互动的互联网发展环境来说具有一定的应用价值。

1.1.2　研究意义

在线评论(Online Reviews)是消费者发布在企业网站或第三方网络平台上关于商品或服务的评价，属于网络口碑(Online Word-of-Mouth)的一种常见表现形式。消费者的网购行为会受到在线评论的影响，本书从在线评论信息生成的动机角度出发，其研究具有极其重要的理论和实践意义。

1. 本书相对于已有研究的独到的学术价值

从理论角度，本书在对在线评论信息资源的分布规律进行探讨的基础上，结合动机理论、沉浸理论、社会认知理论、社会交换理论和技术接受理论，从系统认知(SC)、社群影响(SI)、激励条件(FC)、感知成本(PC)、感知风险(PR)、感知趣味性(PF)、传播习惯(HA)、行为态度(BA)、行为意向(BI)多个维度考察影响消费者在线评论的主要动因，进而提出激励策略。这些研究得出的结论在一定程度上丰富了在线评论信息生成的动力机制的理论研究。

2. 本书相对于已有研究的独到的应用价值

从实践角度，对于消费者个体、电商企业、互联网监管部门等都有较大的影响和意义。对消费者个体而言，动因机制的研究有助于更好地开展相关的信息推送服务、协同过滤、个性化定制等业务，设计激励机制也能在很大程度上提升消费者个体的满足感和体验感。对电商企业而言，电子商务的经营机构可以在本书的基础上，依据各自的企业特点，系统引进或选用各部分研究的成果，结合实践，开发出有关在线评论质量测评系统、在线评论平台综合管理评价系统、在线评论用户动态跟踪系统等。对互联网监管部门而言，在线评论的动力机制研究结论对形成良性互动的互联网发展环境来说具有一定的参考价值。实践上，本书的研究成果是对传统购物方式的有效扩充，本书的结论对消费者、电商平台、电商监管部门具有极其重要的借鉴作用，对促进我国网络购物的发展具有极其重要的实践意义。

1.2 研究问题和目标

1.2.1 研究问题

为了提高消费者发表在线评论的积极性，各电商平台和卖家提出许多极具吸引力的措施，尽管如此，消费者的参与度还是不高，大概只有 25%，很多的消费者在网络购物或体验后还是选择忽略评论要求或默认好评。因此，真正走近消费者，洞察消费者的心理，抓住消费者不愿意发表在线评论的原因，从而激发消费者发表在线评论，形成良好的电商环境是学界未来研究的重点。

针对消费者参与在线评论或口碑的意愿或动机，国内外学者已开展了广泛研究，并提出了不少有价值的理论模型。经典的态度行为关系理论已经被证实可较好地预测和解释人类社会行为，且具有广泛适用性，这为研究消费者的参与行为奠定了一定的理论基础。同时，发表在线评论是基于移动网络进行的，必然会涉及信息技术，因此也可以借鉴专门用于解释用户信息技术接受行为的相关理论。

大量基于社会心理学的研究证实，用户面对新的信息技术并非被动地全面接受，而是在环境、个体等多种因素的影响下，选择接受或拒绝信息技术。技术接受模型(Technology Acceptance Model, TAM)及其衍生模型，如整合型技术采纳与使用理论(Unified Theory of Acceptance and Use of Technology,

UTAUT)、技术接受模型2(Technology Acceptance Model, TAM2)等相继被提出并得到广泛应用。研究表明,信息技术接受模型可用来描述和解释信息技术的接受程度,并能够解释技术使用者的行为。

如何将用户行为研究与技术接受研究的有关成果应用到消费者的参与评论的行为研究中去,如何通过理论分析与实证研究相结合,明确消费者对在线评论的认知、发表在线评论的行为现状及动机,并提出消费者参与发表在线评论的策略,是本书重点关注的问题。

1.2.2 研究目标

1. 理论研究目标

从信息生命周期的角度来看,信息的生产是信息生命周期管理中非常重要的环节,在线评论信息的生成机制是互联网信息用户行为研究的新方向。本书从文献计量学三大定律去研究信息分布特征与规律,从多个维度来研究消费者在线评论的信息生成的动力机制,为随后的实证研究和应用对策研究提供理论基础。

2. 实证研究目标

这部分需达成如下两个研究目标:一是在线评论信息的分布特征和规律。主要对网络购物平台采集在线评论数据,并通过对传统文献计量学三大定律的验证归纳网络在线评论信息生成行为的分布特征和规律,挖掘在线评论信息的分布与集中趋势。二是在线评论信息生成的动力机制。通过问卷调研和访谈方法,从多个视角,借鉴已有研究设计问卷测度项,利用结构方程模型进行验证性因子分析和路径系数计算,从而验证在线评论信息生成的动力机制的相关假设是否成立。

3. 应用研究目标

激励对象的差异和不同类型的信息生成机制需要不同的激励策略,根据用户画像的结果,引入赫兹伯格的双因素理论作为理论基础,发掘不同类型的用户关于激励因素的判断和态度共同点和差异,并就不同类型用户的激励因素给出综合讨论。

1.3 研究方法和思路

1.3.1 研究方法

1. 文献调研法

收集、分析国内外相关文献和研究报告，开展文献综述工作以及项目的总体框架设计。重点在于理论推演以及理论模型的构建。在了解前人的研究思路和研究方法、借鉴相关理论的基础上进一步明确本研究的范畴，同时也为本研究的进一步开展提供理论、方法和实证支持。

2. 模型分析法

本研究基于动机理论、社会认知理论、社会交换理论、技术接受模型及相关理论构建了消费者参与在线评论的动机模型，深入分析了消费者参与评论的动因，并通过对模型的剖析，探索消费者参与在线评论的作用机制。

3. 调查问卷和访谈法

该方法主要运用在动力机制研究阶段和激励策略研究阶段，通过实证研究检验理论模型以及相关假设，挖掘关键影响因素，分析影响机理，并挖掘不同消费者对于激励因素的态度和判断。调研法主要通过李克特量表化问卷设计以及抽样技术，采集影响消费者在线评论生成的主要动因的主观数据，并利用 AMOS 20.0 分析工具对数据进行处理，构建结构方程模型，计算路径系数和回归方差的解释度，从而验证相关假设的显著性情况。访谈法主要用在理论模型构建前和用户画像数据收集部分，通过深度访谈等手段发现微观层面存在的问题。

4. 用户画像法

交互设计之父 Alan Cooper 于 1999 年首先提出了用户画像，他在研究中将用户画像定义为“基于用户真实数据的虚拟代表”。用户画像是一种基于民族志数据的定性研究方法，多基于用户原型分析来改善产品服务或用户体验。通过获取用户的专业背景、教育程度、知识获取习惯、兴趣偏好等与用户需求相关的信息，在此基础上进行建模并为用户制定特定标签。分析用户标签，将具有相同属性和特征的用户划为一类，对用户信息进行分类和汇总，并从多维度构建用户的描述性标签属性；根据重要性进行排序，突出显示重要的、核心的、关键的和大规模的用户，以形成不同的功能用户组。本研究利用用户画像法主要对不同类型的在线评论用户进行归类并提出策略。

1.3.2 研究思路

本书拟分三个阶段展开研究，具体的研究思路及所涉及的主要研究方法如图 1-4 所示。这三个阶段的主要研究思路具体分解如下：

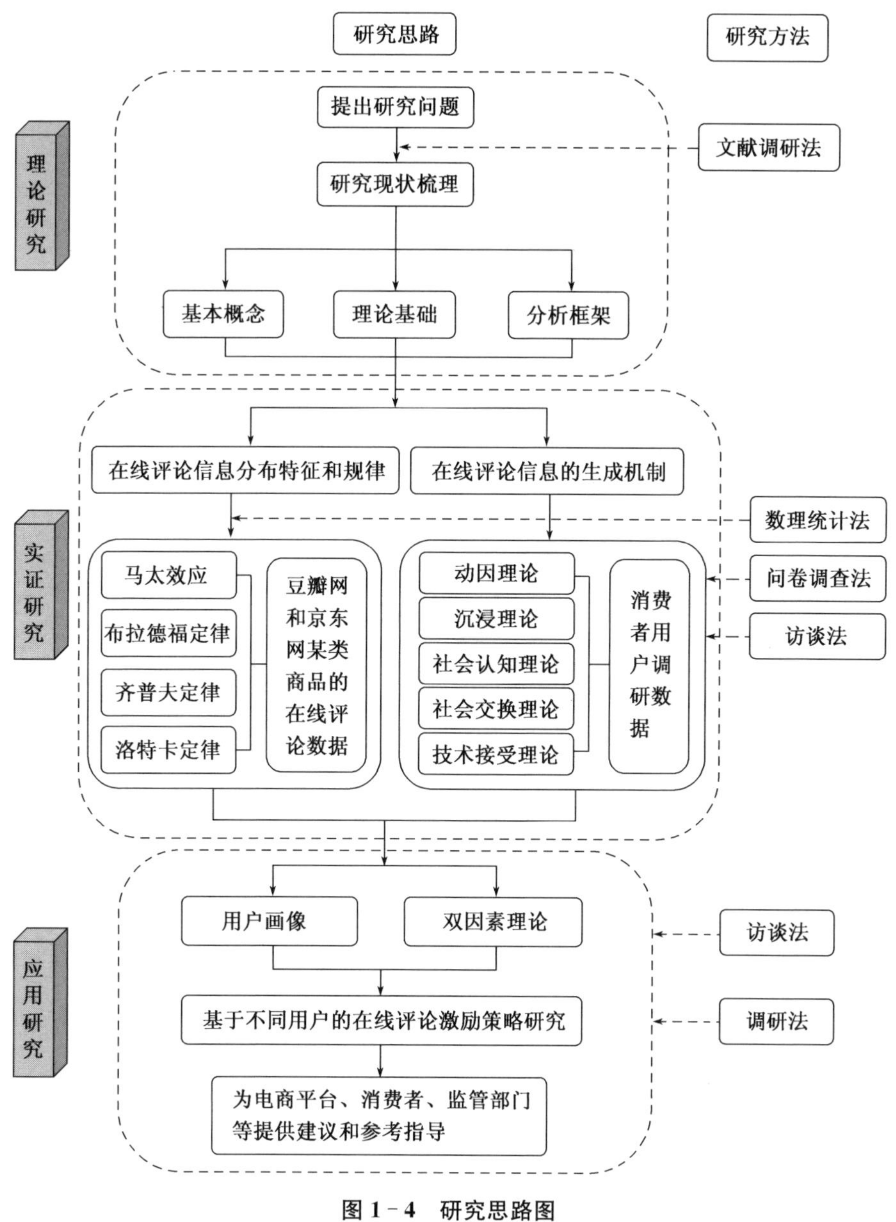

图 1-4 研究思路图

第一阶段主要是本书的前期研究。根据国内外相关研究文献调研情况及目前国内的研究背景，提出本书的主要研究问题；就相关理论模型和访谈结果，提出假设模型和研究假设。

第二阶段主要是问卷设计与数据收集阶段。根据第一阶段提出的理论模型和研究假设，设计本研究的初始问卷；发放问卷进行预调查，通过问卷设计项分析信度和效度检验检测问卷的结构和内容是否合理，可通过删除、增加、修改测度项调整问卷；发放正式问卷收集数据。数据分析、理论模型验证和效果计算以及特征变量的控制和调节作用检验阶段：首先根据前期收集的数据进行描述性统计分析，同时进行信度、正态分布等检验，以此来反映受试样本的特点及其参与在线评论信息生成的动机的情况；其次从因子拟合指标、建构效度检验两个方面对消费者参与在线评论的假设模型进行验证性因素分析；接着对该模型进行检验、修正和效果计算，确定最终消费者参与在线评论的动机模型，并分析假设检验的结果，计算直接、间接和总效应。

第三阶段是促进消费者参与在线评论的策略阶段。根据用户画像和双因素理论对在线评论用户类型进行划分，并提出促进消费者撰写在线评论的策略，最后指出本书的主要研究贡献，提出研究展望。

1.4 创新之处

本书以文献分析和实际调研为基础，综合移动互联网、移动商务、在线评论、购买意愿以及电子商务、信息管理理论与方法的最新进展，开展学科交叉研究，特别强调理论与实际、技术与管理、层次分析与综合集成的密切结合。主要创新之处体现在：

1. 学术思想方面的特色和创新

本书在文献综述的基础上，结合在线评论的概念特征和研究发展源流，拟提出在线评论信息的概念分析框架，微观、中观和宏观层面的整合分析框架，以及分析要素模型。其中概念分析框架有助于探究不同类型的在线评论的特点和研究空间，整合分析框架有助于梳理在线评论研究的视角，在线评论模型有助于发掘研究的具体维度，帮助研究者选择和定位其研究命题和研究方法。

2. 学术观点方面的特色和创新

以往关于网络环境下信息用户参与行为的研究主要集中在参与者动因研

究的部分，然而根据技术接受模型所揭示的研究路径，用户态度、用户参与意图以及用户实际行为之间仍存在着一定的距离，因此，参与者的动因并不能完全客观地反映参与者的实际行为模式和特征。本书拟将动因研究与特征机理的研究有效结合起来，收集主观和客观研究数据，将用户激励策略建立在群体用户分类和动因分类的基础上，这一举措能够帮助运营商有的放矢地设计激励机制。

3. 研究方法方面的特色和创新

方法论的融合是本书在揭示动力机制方面的创新。本书将访谈法和内容分析法结合使用，既弥补了访谈法结论的主观性，同时又提高了内容分析法对动因的挖掘深度。另外，将访谈法和问卷调查法结合使用，可以更有效地对动因进行分类，并在此基础上通过实证研究予以验证。方法论上的融合和拓展有利于我们挖掘更多影响用户在线评论信息生成内容的因素，然后从定性的角度对其进行分类和归纳，从定量的角度计算其路径系数和主成分因子的方差，从而提高理论研究的精度和决策依据的实战性。

1.5　研究内容

1.5.1　相关概念界定

在线评论（Online Reviews）属于网络口碑（Online Word-of-Mouth）的一种常见表现形式。当前，吸收网民参与发表评论的主要新媒体有各种购物平台和 APP，新闻、影视、慕课平台和网络社区，各种媒体的评论信息具有各自的用途。

Chatterjee（2001）在研究消费者在进行购买决策的过程中是否会参考之前用户所给出的评论时首次提出了“在线评论”这一概念。在后来的研究中，这一概念被逐渐完善和修改，众多学者对消费者在线评论进行了界定，本书在表1－3中进行了总结，并在此基础上界定了本书中的在线评论。本书研究的在线评论是指消费者发布于电子商务或第三方评论等网站上关于商品或服务的各种评论信息，这些信息可通过网络传递给潜在的消费者用户。

表 1－3　已有学者关于消费者在线评论的界定

作者	消费者在线评论的定义
Schindier & Bickart (2005)	消费者在商业销售网站、产品网站或独立的点评网站上发表个人的产品意见
Park (2007)	消费者在线评论提供了用户导向的信息，为当前以及将来的消费者提供建议
Chen, Y. B., Xie, J. H. (2008)	评论者基于产品的使用经验，对产品的属性和性能做出评价，因此它与消费者的关联性更大
Park & Kim (2009)	先前、现有和潜在的消费者根据自己的商品消费经历在网站上发布关于商品的任何正向或负向评价，包括消费者的消费经历和意见等，其他消费者和公共机构可以通过互联网获取这些评价
雍艳(2012)	在购物网站上，消费者对在该网站上购买和使用过的产品给出一次性或多次评价和意见，且评价和意见能被随后的消费者阅读和点评
尹敬刚，李晶，魏登柏(2012)	在线评论是基于互联网传播信息的一种共享模式，指购物网民发表有关购物体验的正面或负面的信息，借助网络效应让各种人群和机构看到，为其他消费者选择产品提供参考，也成为企业改进产品、提高服务质量的重要信息来源
王宇灿，袁勤俭(2014)	发布在公司或者第三方网站上的对等生成的产品评估
王彩云(2015)	消费者在线评论作为网络口碑的一种具体形式，是消费者对自己消费体验及购买产品做出的充分评价
张小娟(2015)	消费者在网上发布的，与产品本身、卖家服务态度以及物流服务等方面具有关系的带有情感倾向的评论
姚柏延(2018)	在线评论是顾客获得产品信息的重要途径，可以帮助顾客降低决策的不确定性
周海花，华薇娜(2019)	在线评论是用户与商家之间的在线互动与信息交换形式

资料来源：在张建(2014)的基础上进行整理。

根据 Hovland(1948)提出的信息传播理论，在信息传播过程中有四要素最为重要，分别为传播者(信息发送者)、刺激物(信息)、接收者以及反应。在线评论对消费者的影响因素包括在线评论的内容、在线评论的发布者和在线评论的接受者。

1. *在线评论的内容*

衡量评论内容的指标有很多，如客观性、相关性、可理解性、内容丰富性等。

McKinney，Yoon & Zahedi(2002)把评论内容的客观性理解为评论信息的客观程度，把相关性理解为评论内容与消费者所要购买的产品之间的相关程度，把可理解性理解为评论内容可被接受者理解的程度，把内容丰富性理解为评论包含的商品相关信息的多少。Mudambi 和 Schuff(2010)在探究亚马逊网站上评论有用性的衡量指标时，提出了将评论深度作为评论有用性的影响因素，并将评论字数即每句评论的长度作为评论深度的测量值。评论的客观性、相关性、可理解性、内容丰富性等因素对消费者的有用性决定了评论内容对消费者的影响程度。由此可见，高质量的评论信息比低质量的评论信息更具有说服力。

2. *在线评论的发布者*

Arndt(1967)认为，虽然口碑传播者，即我们所说的评论发布者的专业水平参差不齐，但他们对于消费者的偏好和购物选择的影响程度很大。根据 Bansal 和 Voyer(1991)的研究发现，评论者的专业水平和评论阅读者(即购买者)的购物态度呈正相关。也就是说，评论发布者的专业水平越高，那么他所做出的评论的质量就会越高，购买者在购买相关产品时会采纳的购买建议也就越多。专业评论者对于特定商品拥有比一般的消费者更多的经验，因此他们所做出的评论也更加全面，可信度也更高。

3. *在线评论的接受者*

这里所说的在线评论接受者也就是消费者，在一定程度上，消费者对于评论真假性的辨别能力也是一个重要的影响因素。Cheema & Papatla(2000)研究发现，拥有丰富的上网经验的消费者对在线评论的兴趣不是很大。网购经验丰富的消费者对有购买意向的产品或服务的了解程度较高，一般不太需要在线评论的参考作用。理智的消费者在购买商品前会收集各方面的信息，以达到对其所要购买的商品十分了解的程度，达到一定程度后，消费者就不会再去浏览相关产品的在线评论而是直接下单了。而那些缺乏经验的网购消费者主要依赖网上评论进行决策。同时 Brucks(1985)认为评论的专业性和消费者信息搜寻能力之间是负相关关系，信息搜寻能力强的消费者，一般对产品或服务的专业评价较低。另外，在线评论接受者的性别也是一个重要的影响因素。Garbarino 和 Strahilevitz(2004)研究发现，亲友间对某种产品或服务的评论，女性受其影响的程度明显高于男性，由于男性的购物感知风险通常要小一些，因此他们更加愿意直接去在线购物。也就是说，女性在进行购物决策时，更依赖评论，而男性在购物时，更倾向做一个理智的消费者。

1.5.2 研究内容和重点难点

本书拟从移动互联网发展中的实际问题出发，即如何激励消费者参与网络在线评论，立足于理论分析与实证研究相结合的方案设计，逻辑上根据“提出问题—生成机制—激励策略”的思路逐步展开和细化。具体而言，主要研究内容如下：

1. 在线评论信息分布特征与规律研究

本书这部分对马太效应和传统文献计量学布拉德福定律、齐普夫定律、洛特卡定律三大基本定律进行介绍，并对已有在线评论信息资源的分布规律进行了梳理，最后通过豆瓣网在线评论和京东评论对三大定律进行实证。通过对比在线评论信息资源和传统文献信息资源的分布规律来探讨在线评论信息资源的产生过程中呈现的规律。

2. 在线评论信息的生成动力机制研究

首先，本书这部分在对在线评论信息资源的分布规律进行探讨的基础上，结合动机理论、沉浸理论、社会认知理论、社会交换理论和技术接受理论，从系统认知(SC)、社群影响(SI)、激励条件(FC)、感知成本(PC)、感知风险(PR)、感知趣味性(PF)、使用习惯(HA)、行为态度(BA)、行为意向(BI)多个维度考察影响消费者在线评论的主要动因，并提出理论模型和研究假设，设计本研究的初始问卷。其次，发放问卷进行预调查，通过问卷设计项分析信度和效度检验检测问卷的结构和内容是否合理，通过删除、增加、修改测度项来调整问卷。最后，发放正式问卷收集数据。数据分析、理论模型验证和效果计算以及特征变量的控制和调节作用检验阶段：首先根据前期收集的数据进行描述性统计分析，同时进行信度、正态分布等检验，以此来反映受试样本的特点及其参与在线评论信息生成的动机的情况；其次从因子拟合指标、建构效度检验两个方面对消费者参与在线评论的假设模型进行验证性因素分析；最后对该模型进行检验、修正和效果计算，确定最终消费者参与在线评论的动机模型，并分析假设检验的结果，计算直接、间接和总效应。

3. 基于用户画像的在线评论激励策略研究

用户画像是一种快速、精准分析用户行为模式、消费习惯等商业信息的数据分析工具，为企业进行精准营销、提升用户体验奠定了基础，本书基于双因素理论利用用户画像来探讨在线评论激励策略。双因素理论是马斯洛“个体需求层次论”的扩展，赫兹伯格的双因素理论通过大量的案例调查发现，影响组织中员工满意度的因素总体上可以分为保健因素和激励因素两类，前者如果得到改善，只能消除员工的不满，但不能激发其工作的积极性并提高效率，而后者如果得到改善便能够激励员工工作的积极性和热情，从而提高其生产效率。本书以赫兹伯格的双因素理论作为理论依据，研究基于在线评论信息生成特征研究和动因研究的成果，首先尝试归纳消费者的类型，并结合传统激励理论的梳理与分析，开展激励设计并致力于在线评论信息数量和质量的综合改善，生成更多有效评论，以便为其他网络消费者提供参考。

本书研究重点主要包括以下三点：在线评论信息资源的分布特征和规律、消费者在线评论信息的生成动力机制研究、基于用户画像的在线评论激励策略研究。

本书研究难点有：

(1) 用户既是网络信息资源的消费者，同时也是网络信息资源的生产者和传播者。由于不同的网络平台功能不同，因此在线评论信息生成的特征和规律的揭示就具有一定的复杂性，本书拟采集不同网络平台的大量在线评论内容，采用内容分析法、统计分析法、案例分析法等方法破解此难题。

(2) 消费者在线评论信息的生成机制研究是另一个研究难点。本书拟通过将调查分为试验调查与正式调查两个阶段，从各类网络平台用户中选取调查对象，采用访谈法、调查问卷法、统计分析法等方法破解此难题。

1.5.3　主要结构

按照研究思路，本书主体部分共设八章，主要内容如下：

第一章，引言。主要阐述本书的研究背景和意义，提出研究的问题和目标，介绍研究方法和思路，研究创新之处以及研究内容等。

第二章，在线评论相关研究述评。对网络口碑和在线评论意愿动机进行系统梳理，对在线评论的其他相关研究诸如在线评论对消费者购买意愿、决策、行为的影响，在线评论感知有用性，在线评论技术应用、信息分布规律方面的研究，在线评论对产品销量的影响研究等进行梳理。

第三章，在线评论信息资源的分布规律。在线评论作为网络资源的一部分，应该具有一些分布特征和规律，该章在介绍传统文献计量学三大定律的基础上，研究信息生成的分布规律和特征，总结了电影评论、音乐评论、新闻评论、社会化标签等在线评论的分布或生长规律，并以豆瓣网影评和短评、京东某商品评论为数据进行在线评论信息资源三大定律分布规律和特征的探究。

第四章，在线评论信息生成的动力机制理论模型和研究假设。在动机理论、沉浸理论、社会认知理论、社会交换理论、技术接受理论的基础上，建立消费者在线信息生成的动力机制概念模型并定义变量和建立研究假设。

第五章，在线评论信息生成的动力机制问卷设计与数据收集。本章首先根据理论模型和研究假设进行调查问卷的设计，然后通过问卷星网站进行预调查，利用SPSS 20.0进行信度和效度分析，并据此对初始调查问卷进行相应的调整。最后利用调整后的问卷进行正式调查，在问卷星网站上发布题为“消费者在线评论信息生成的动机研究”的调查问卷。

第六章，在线评论信息生成的动力机制模型的检验与效果计算。本章的主要内容是对消费者在线评论信息生成的动力机制模型进行检验与效果计算，包括：① 调查样本的描述性和推论性统计分析。明确了消费者参与在线评论信息生成的现状，并采用独立样本 t 检验和单因素方差分析法，从性别、年龄等方面对消费者参与在线评论信息生成的行为进行了分组分析，发现上述因素对消费者参与在线评论行为无影响。② 样本正态分布、信度检验及消费者在线评论信息生成的动力机制模型的验证性因素分析。主要对调查样本进行正态分布和信度检验，并对消费者在线评论信息生成的动力机制模型进行验证性因素分析，检验因子拟合指标、收敛和区别效度。③ 对消费者在线评论信息生成的动力机制模型进行检验、修正及效果计算。这一过程主要包括对模型进行识别、拟合与评价，并根据AMOS输出结果中的修正指标对前期假设模型进行适当修正。修正后的模型的拟合指标值较高，模型适配度较为理想且整体解释力较高，最终确定了消费者在线评论信息生成的动力机制模型。④ 对假设进行检验和效果计算。分析研究假设的检验结果，计算各影响因素对感知成本(PC)、感知风险(PR)、感知趣味性(PF)、传播习惯(HA)、行为态度(BA)、行为意向(BI)的直接、间接和总影响效果。

第七章，基于用户画像的在线评论信息生成的激励策略研究。本章采用用户画像的方法对在线评论用户类型进行分类、表征消费者在线评论特征，并分析潜在的消费者采纳在线评论的行为。

第八章，结语与展望。归纳本书研究的主要结论，对移动互联网环境下社会化商务平台的运营与发展提出一些建议。同时指出本书的主要研究贡献、研究的局限和对未来研究的展望。

1.6　本章小结

本章是本书的引言部分，主要开展了以下研究：

(1) 指出本书的研究背景和意义，提出本书的研究问题。

(2) 根据研究问题确定本书的研究目标，并指出理论及实践意义。

(3) 确定本书的研究思路，指出使用的主要研究方法，并安排本书的章节结构。

(4) 界定本书涉及的主要研究概念，确定主要研究内容。

第二章　在线评论相关研究述评

近年来，随着互联网和电子商务的迅速发展，网络购物逐渐成为人们购买商品的主要方式。虽然网购给人们带来了很多便利，但是也带来了很多风险，如支付风险、产品质量风险等。另外，在网购环境下，由于消费者无法亲身体验商品或者触摸商品，他们大多数会选择查看在线评论以降低购买风险，而在线评论又从多个方面影响着消费者的购买意愿。故本书通过对已有文献进行梳理，从以下几个方面对在线评论相关研究做一个归纳总结。

2.1　传统和网络口碑推荐动机相关研究

传统环境下的口碑（WOM）传播动机被认为跟电子口碑的传播相关，这是传统口碑跟电子口碑在概念上的同一性所决定的。Hawkins 等人在 2004 年的研究指出口碑传播是一个交流过程，消费者将自己对产品、服务和品牌的有关信息和认知同其他消费者进行交流。通过对已有研究进行梳理可以发现，目前研究口碑效用的文章比较多，但关于口碑传播背后的驱使因素——动机的研究则相对较少，口碑动机比较经典的研究主要有 Dichter（1966）、Elizabeth 等（1982）、Engel 等（1993）、Sundaram 等（1998），以下将具体介绍这些研究的主要内容。

口碑的传播动机最早是由动机研究之父 Ernest Dichter（1966）提出的。50 多年前，Dichter 基于口碑传播的一项重要研究提出了个人传播品牌的四种动机：第一是产品涉入（Product-involvement），一方面消费者认为新颖的购物体验令人愉悦，因此必须要分享；另一方面，消费者在使用产品或享受服务时会产生紧张感，这种紧张感通常无法通过使用产品来消除，必须经由向他人推荐、诉说的方式引导情绪的释放，以达到平衡。第二是自我涉入（Self-involvement），消费者认为分享知识或观点是一种获取关注、展示鉴赏能力、提高自身影响力、获得其他人肯定的方式。消费者就像是一个开拓者，拥有内部信息，寻求对自身判断的认可，或是确立优越性。第三是他人涉入（Other-involvement），传播信息的消费者借此向他人表达友好、关心或友谊。第四是信息涉入(Message-involvement),消费者认为信息很幽默或者很有用,应该分享。有时因产品的广告或公共宣传引人注目而促成消费者传递信息,即广告内容成为人们口碑传播的话题,从而间接地促进产品销售,这种情况下传播者不需要有相关产品的亲身消费体验。随后有一些学者也研究了相关的动机问题,Engel(1993)修正了Dichter 的模型,添加了一个新的动机——减少不和谐(Dissonance reduction),这被看作是顾客进行负面口碑传播的动机。Elizabeth 和 Wallendorf(1982)提出人们进行产品信息传播的动机包括:① 获得更高的社会地位。② 和信息接收者建立关系,期待信息接收者以后给信息传播者提供有价值的反馈信息。商品评论会让接收者产生回馈有价值信息的义务感,从而实现传播者和接受者双方的互惠互利。③ 传播观点或建立共识,即传播者希望能够影响或转变其他人的态度,使其建立和自己相似的商品观念。

Sundaram(1998)关于传统口碑的发表动机的研究是迄今为止最为全面的。该学者通过 390 份关键事件的访谈,将口碑传播动机分为四项正面口碑传播动机和四项负面口碑传播动机。

正面口碑传播的动机包括:① 利他主义动机(Altruism),消费者希望帮助他人做出更好的购买决策;② 产品卷入度(Product-involvement),指消费者感兴趣、感觉很重要或是和消费者关联性大的产品更容易引起正面口碑传播,消费者往往通过口碑传播来缓解拥有和使用产品带来的兴奋感;③ 自我提升(Self-enhancement),即消费者希望通过口碑传播提升自己在他人面前的形象,如表现自己是一个明智的购物者、显示自己的鉴赏力、展现相关领域的专业知识、提高地位、获得赞赏等;④ 帮助公司(Helping the company),即口碑传播是为了帮助公司取得更大的发展。

负面口碑传播的动机包括:① 利他主义动机(Altruism),即告知购买行为带来的负面效果,提醒其他消费者防范;② 减轻忧虑(Anxiety reduction),指和其他人分享不愉快的消费经历能够缓和气愤、忧虑和沮丧感;③ 报复公司(Vengeance),希望其他消费者不要购买该公司的产品,以弥补自己上当的损失;④ 寻找信息(Advice seeking),某些消费者发表负面口碑,不是为了获得赔偿或倾诉他们的不愉快经历,只是为了获得信息和建议以解决问题。

电子口碑(e-WOM)传播动机相对于传统口碑具有匿名性,消费者更倾向于进行电子口碑的传播,其背后的促使因素也相对较多。在传统口碑发表动机框架的基础上,很多研究人员提出或者完善了电子口碑交流动机。Mahajan 等

(2001)为整合经济和社会活动的虚拟社区中的口碑交流提供了一个很有用的框架,这个框架包括焦点相关效用、消费效用、被认可效用三种效用。Hennig-Thurau 等(2004)在此框架基础上提出了基于消费者意见交流平台的 5 种效用框架,增加了主持人相关效用和共同交流效用。他们期望罗列消费者发表电子口碑背后的所有动机,通过实证研究,他们确认了 8 个电子口碑发表动机:寻求平台帮助、释放负面情绪、帮助他人、自我提升、社会地位提升、经济回报、支持公司、信息回报。同时,他们得出社交收益为消费者电子口碑交流的最重要动机,并通过聚类分析的方法将消费者分为四类:受经济诱因刺激的消费者、综合动机消费者、关注他人消费者和利他主义者。Gianfranco(2004)指出,意见领袖或市场专家更愿意进行口碑传播的动机有三个:责任、快乐和帮助。责任是指感觉有责任分享信息,一是可以进一步提高社会地位,二是觉得作为社区的成员,有责任促进社区交流;快乐是指分享信息能带来愉悦,希望和别人分享成功购物经历带来的喜悦,或表达消费经历带来的愉悦感;帮助是指希望能够帮助其他人做出更准确的购买决策,出于利他主义的动机。Thorstern(2004)通过实证研究验证了消费者进行网络口碑传播的动机包括:① 寻求网络平台的帮助,希望网络平台管理者作为调节的第三方,对消费者的问题解决起积极作用;② 发泄负面情绪,发泄负面情绪能缓解不愉快消费经历带来的受挫感和焦虑;③ 帮助其他消费者,即帮助其他消费者做出更好的购买决策;④ 正面情绪表达,想和其他人一起分享愉快的购物体验;⑤ 自我提升,通过在网上评论提升自身在其他消费者面前的印象和形象;⑥ 社会收益,参与虚拟社区内的信息交流可获得社会收益;⑦ 获得经济报酬,可能会获得论坛管理者给予的经济报酬;⑧ 帮助公司,认为公司提供了满意的消费经历,值得支持,希望公司能够或保持成功;⑨ 寻求信息,在网上寻求建议以更好地了解、使用产品。Godes 等人在 2005 年从企业的立场出发,对消费者发表评论的动机和消费者类型进行了划分:在线评论的动机被划分为外因和内因;消费者被划分为三类,早起客户、意见领袖和市场专家。2006 年,Dellarocas 等人在学者 Hennig-Thurau(2004)等研究的基础上又进行了两方面的拓展:引入公共产品贡献理论、不采用问卷调查而是抓取电影评论数据的方式获取数据,利用回归进行分析,结果显示利他主义不是消费者在线产品评论的主要动机。Inge(2008)提出消费者进行负面口碑传播的 8 个动机:① 寻找安慰:寻求安慰、道德支持和理解,属于情感调解策略;② 发泄:通过情绪表达来发泄不满;③ 寻求建议:为了对产品有更清楚的认知;④ 关系:缩短人际交往距离,增强社会联系;⑤ 娱乐:作为沟通双方的娱乐消遣内容;⑥ 自我表达:展现个人另一面的印象或形象；⑦ 警告：帮助接收者做出更满意的购买决策；⑧报复：产生损失，觉得应该以牙还牙。

国内学者在口碑动机方面也进行了相应的研究。张晓燕(2008)在口碑和网络口碑、虚拟社区、知识交流与共享相关研究、社会交换理论(利益因素和成本因素)基础上分析了影响大学生在线产品评价参与意向的因素主要有帮助其他消费者所获得的愉悦感、影响企业所获得的愉悦感、自我提升、经济回报、认知成本、执行成本等，并通过建立结构模型方程进行定量研究。阎俊等(2011)在深入访谈和问卷调查的基础上，通过因子分析发现了消费者口碑传播的 9 种动机，并采用回归分析研究了动机与口碑传播行为的关系，发现社区兴盛、信息回报、情感分享、支持/惩罚商家、改进服务、提升形象和获得奖励这 7 种动机对口碑传播行为具有显著影响。李兆飞(2011)首先对网络购物平台上电子口碑研究的意义和目的进行了阐述，并总结了国内外研究现状。其次，通过对传统口碑及电子口碑相关理论和研究成果的深入回顾，使用类比和归纳的方式提出了 8 个基于网络购物平台的消费者产品评论发表动机，分别是情感相关动机、娱乐放松动机、信任平台动机、支持平台/商家动机、惩罚平台/商家动机、信息回报动机、经济回报动机和提升消费质量动机。最后，在调查问卷所收集数据的基础上，探讨了消费者产品评论发表动机同评论行为的关系，并分析了感知有用性对消费者评论发表动机与访问购物平台频率和发表评论频率之间关系的调节作用。尤颖(2012)在梳理口碑相关概念和动机相关理论的基础上，提出了 7 个方面共 11 个研究假设，并建立研究模型进行实证。张建(2014)在梳理了口碑、网络口碑、虚拟社区和知识共享理论、口碑传播意愿的影响因素、消费者在线评论、消费者在线评论意愿的影响因素的基础上提出消费者在线评论意愿的影响因素的理论基础包括口碑传播理论和技术接受模型，据此提出研究模型，并根据模型进行了实证研究。曹丽等(2014)基于团购网对消费者的网络口碑推荐动机进行了研究，从内在动机、外在动机两个方面提出了如下影响网络口碑推荐的假设：关心其他消费者、社会交往需求、支持团购网、表达正面感情、优惠幅度、推荐奖励、便利性等，并进行了实证。王彩云(2016)对电子口碑动机进行了整理，见表 2－1。

表 2-1　关于电子口碑动机维度汇总

作者	年份	期刊	维度
Thorsten	2004	Journal of Interactive Marketing	帮助网络平台；发泄负面情绪；关心其他消费者；自我提升；社交需求；经济奖赏；帮助商家；寻求信息
Bronner, F, & De Hoog, R	2011	Journal of Travel Research	个人因素；社会利益；社会关心；功能性质；质量保证；经济回报；娱乐性；帮助商家
Cheung & Lee	2012	Decision Support Systems	利己动机（提升名誉和互惠动机）；集体动机（归属感）；利他动机（帮助他人）；原则动机（道德的义务）；自我效能感
Hsieh, Hsieh & Tang	2012	Electronic Commerce Research	感知有趣性；多媒体效应；现存评论
Wolny, J, & Mueller, C	2013	Journal of Marketing Management	产品卷入度；自我卷入度；其他卷入度；寻求信息；社交需求
Garg, R, & Kataria, A	2013	Asia Pacific Journal Of Research in Business Management	利他主义；报复；寻求帮助；向商家提建议；减少焦虑

资料来源：王彩云. 消费者在线评论动机对评论有用性的影响研究[D]. 天津大学，2016。

网络口碑（Online Word-of-Mouth）的传递形式通常有 7 种，分别是即时通信、点对点邮件、分散式邮件、邮件包裹、探讨社区、聊天平台和在线评论。最早提出在线评论的是 Chatterjee（2001），他在论证潜在消费者的购买行为是否参考已购买者的评价时第一次阐述了“在线评论”的概念，以下介绍在线评论的相关研究。

2.2　在线评论信息生成动机相关研究

在线评论（Online reviews）是网络口碑的一种重要形式，指在电子商务或第三方评论等网站上，潜在或当前的消费者发布的关于商品或服务的负面或正面评论（Chen and Xie, 2008），消费者可利用在线方式将其传递给公众，这些评论也是用户与商家之间的在线互动与信息交换。目前，大部分的电子商务、第三方评论等网站都会为用户提供撰写评论以及星级评分功能，这不仅有利于提升消费者对网站社会化呈现的感知程度，而且有助于增强客户的黏性（Jiang and

Benbasat，2004)。

目前，国内外学者从不同角度研究在线评论信息的阅读和发布动机，针对这一内容的研究尚未形成统一结论。Henning-Thurau(2004)通过对第三方在线评论平台的消费者调查，识别和总结了五类动机。Ellen(2011)探讨了消费者阅读在线评论的动机。亨尼希等(Hennig 等，2004)将传统口碑的动机研究扩展到了网络环境，认为社交收益、物质奖励、关心其他消费者以及自我价值提升是促使消费者参与在线评论的关键要素。刘等人(Yoo 等，2013)从动机理论和认同理论的研究视角，提出了消费者发布在线评论的两维度动机，即外部动机(经济刺激，如礼券等)和内部动机(关心他人、自我提升、社交收益等)，并通过实证分析得出内部动机比外部动机的作用效果更显著的结论。达尔格伦等(Dahlgren 等，2015)采用案例研究法分析了消费者书写在线评论的动机因素，发现该行为有可能是因为消费者受到了经济奖励的刺激，但也有可能是消费者出于提升自身形象、帮助其他消费者或者支持企业的目的，甚至是惩罚企业而采取的支持行为，所以该行为可能受到情境因素的影响。希克斯等(Hicka 等，2012)通过调查美国知名点评网站 yelp. com 的参与度，发现搜寻信息、娱乐、方便、人际效用、打发时间是用户发表评论的最大动机。Cheung(2012)等采用第三方消费评论网站 Open-rice. com 的客观数据，从社会心理学视角实证检验在线评论的发布动机。Jun Pang 和 Lingyun Qiu(2016)从思维动机的调节作用的角度探讨了在线评论组合对消费者购买态度的影响，Shelby H(2016)从个体发表评论的动机出发，通过实验研究了美国最大的点评网站 Yelp 餐厅评论及这些评论对消费者的影响。Jooyoung Hwang(2018)从内在动机和外在动机两个方面研究了用户使用在线评论的满意度。

国内学者在在线评论信息的动力机制、形成机理、动因等研究方面，由于缺乏共识性的研究框架，关于在线评论前因与后果的研究并没有得到逻辑一致的解释和规律性的发现。邵兵家等(2010)应用社会交换理论探讨影响我国消费者参与在线产品评价的因素，在对利益与成本因素分析的基础上，提出了一个电子口碑和在线反馈系统的理论模型，用来解释我国消费者参与在线产品评价的影响因素。赵宇翔(2011)研究了社会化媒体中用户生成内容的动因和激励设计研究。张丽(2011)基于传播学中的传播过程理论和霍夫兰德传播说服理论，站在中立的立场，研究客户参与在线评论的动机和在线评论的有效性影响因素，以三个大型中国电子商务网站的 5 710 条在线客户评论为对象，运用序贯互惠博弈分析和回归模型，研究“谁、说什么以及有什么效果”，目的是分别解决或应对网络购物和在线评论时代的"信息不足"和"信息过载"的问题。尹敬刚等(2012)基于社会交换理论和技术可接受模型,提出了移动互联网环境下,消费者评论意愿影响的一个整合概念模型,包括经济回报、助人为乐、执行成本,感知有用性和易用性。王彩云(2015)基于道德视角研究了消费者在线评论动机对评论有用性的影响。研究基于情景模拟实验,探索了产品满意度、消费者评论动机及评论特征三者之间的关系。研究发现,产品满意度显著影响消费者评论动机,但非常不满意与比较满意两个情景下的评论动机并无显著差异;评论长度和评论性质与个人娱乐、社会义务及关心其他消费者三个动机显著相关。张蓓佳(2016)基于社会认知理论从个体因素动力(自我效能、结果期望)、环境因素动力(网络商家的激励、评论发布平台的设计),以及个体和环境的相互作用三个方面对网络购物环境下消费者发布在线评论的动力机制进行了理论分析和建模。现根据国内学者王彩云(2015)和曹高辉(2017)研究消费者在线评论动机的资料进行整理,见表2-2。

表2-2 消费者在线评论动机量表来源

维度	题项	量表来源
个人娱乐	我只是为了消费无聊的时间 我只是为了玩耍 我只是为了放松心情 我只是为了娱乐	阎俊(2011)
自我提升	通过这种形式,我显示我的购物工作 通过这种形式,我可以分享购物经历 分享购物经历,我感觉很好 我让大家知道我是一个聪明的购物者	Thurau (2004)
社会义务	我的良知促使我分享与贡献 我决定评论与否与我的道德信念有关 我认为我有义务分享购物经验	Cheung & Lee (2012)
获得奖励	我希望通过写评论获得激励,如积分 我希望通过写评论获得奖励	Thurau (2004)
关心其他消费者	我希望警告别人差的商品/我希望为别人创造购买好的产品的机会 我希望我愉快的/不愉快的购物经历可以帮助到别人,使其免受损失或浪费时间	Thurau (2004)
惩罚/支持商家	我对商家及产品很满意(或不满意),因此我希望帮助(阻止)商家成功 好商家应该得到支持/不好的商家应该受到惩罚	Thurau (2004)

（续表）

维度	题项	量表来源
感知易用性	参与在线购物评论不会花费我太多时间和精力 参与在线购物评论的过程不会很麻烦 参与在线购物评论的操作步骤不是很多	Davis (1989) 刘勍勍(2012) Moses (2013)
自我价值感知	参与在线购物评论能够帮助其他网购消费者更好地了解产品/商家信息 参与在线购物评论能够帮助其他网购消费者做出合理购物决策 参与在线购物评论能够帮助卖家提高产品质量和服务态度 我认为参与在线购物评论是一件实现自我价值的事	Bandura (1991) Stefanone (2011)
感知趣味性	参与在线购物评论，向他人推荐自己喜欢的产品，是一件很快乐的事情 参与在线购物评论，吐槽产品缺陷或商家服务，是一件很有趣的事情 参与在线购物评论，晒图晒心得，是一件非常有意思的事情 参与在线购物评论，得到其他买家的赞同与回应是一件令人兴奋的事情	Yeh (2013) Lin (2014)
预期互惠关系	网购时，其他消费者的购物评论对我有帮助，因此，我也参与在线购物评论帮助其他消费者，这是一件公平的事情 当我主动分享购物评论给予他人作为参考信息时，我相信，其他消费者也愿意主动分享购物评论给我作为购物参考信息 我参与在线购物评论是为了在未来，当我也需要参考别人的评论时，能够获得其他消费者可靠的评论信息 我认为参与在线购物评论是一种利人利己的行为	Pelaprat (2012) 谢佳琳 (2014)
期望确认程度	我确认在线评论的正面/负面购物评论都能得到卖家的积极回应 我预期在线评论得到的奖励都得到了 我确认我在线分享的购物评论帮助到了商家和其他消费者 总之，我参与在线购物评论的结果比我预期的更好	Bhattacherjee (2001) Hossain (2011)
感知有用性	参与在线购物评论有助于我获得更好的产品/商家服务 参与在线购物评论能够帮助我发泄不满/满意的购物情绪 参与在线购物评论能够使我获得物质/精神奖励 参与在线购物评论有助于我反馈商品或服务质量	Bhattacherjee (2001) Renny (2013)
满意度	我认为参与在线购物评论是有意义的行为 参与在线购物评论的使用过程让我感到满意 参与在线购物评论的结果让我感到满意	Bhattacherjee (2001) Valvi (2013)

（续表）

维度	题项	量表来源
持续使用意愿	今后，网购后我会继续参与在线购物评论 今后，我愿意劝说他人参与在线购物评论 今后，我愿意认真、详细地填写购物评论	Bhattacherjee (2001) Limayem (2008)

资料来源：根据王彩云(2015)和曹高辉(2017)资料整理。

2.3 在线评论其他相关研究

业界学者还对在线评论的其他方面进行了研究，主要表现在：在线评论对消费者购买意愿、决策、行为的相关研究，在线评论的感知有用性研究，在线评论技术应用方面的研究，在线评论信息分布规律方面的研究，在线评论对产品销量影响的研究，其他相关研究包括从众研究、定价研究、扩散研究、情绪研究、旅游景点在线评论研究等。

2.3.1 在线评论对消费者购买意愿、决策、行为影响的相关研究

国外学者 Park(2008)等提出了在线评论具有信息提供的属性和商品推荐的双重性特征。Li(2010)等通过实证提出，数码相机市场产品定价显著地影响消费者对商品的感知价值以及在线评论的方向，企业可以通过动态价格策略影响在线评论和消费者。Prendergast(2010)等研究发现，在线评论来源相似性正向影响在线论坛的说服力以及消费者的购买意图，同时在线论坛说服力对来源相似性与消费者购买意图的关系起调节作用。国内学者覃伍(2009)探讨了在线评论对消费者冲动购买意愿的影响性研究，杨雅秀(2012)探讨了在线评论对创新扩散影响的实证研究，梁峰杰(2014)以大众点评网为例分析了在线评论对消费者团购的影响因素，宋之杰等(2016)通过眼动追踪实验研究了在线评论对消费者购买决策的影响作用，肖锴等(2016)研究了在线评论的感知有用性对在线消费者购买意愿的影响路径。

诸多学者从在线评论的各个方面研究了其对消费者购买意愿、决策和行为的影响。例如，在线评论对消费者购买意愿的影响作用(Doh，2009；Prendergast，2010；谭倩霞，2013；陈雅琦，2014；耿协鑫，2015；Jing Yang，2016；王灵巧，2016；周淑玲，2017；Mingli Zhang，2017；李曼丽，2018；孙茜甜，2018)，

在线评论对消费者购买决策的影响作用(李宗伟,2013;Kem Z. K. Zhang,2014;宋之杰等,2016;魏华等,2017;王月斌,2017;李香娟,2018;Alain Yee Loong Chong,2018;李永海,2018),在线评论对消费者购买行为的影响研究(Antoni Serra,2014;莫赞等,2015;林瑛,2016;马丹丹,2017;霍红等,2018)。

以上学者的研究大多从口碑和意见领袖、评论数量、感知有用性等角度来探讨其对消费者行为的影响。本书欲从在线评论信息分布的规律出发,以各电商网站作为研究平台,基于技术接受理论等对消费者发表在线评论的动机进行研究。

2.3.2　在线评论的感知有用性研究

在线评论有用性的概念由 Chatterjee(2001)首次提出,指评论信息使用的影响程度。Mudambi 和 Schuff(2010)将在线评论有用性看作消费者在决策过程中对在线评论是否有帮助的主观感知价值,是衡量在线评论质量好坏的一种标准。该定义最早从感知价值角度定义在线评论有用性,得到了学者们的广泛认可。关于在线评论的有用性的影响因素研究,研究者主要从评论发布者、评论自身以及系统操控三个方面来讨论影响在线评论有用性的因素,并基于不同网络平台的在线评论数据进行有用性的影响因素实证研究(Mudambi,2010;Korfiatis,2012;Li,M.,2013;Lee,2014;卓四清等,2015;Zhiwei Liu,2015;李琪等,2015;Allahbakhsh,2015;Qazi,2016;肖锴等,2016;张艳辉等,2016;林洁等,2017;Sahar Karimi,2017;闵庆飞等,2017;MSI Malik,2018;邓卫华等,2018;Michael Siering,2018)。

卓四清(2015)基于 Trip Advisor. com 的 4 258 条酒店评论数据,运用负二项回归进行实证分析。研究发现评论内容长度、评论极端性、评论有用性投票数、评论者认可度和个人信息披露对在线评论有用性具有显著正影响。李琪等(2015)模拟天猫平台真实信用评价环境,研究产品评论和服务评论的感知有用性差异。通过 6 组 377 人参与的实验,发现产品评论相比于服务评论给评论阅读者带来更高的感知有用性;同时相比于高质量评论,低质量评论会减小在线评论中服务评论和产品评论的有用性差异。此外,研究还发现服务评论质量高低并不带来感知有用性的显著变化,这在一定程度上拓展了评论信息质量和评论有用性关系的研究。肖锴等(2016)在分析总结出在线评论有用性感知的影响因素的基础上建立态度为中介的研究模型,并对假设进行验证。张艳辉等(2016)基于产品类型的调节效应提出了在线评论有用性的影响因素,通过研究发现评论者信用等级、文本长度、上传图片、追加评论和卖家回复对在线评论有用性具有正向影响作用。在体验型产品中，信用等级、中差评论、追加评论、卖家回复对在线评论有用性的作用更加明显。在搜索型产品中，上传图片对在线评论有用性的作用更加明显。王智生等(2016)基于商品类型的调节作用提出了在线评论有用性投票的影响因素研究，选取中文电子商务网站上搜索型和体验型商品的评论进行实证分析，探讨和识别在线消费者对评论有用性进行投票的关键评论属性方面的影响因素，并探索商品类型在商品评论的极性对评论的有用性投票的影响关系中起到的调节作用。林洁等(2017)对在线评论有用性的影响因素进行了研究，研究显示评论的深度越大，客观性越强，传达的产品的实物数量越多，和网站内容越相符合，产品特性信息越明显，则评论的有用性也就越高。闵庆飞等(2017)研究了系统操控、评论者社交网络以及评论集合特征三个要素对在线评论有用性的影响，通过太平洋电脑网 3 027 个有效样本的实证分析发现，电商系统对评论的直接操控会显著地影响评论有用性。同时，除了评论者的社交网络数量，评论者的社交网络质量也可以作为评论有用性预测的指标。最后，考虑了评论的个体特征和评论集合特征之后，发现评论个体特征对评论有用性的影响会受到评论集合平衡性的调节。评论全面性对评论有用性的影响在积极的评论集合中更为重要。陶晓波等(2017)研究了在线评论、感知有用性与新产品扩散的关系，研究发现在线评论数量和效价虽然都正向影响新产品的扩散，但是在线评论数量和效价对新产品扩散的影响存在负向的交互作用；感知有用性起到了部分中介作用，即在线评论数量和效价通过影响感知有用性影响新产品扩散；搜索品和体验品具有不同的扩散模型。消费者购买在线产品的过程中会搜索不同类型的信息，在线评论是非专业性和低涉入度消费者的重要信息来源。在线评论是否有用受到信息自身属性和消费者两个方面的影响，李启庚等(2017)采用情境实验的方法，探讨在线评论信息结构(评论类型、评论效价)和消费者调节聚焦对评论感知有用性的影响作用。研究表明：评论效价与评论类型均对评论感知有用性有显著影响；在不同的消费者调节聚焦类型下，评论效价与评论类型对评论感知有用性的影响模式存在显著差异：对于促进聚焦的消费者，评论类型调节评论效价对评论感知有用性的影响有作用，而对于防御聚焦的消费者，评论类型的调节作用不存在。张鑫等(2017)从评论特征、评论者特征、阅读者特征、产品类型等几个方面对在线评论有用性影响因素进行了梳理。邓卫华等(2018)通过文献回顾提出在线评论有用性评价的两阶段理论，并借鉴认知科学理论，探讨评论信息内容对两阶段有用性评价的影响及差异，提出 7 点假设。再以 894

条在线酒店评论数据展开实证，部分验证假设。研究结果发现，诊断型信息（评分和图片）对初始有用性评价影响显著；系统式线索（客观线索）对累积有用性评价影响显著；在线评论信息内容对两阶段有用性评价影响具有差异。李聪（2017）在信号理论、社会影响理论和评价倾向框架理论的基础上构建了研究的理论模型，并采用模拟情景实验的方式探究了网购差评中愤怒和悲伤情绪对消费者感知在线评论有用性的影响及产品涉入度的调节作用。

2.3.3　利用各种技术对在线评论进行分析的研究

业界学者利用各种技术对在线评论进行分析，试图通过技术手段发现更多的在线评论研究结果，如利用意见挖掘去研究评论内容的情感属性。主要技术和算法有意见挖掘技术、条件随机场（CRF）、支持向量机（SVM）算法等。

数据挖掘是数据库知识发现的过程，从数据源中寻找有用的知识，意见挖掘作为数据挖掘的一个研究分支近年来成为一些企业研究和应用的热点，意见挖掘（Opinion mining）也称为文本情感分析（Sentiment analysis），是指利用自然语言处理或机器学习等技术对带有感情色彩的主观性文本进行分析、处理、归纳和推理。冯小翼（2011）以 Amazon 电子商务网站上的评论数据为语料来源，对意见挖掘的产品特征提取方法和情感倾向识别方法进行了详细研究，提出并实现了挖掘结果在评论要素抽取、产品属性提取、情感倾向识别、情感评分计算中的应用，并结合消费者行为学的知识对挖掘结果进行了分析。

王维娜（2017）以在线中文评论为研究对象，首先采用人工的方式，将主观性评论文本从产品评论中分离出来。然后利用自然语言处理技术对中文在线评论意见文本进行预处理。最后针对已有的意见挖掘工作对中文产品评论信息挖掘的低查全率和低查准率问题，提出了一种改进的中文在线评论意见挖掘算法。邵景波等（2016）从在线评论的情感属性出发探索在线评论文本特征的动态变化走势，借鉴已有的情感分析框架，选取文本的主客观性、文本的情感极性和文本的情感强度三个维度，从评论内容和标题文本两个角度提出研究假设。并通过编写 Java 程序采集京东网站上 iPhone 4 手机的评论数据进行实证分析，利用逐步回归分析法对在线评论情感属性变量进行模型拟合，跟踪消费者在线评论内容的情感变化。结果显示评论内容的情感属性在三个维度上均存在动态变化特征，而标题文本的情感属性没有稳定的变化。刘丽娜等（2017）以手机这一搜索型产品的海量中文评论为研究对象，以情感认知模型 OCC 模型为情感分类依据，通过深度学习的方法构建离散情感语料库，并在此基础上对不同评论星级、不同的商品购买和评论发布的时间间隔中,所包含离散情感的分布特征进行了深入的研究,研究发现:包含不同离散情感的评论在不同评论星级中的分布情况差别较大,在不同时间间隔中的分布曲线却大致相同,虽都与“长尾分布”非常类似,但仍有细微差别。魏仁干等(2018)运用文本挖掘技术和多元回归方法,研究在线评论情感极性对品牌价值和销售收入的影响。研究选取100个汽车品牌2012～2016年的销量数据为样本,分析在线评论情感极性的营销效应。研究结果表明,汽车专业网站的在线评论情感极性对汽车品规销量有显著影响。在线情感极性除了通过品牌价值对汽车品规销量产生间接显著影响,还对品牌有直接显著影响。郭冲(2013)使用细粒度的意见挖掘技术,进行电子产品在线评论的意见挖掘,细粒度的意见挖掘可以识别主观性文本中的意见要素,如评价对象和评价词,可以获取用户评论中的细粒度信息,粗粒度意见挖掘的主要目的在于倾向性分类,倾向性分类将文本倾向性分析转化为文本分类问题,对给定的篇章、段落、句子、短语或者单词是否具有倾向性,以及倾向的极性进行分类。杨伊态(2018)提出一种在线评论细粒度情感分析模型,以半监督学习的细粒度属性获取方法提取产品的细粒度属性集,使用融合条件随机场(CRF)和支持向量机(SVM)的情感分类模型获取在线评论的细粒度情感倾向。相较于在线评论的粗粒度情感倾向挖掘,在线评论的细粒度情感倾向挖掘能够有效地获取评论的观点和商品的特点。

李丹丹(2018)在对评论文本情感分类之后,为抓住评论主题和用户情感之间的联系,提出一种将潜在狄立克雷分布模型(Latent Dirichlet Allocation,LDA)和语义网络相结合的情感信息挖掘模型。对LDA主题分析的结果进行处理,把与主题相关的高频词语划分为与主题相关的名词和带有感情色彩的情感词。之后结合主题词和情感词建立词共现矩阵,基于词共现矩阵形成评论文本语义网络图,对文本的情感信息进行描述。利用情感倾向挖掘的方式,对现有的文本特征提取方法进行改进,应用改进方法对评论文本进行情感分类。

周宇等(2016)研究了基于信息构建的网络评论信息的规划与实践,提出了网络评论信息处理关键技术主要有评论信息的自动获取和评论信息的分词和过滤。姜琳(2016)在分析中文网络评论信息抽取现状的基础上,以汽车行业负面观点评论自动抽取系统为例,采用结构化句法分析、观点关联算法和词极性算法对其进行了负面观点抽取,构建自动抽取系统,为突发用户事件应急决策提供借鉴。商品评论特征挖掘作为文本挖掘的一个具体应用领域,郭崇慧等(2016)提出一套新的商品特征挖掘方法,其中通过扩充词典、引入同义词表来挖掘商品候选特征，并利用 TF－IDF 计算权重，最后考虑到用户情感而提出情感指数作为选择商品特征的依据。产品特征提取是对在线评论进行研究的基本技术课题之一，刘通等(2016)从三个维度对产品特征进一步定义“产品要素”“产品属性”以及“产品要素属性”，并设计了不依赖外部领域知识且无监督的算法对其进行自动提取和归纳。根据名词和名词短语的构造规则，研究认为满足 BNP 模式的候选 N-Gram 符合构成候选特征词项的一般规律，故以此为基础对产品特征进行提取分析。研究构造基于边界平均信息熵的指标对候选词串进行过滤，利用产品特征之间的子串依赖关系过滤掉语义孤立的词项。通过实验可证实所提出算法的有效性。商品特征聚类的关键技术之一是从评论语料中提取商品特征，商品特征抽取分为人工定义和自动提取，秦成磊等(2016)针对评论中蕴含的商品特征数目繁多且同一特征具有多种不同描述的情况，提出一种基于语义相似度的商品特征聚类算法。算法包括“分配”和“转移”两个过程。“分配”过程对特征词进行聚类得到初始簇序列；“转移”过程依次遍历初始簇序列将簇内可能存在的与其他簇语义相似度更高的特征词转移到对应的簇。实验结果表明该算法聚类质量高、时间复杂度小且对数据输入次序不敏感。产品特征及观点的识别是细粒度情感分析的重要任务，但是现有识别算法对中文语境下不同评论领域的适应性尚无定论，算法的鲁棒性也不理想，难以实现跨领域的算法移植。王伟等(2017)选择数码相机评论、化妆品评论、书评、酒店评论、影评、手机评论和餐厅评论 7 类语料的 3 646 条评论，分别采用词频统计方法、规则匹配、关联规则挖掘、具有句法格式的关联规则、条件随机场(CRF)和支持向量机(SVM)等 6 种代表性的识别算法进行产品特征和观点的抽取，并根据准确率、召回率和 F 值指标，分析比较统计方法和机器学习方法在产品特征及观点识别上的性能。实验表明，不同领域下的特征抽取难度是存在差异的；不同算法适应于不同领域；评论的文本长度对识别准确率和召回率有显著影响；另外，总体上机器学习的算法性能显著高于统计学方法。在线评论情感分析的基础是情感词典的构建，严仲培等(2018)基于词向量模型，提出将情感词语以向量形式表征并计算词向量间距离的情感词典种子词集筛选方法，形成种子词集的筛选标准和分类依据，再通过类别判断形成在线评论的情感词典，构建了山岳型旅游景区在线评论情感词典，并通过对比实验验证了方法的有效性，对提高情感词语归类精度和旅游在线评论情感词典的构建起到了积极的作用。

2.3.4 在线评论信息分布规律方面的研究

关于在线评论信息分布规律方面的研究比较少，在线评论信息作为网络信息资源的一种形式，马费成等(2003)认为网络信息资源的时间分布的基本规律如下：一是高速增长，并呈逻辑增长态势；二是老化速度很快，但仍旧具有价值。网络信息资源具有开放性和互动性，信息来源广泛，传递及时，可以使用自然语言检索，网络信息内容具有很强的关联性便于系统查找这些优点。但同时网络信息资源的信息组织方式与分布特征也给网络信息资源研究带来许多不便：网络信息资源数量巨大，搜集信息资源的完整性难以保证；网络异构性与无序组织，网络信息分类标准难以统一；信息非线性组织和信息分布式存储，网络信息资源的分布状况难以统计分析；新增与老化的网络信息资源难以控制管理等。张磊磊(2010)研究了网络学术信息交流模式与信息分布，发现构建的网络学术信息交流新模式和网络学术信息分布的实证研究相互验证，社会组织机构中的学术信息分布和针对某一学科的网络学术信息分布有规律可循。宋恩梅等(2015)以豆瓣网和新浪微博两个平台的电影评论为例研究了社会化媒体信息资源分布的三个规律，发现两个平台的用户和评论发文数均呈现较明显的幂率分布特征，但发文较多的用户则分属不同的群体；两个平台都在电影上映后呈现出迅速增加的态势，但平稳和波动程度有所不同；电影上映前后用户情感主观性较为平稳，而情感比例的变化相对明显。方爱华等(2017)以网易云音乐热歌榜为例，研究了数字音乐信息的三个方面的分布规律，结果显示“影视＋音乐”形式效果突出，流量歌手的粉丝传播优势明显；音乐市场整体呈现“分众＋长尾”趋势，需求多元化，出现“小市场大热门”现象；特定粉丝群存在“小圈子”语言烙印，用户集体式迁移造就“观光团”文化，情感共鸣性内容引发“饮水机效应”。王飞飞等(2018)以“微信”为研究对象，通过爬取微信用户五年内的朋友圈信息，将微信用户特征、微信信息内容、微信信息发布时间、微信点赞数与评论数对用户信息发布行为的影响作为统计特征进行分析。发现用户信息发布内容受用户特征的影响；不同内容下的信息点赞与评论数也会有显著差异；同时，微信用户的信息发布时间间隔分布显示大多数用户的发布行为会在较短时间内密集发生。

2.3.5 在线评论对产品销量影响的研究

在线评论对产品销量究竟有何影响引起学者的广泛关注，业界学者分别从在线评论的各个特征变量出发，试图找出这些特征与产品销量之间的定量关系。

刘顺利(2013)分别研究了评论特征变量(评论数量、评论平均星级、评论时效性)和商品特征变量(产品年龄、价格特征、商品属性)对产品销量的影响。研究结果表明:评论平均星级对图书销量影响不显著,同一时期发布的不同星级的在线评论对产品销量的影响不同,正面评论对产品销量的影响大于负面评论对产品销量的影响。刘旭(2014)基于品牌强度和产品成熟度的调节作用对在线评论对产品销量的影响进行了研究。发现正面在线评论的累积会增加弱势品牌产品的销售量,负面在线评论则相反。产品类别成熟度的影响研究结论相对复杂一些,新的或弱势品牌的产品利用在线评论可能会增加其销售量。陆代群(2014)研究了搜索型和体验型两种产品的平均得分、评论极端性、评论标题、评论内容、评论时间、节省价格和折扣对产品销量的影响。发现平均得分对上述两种产品的销量有显著的正向影响;评论标题的字数越多,搜索型产品的销量越少,但是对体验型产品的销量无影响;节省价格对搜索型产品的销量有显著的正向影响,对体验型产品有显著的负向影响;评论时间对搜索型产品的销量有显著的负向影响,对体验型产品有显著的正向影响。武娟丽(2014)以决策行为理论、创新扩散理论、信息过载理论和信息价值理论作为研究的理论基础,以评论数量大小、评论数量分布均匀程度、好评率、差评率作为解释变量,产品价格作为控制变量,网站产品销量作为因变量,研究了在线评论对新旧产品销量的影响。研究发现,在线评论数量对新产品的影响显著大于旧产品;而评论离线系数、好评率和差评率对这两类产品没有显著影响。王慧(2015)研究了 B2C 环境下在线评论对农产品销量的影响,结果显示在线评论数量对价格便宜的农产品有正向显著影响,对价格高的农产品影响不显著;好评数越多,销量增量越多;反之差评越多,销量越少。张怀(2015)研究了在线评论对实木家具销量的影响,发现商品特征变量(折扣系数、上架天数、商品属性)对实木家具销量无显著影响;评论数量、质量和内容对销量有显著影响;评论五级情感倾向对销量影响大于三级情感倾向;评论具有时效性,近期评论更能吸引消费者的注意;在线评论的质量(平均评论字数)与销量的关联度最大。邬溪羽(2016)研究了在线评论文本特征及产品特征(搜索型和经验型)对电子类产品销量的影响,结果表明在线评论文本情感极性对搜索型和价格低的电子产品销量有正向影响,而文本诊断性对价格较低的电子类产品销量的正向影响减弱。付海红(2016)研究了不同类型产品的在线评论对销售量的影响,发现对同一类型的产品来说,累计评论量、好评数、晒单量对产品销量有正向影响;累计评论量、好评数、晒单量、价格对搜索型产品的销量的影响显著高于体验型产品。李燕飞(2016)研究了在线评论对消费者满意度及商品销量的影响,结果揭示商品质量、体验效果和服务水平影响消费者的满意度;好评和中评、店铺信誉对商品销量有正向显著影响,而差评有负向影响;收藏量、图片评论数、追评数对商品销量有正向影响。成亚飞(2017)研究了基于在线评分和评论数的餐饮团购在线评论对产品销量的影响,发现口味评分、服务评分、环境评分与总评分差异越大,总评分对销量的正向影响越小;价格越高,总评论数对产品销量的影响作用越大;累积销量水平较低时,随着产品累积销量水平的不断提升,价格与总评论数的交互影响程度逐渐增大。李玉玉(2017)研究了在线评论的评论数量和评分值对网络产品销量的影响,对京东商城一款洗衣机产品进行实证研究发现,在线评论数量与网络产品销量显著相关,而高评分不会导致更高的销售量;在线评论的情感倾向对网络产品销量起着中介作用。张淑容(2017)以前景理论和感知风险理论为理论基础,建立了国产电影票房收入的影响因素模型和在线评论数量影响因素模型,选取 2013 年至 2015 年年度票房收入排名前 70 的国产影片,共 210 部进行实证研究,并对研究结果进行了预测,大部分影片的预测回归相对误差均在 20%以内。张艳芳(2018)研究了在线评论文本和评级的不一致性及商家反馈对商品销量的影响,对京东网站童装类商品进行实证研究发现,评论者发布的文本评论与所评星级两者的不一致性越大,越不利于商品的销售;感谢类和道歉类商家反馈对商品销量有显著影响,而解释类和承诺类反馈对商品销售没有显著影响。冀经纬(2018)研究了在线评论对图书销售量的影响,对当当网及豆瓣网进行实证研究发现,评论数量增多会提高消费者的购买意愿;第三方平台提供评论分数比零售网站提供的评论分数对图书销售的影响更显著;评论差异将负面影响图书销量。

2.3.6 其他相关研究

其他相关研究涉及从众研究、定价研究、扩散研究、情绪研究、旅游景点在线评论研究等。

李敏乐(2009)在营销学、心理学和认知神经科学等交叉学科的基础上,采用具有高时间分辨率特征的事件相关电位工具,运用实验研究方法,研究消费者购买决策过程中,从众、反从众和不从众决策的神经机制。赵青青(2014)运用数学建模的方法,将销售阶段划分为原价销售和降价销售两个阶段,考虑到在线评论对消费者的影响,运用博弈论和消费者效用理论,比较不同的消费者剩余确定消费者的购买决策,据此建立厂商的利润函数,并进行求解得出厂商的最优定价策略。根据厂商的最优定价发现消费者的在线评论会对厂商的定价策略产生影响。研究发现在线评论对消费者有显著的影响，产品在线评论评分越高反映出产品的口碑越好，产品的口碑越好，消费者的支付意愿越高，若产品的在线评论评分较低，消费者则不愿以相同的价格购买此产品。王军(2014)利用京东商城上最近五个月洗衣机的评论数据，对评论中的会员等级分布、评论时间间隔、好评率等内容进行了数据分析。通过建立训练集，使用机器学习语言对文本评论进行情感倾向性分析，得到每条评论语句情感的正负向分布。

杨雅秀(2012)在文献研究和案例分析的基础之上，将在线评论的主要影响因素分为在线评分、评论有用性、评论数量、评论者特征以及评论时间等，并且提出了在线评论对创新扩散的影响模型，对模型及相关假设进行了验证。杨建坤(2016)从新产品扩散的理论基础——BASS模型出发，分析了在线评论的自身特征，并引入消费者感知有用性作为中介变量，构建了在线评论对新产品扩散的影响机理概念模型，并通过实证分析对这一模型展开验证。验证结果表明：在线评论数量和效价虽然都正向影响新产品的扩散，但是在线评论数量和效价对新产品扩散的影响存在负向的交互作用，效价越高时，在线评论数量对新产品扩散的作用越小；消费者感知有用性起到了部分中介作用，即在线评论数量和效价通过影响消费者感知有用性影响新产品扩散；搜索品和体验品具有不同的扩散模型。

陈泓洁(2013)利用文本挖掘技术和分词词频统计推测评论语义的方法获取酒店用户的在线评论信息，建立了客户知识获取的补充模型，并开展客户知识管理。李泽华(2016)以“去哪儿网”上北京市锦江之星酒店的在线评论为研究对象，以详尽可能性模型(Elaboration Likelihood Model, ELM)、解释水平理论(Construal Level Theory, CLT)以及情景的相关理论为基础，构建了先期在线评论影响后续评论过程中调节变量的影响模型，探讨了评论者特征、评论特征以及使用情景三类因素所发挥的调节作用。研究结果表明，酒店先期的在线评论对后续评论有正向影响作用；对于调节变量来说，评论者经验性、评论者地理灵活性、评论长度、使用情景等负向调节了先期评论对后续评论的影响过程，评论滞后时间正向调节了此过程，另外，评论时间间隔并不具有调节作用。高宝俊等(2016)研究了在线评论对酒店订满率的影响，从 Trip Advisor. com 上采集酒店数据，研究消费者推荐比率和酒店位置评分等在线评论因素对不同档次酒店订满率的影响。结果表明：订满率比在线评论量更能反映酒店的销售情况；消费者推荐比率对豪华型酒店的订满率有正面影响，但对经济型酒店无显著影响；消费者对酒店位置的评分对所有酒店的订满率都有显著的正面影响。李加军(2019)

通过采集并处理马蜂窝网有关广州增城白水寨风景区游客评论信息，应用网络文本分析方法进行了关键词和情感分析。龚箭等(2018)整合国内8大在线旅游平台评论数据，采集全国23 496个景点的1 368 052条有效评论，建立我国大陆31个省市自治区基础数据库。通过模型化和可视化的方法对省域旅游目的地发展水平进行分析，结果显示：网络旅游关注度呈现长尾和极化特征，约80%的在线旅游评论集中在10%的核心旅游景点；核心旅游景点空间聚集度呈现出由高到低的"东—中—西"格局；不同类型景点在网络关注度和满意度上均有明显差异，且游客对不同类型景点具有不同的正负面情感特征。基于上述特征分析，结合31个省市自治区ASA定位分析结果，提出了我国大陆31个省市自治区旅游发展优化路径。王少兵等(2018)通过采集到的鼓浪屿和三坊七巷景点的8014条和8009条评论数据，对旅游网站的景点评论进行情感分析，综合利用自然语言处理技术和领域本体构建技术，设计出能够有效地将碎片化的游客评论数据转化为对其他游客出行地选择的辅助信息的推荐策略，提高了游客获取旅游知识的效率。王绮等(2016)通过实验法考察了经济型酒店在线评论的生动效应和商户再反馈对消费者购买意愿的影响。实验结果表明：消费者更看重少数在线评论所给予的购买建议，而忽略全体消费者累计在线评分的影响，在线评分作为缓冲变量影响在线评论和购买意愿之间的关系；如果企业针对负面评论进行主动反应(不论是积极的、接纳的还是防卫的)，消费者的评价都要优于"间接默认"的消极反应和无反应，其中最差则为完全无动于衷的无反应。张补宏等(2017)检索2007—2016年发表在学术期刊上的旅游在线评论相关国内外文献，通过梳理和分析发现：国内外研究者集中关注酒店业，对其他研究对象关注较少。研究内容主要包含旅游在线评论和产品销售、旅游在线评论和旅游决策、旅游在线评论和信息评估、旅游在线评论和顾客满意度管理以及旅游在线评论和评论发送者五大方面。在国内外旅游在线评论的研究中，定量研究方法为主流研究方法，质性研究方法较少，一手数据使用率低。最后，总结了国外研究对国内相关研究的启示。

2.4 简要述评

综上所述，现有研究已取得了一定成果，但还存在着如下不足：

研究方法方面，现有文献大多采用抽样调查和截面数据分析等方法，对消费者在线评论的研究缺乏多维度、多层次、动态性的探讨。鉴于消费者在线评论涉及评论发布者、企业或者第三方平台，未来研究应从静态分析转向多方交互的动态分析，考虑采用跟踪数据的动态采集方法探讨消费者在线评论的信息生成机制。

研究内容方面，现有文献主要集中于在线评论对消费者行为、购买意愿、购买决策等方面的影响，从信息生成的视角来探讨在线评论的生成机制研究尚未引起足够重视。尽管少量文献从个体因素和环境因素等方面提出了在线评论理论上的动机因素，但并未经过实证研究，更没有从本质上揭示在线评论的信息生成机制，后续研究应该深入探讨在线评论的生成机制和激励作用。

基于此，本书拟结合信息资源管理、电子商务领域的相关知识，结合我国移动互联网的发展环境，以用户在线评论的内涵为研究起点，探索在线评论信息的分布规律、生成的动力机制及激励消费者发表评论的策略。

2.5　本章小结

早期，学者对网络口碑的研究比较多，在线评论又是网络口碑的形式之一，因此，本章在梳理相关文献时，将网络口碑的有关研究纳入梳理范围，同时对在线评论动机的相关文献进行梳理。为了更全面地进行研究，本章还梳理了在线评论的其他相关研究，在线评论对消费者购买意愿、决策、行为的相关研究，在线评论的感知有用性研究，在线评论技术应用方面的研究，在线评论信息分布规律方面的研究，在线评论对产品销量影响的研究和其他相关研究如在线评论从众研究、定价研究、扩散研究、情绪研究、旅游在线评论研究等。通过梳理已有文献，思考未来研究的方向，对在线评论信息资源的分布规律进行探讨，对在线评论信息资源生成动力机制进行探讨，对在线评论信息资源进行激励方面的建议。

第三章　在线评论信息资源的分布规律

1996 年，情报学家马费成教授曾根据情报学的目标和基本任务提出，情报学要取得突破，必须在微观上解决两个关键问题：一是知识信息的表达和组织必须从物理层次的文献单元向认识层次的知识单元或情报单元转换；二是知识信息的计量必须从语法层次向语义和语用层次发展。1999～2000 年，马费成教授在其主持的国家自然科学基金课题"科学信息离散分布的机理与模型研究"中，以数据库中的关键词或主题词等科学信息为研究对象发表了 7 篇关于科学信息离散分布规律的研究，这些研究都是基于从文献单元到内容单元的实证分析，探索其微观层次上的离散分布规律，并建立相关模型，为国内该领域的研究开了先河。随着数字化和网络化技术手段的不断进步，情报学研究已从传统的"文献信息世界"进入了现代化的"知识内容世界"，研究的内涵和外延都得到了极大的拓展和提升。在线评论是移动互联网环境下一种新兴的网络信息资源创作与组织模式，其研究从原先的纸本载体延伸到网络信息空间，从原先的文献层面拓宽到如今的内容层面，是一个跨学科、多角度的研究领域，针对其生成模式特征、规律和机理的研究具有很强的理论意义和现实意义。同时，近几年层出不穷的各类社会化媒体也为相关研究提供了良好的实证平台和数据来源。本章在介绍马太效应和传统文献计量学三大基本定律的基础上，通过对几个不同类型网站的在线评论展开实证研究，包括豆瓣网、京东商城等，研究在线评论信息资源的分布规律与传统文献信息资源分布规律的区别。

3.1　马太效应和文献计量学三大基本定律

信息资源是指人类社会信息活动中积累起来的以信息为核心的各类信息活动要素（信息技术、设备、设施、信息生产者等）的集合。信息社会中，信息资源已经成为推动社会进步和经济增长的战略性资源。信息资源的最大效益只有在合理分布的状态下通过优化配置才能得以发挥。信息资源分布是指已经形成的信息资源在空间、时间和数量上的结构形式，是以往各个阶段信息资源规划和配置的结果，也是今后信息资源进行布局调整、实现优化配置的依据和出发点。信息资源配置是以人们的信息需求为依据，以信息资源配置的效率和效果为指针，调整当前信息资源分布和分配预期的过程；是按一定的原则和模式，通过不同的配置方法和手段，将业已产生的信息资源和新增的信息资源合理分布并存储在不同地区或行业内的一种信息活动。

随着信息社会的快速发展，信息资源数量不断增加，信息资源的分布状况日趋复杂。研究信息资源的分布特征与规律对促进信息资源的合理分布具有重要意义。对信息资源分布特征和规律的研究不仅可以揭示信息管理学奠基性的定律，而且直接关系到信息资源开发、管理和利用效率的提高，是实现信息资源优化配置的前提。信息资源的一些主要规律有马太效应、布拉德福定律、齐普夫定律、洛特卡定律。

3.1.1　马太效应

马太效应是社会学家和经济学家们常用的术语，反映的社会现象是两极分化，富的更富，穷的更穷，出自圣经《新约・马太福音》的这段话，“凡有的，还要加倍给他叫他多余；没有的，连他所有的也要夺过来”。1968 年，美国学者罗伯特・默顿(Robert K. Merton)引用这段话用以论述科学社会中的评价与奖励机制，他认为任何个体、群体或地区，在某一个方面(如金钱、名誉、地位等)获得成功和进步，就会产生一种积累优势，就会有更多的机会取得更大的成功和进步。人们发现，马太效应在人类社会生活中普遍存在，因而被广泛地引申和应用。马太效应真实地概括了人类社会生活中的惯性，描述了优势和劣势的积累过程：一经存在有优势，这种优势局面就会不断加强；反之，若处于劣势，这种不利条件也会继续加剧。社会信息流无疑是宏观的社会活动过程，必然受马太效应的支配。

马太效应作为描述信息资源集中—分散分布规律的重要定律之一，其引起的信息富集分布表现为核心趋势和集中取向。核心趋势如高产作者群体的形成、期刊信息密度增大、高频词汇的确立等，都是信息生产主体(行为者)的主动期望与采取实际行动的结果。尽管高产作者有编辑出版部门的支持，期刊信息密度增大是编辑部选择与追求的结果，但核心趋势一般不是信息生产者努力造成的，行为者的实践是主导因素。集中取向则不同，如一篇论文多次被引，一个网站被众多用户点击，某些图书被频繁地借阅，一些优质商品被频繁好评，这种富集是社会选择和影响的结果。虽然不能说与信息生产主体无关，但大多数情况下，都不是信息生产者主动造成的，信息生产者基本上处于被动状态。核心趋势和集中取向的效果是一致的，仅仅是累积的程度不一样。前者可能是相乘地累积，后者是相加地累积；前者是主动地选择，后者是被动地接受；前者称为自增生过程，后者则是大变量分布过程。

马太效应所导致的信息资源分布的富集现象的积极意义显而易见，在实际的信息管理工作中，它可以帮助我们突出重点、摒弃平均，为信息源的选择、获取、评价和利用提供依据，为降低信息管理成本、提高信息利用效率提供指导和方法。在理论上，马太效应描述的优势可以帮助我们认识信息集中和分散的特征、趋势和规律，发现信息管理学的基础性定律。但是马太效应的负面影响也是显而易见的，为保证信息资源分布的科学合理性，适当的干预是必要的。以热门搜索、论坛博客回贴、网店收藏为例，用户往往会不断地将热门的搜索推向全民关注的程度，知名人士的论坛和博客会人气爆棚，信誉度越高、好评越多的网店会被更多的顾客收藏；相反，那些冷门的搜索，比如草根的论坛和博客连同刚刚起步的网店却是无人问津的。随着时间的积累，这种优劣差距会更为显著，这些正是网络环境中用户信息需求马太效应的表现。

在各大电商营销平台展出的产品都有销量由高到低的排名，这种销量由高到低的排名供消费者参考，其最终结果也会导致马太效应。消费者的心理反应是销量高的商品或体验必然是品质好的，因此才会出现网络交易平台刷单行为，这种刷单行为指网络交易平台经营者雇佣有关机构或者个人以买者身份购买平台上自己或他人经营的商品或服务，但实际未履行交货或提供服务，买者以确认收货方式让他人误以为发生真实交易，使得经营者获利或者满足其他目的的行为。网络交易平台经营者为提高交易量和信誉度，存在大量自我刷单的现象。根据参与主体刷单方式的不同，可分为两种情形：一是经营者自行或雇佣他人刷单，即网络交易平台经营者雇佣刷团或刷手实施该类刷单行为，目的在于为其所经营的商品或者服务赢得高交易量和信誉度，从而提高网络交易平台内店铺排名，吸引更多的消费者关注、购买；二是经营者之间相互刷单，即经营者之间存在共同的利益，彼此约定，各自以买者身份购买对方店铺商品或服务，人为制造高交易量、信誉度，吸引消费者购买。尽管这两种刷单方式有差别，但实施刷单行为的目标都相同。同样，在售后评价中，也有这种马太效应，在网购收到产品之后，商家经常会发消息给买家，请求好评，正是因为商家知道商品评价越好，销量越多，而销量越多，店铺人气越旺这样的马太效应，才会不厌其烦地要求消费者购后给予好评，见图 3－1。

图 3－1　电商经营者要求买家给五星好评的截图

3.1.2　布拉德福定律

布拉德福定律是英国著名文献学家 S. C. 布拉德福(Samuel Clement Bradford，1878—1948)于 1934 年首先提出来，其在《专门学科信息源》(Sources of Information on Specific Subject) 中公布了他的研究结果。布拉德福定律最初是用来描述科技论文在期刊中的分布规律的，其文字表述为："如果将科技期刊按其刊载某个学科主题的论文数量以递减顺序排列起来，就可以在所有这些期刊中区分出载文率最高的'核心'部分和包含与核心部分同等数量论文的随后几个区，这时核心区和后继区(成为相关区、边沿区)中所含期刊数成 $1:a:a^2$ 的比例关系($a>1$，称为布拉德福系数)。"布拉德福分析的数据来说，常数 a 约等于 5。继布拉德福之后，格鲁斯(O. V. Groos)、波普(A. Pope)、布鲁克斯(B. C. Brooks)、维克利(B. C. Vickery)、莱姆库勒(F. F. Leimkuhler)、斯马里科夫(И. А. Смалъков)等人将布氏定律作了某些修正和表达，他们不仅解析式和图像表达了布氏定律，而且将布拉德福所分的区域推广到若干个，这些科学家提出了一个普适性的数学表达式为：

$$R(n)=\begin{cases} an^{\beta} & (1\leqslant n\leqslant c) \\ K\ln\left(\frac{n}{s}\right) & (c<n\leqslant N) \end{cases}$$ 公式(1)

表达式(1)中,$R(n)$为对应于排序 n 的相关文献累积数;n 为期刊等级排序序号(按载引有关文献量递减排序);a 为第 1 级期刊中的相关文献量 $R(1)$;c 为第 1 个区(即核心区)的期刊种数;N 为等级排列的期刊总数;β 为参数,与核心期刊数量有关,等于分布曲线的曲率,且小于 1;s 为参数,其值等于分布图形直线部分反向延长与横轴交点处的 n 值;K 为系数,等于分布曲线中直线部分的斜率,见图 3 - 2。

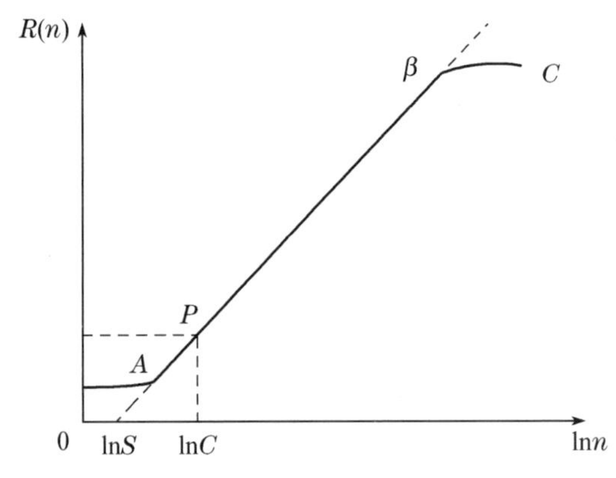

图 3 - 2 布拉德福分布曲线

布拉德福定律定量地揭示了科学论文在期刊中的集中与离散分布规律,是文献信息计量学的最基本的定律和最重要的组成部分,其研究至今仍然具有重要的不可替代的理论价值和实际意义。随着网络及计算机技术的飞速发展,越来越多的学者试图用各种信息资源来验证布氏定律,试图揭示布氏定律的规律不仅适用于科学期刊中的专业领域文献分布,而且适用任何信息源的自然分布。过去利用布拉德福分布定律可以帮助高等院校、科研机构、图书馆、期刊遴选机构确定核心期刊以指导期刊订购和期刊利用(刘天奉等,1994;陈勤,1997;邱均平等,2000;赵玉珍,2000;李江等,2011),现在利用布氏定律进行网络信息资源的管理和应用等(王晓芳等,2012;叶光辉等,2018;田纯,2019)。[①]

① 本页公式和图片来源于胡昌平等. 信息资源管理[M]. 武汉大学出版社,2008. 9.

3.1.3　齐普夫定律

齐普夫定律是美国哈佛大学教授、著名语言学家和情报学家乔治·金斯利·齐普夫(George Kingsye Zipf)于 20 世纪 40 年代提出的关于词频分布的定律。1935 年,齐普夫根据汉莱(M. Hanley)为乔伊士(J. Joyce)的中篇小说《尤利西斯》(*Ulysses*)一书所编的频率词典来进行工作,该词典中收词数量为 29 899 个词汇,他按使用频率(词频)排列成序,并对应编定词级,使用频率最高的词汇的词级为 1,依次类推,则词级 r 和词频 f 的乘积接近于常数。如果以 $\lg f-\lg r$ 作图,则为一直线,如图 3－3 所示。齐普夫在 1949 年出版的《人类行为与最省力法则——人类生态学引论》(*Human Behavior and the Principle of Least Effort*)专著中,更系统地将他的发现整理为一条规律:如果把一篇较长文章中每个词出现的频次统计起来,按照高频词在前、低频词在后的递减顺序排列,并用自然数给这些词编上等级序号,即频次最高的词等级为 1,频次次之的等级为 2,……,频次最小的词等级为 D。若用 f 表示频次,r 表示等级序号,则有 $fr=C$(C 为常数),人们称该式为齐普夫定律(*Zipf's law*)。

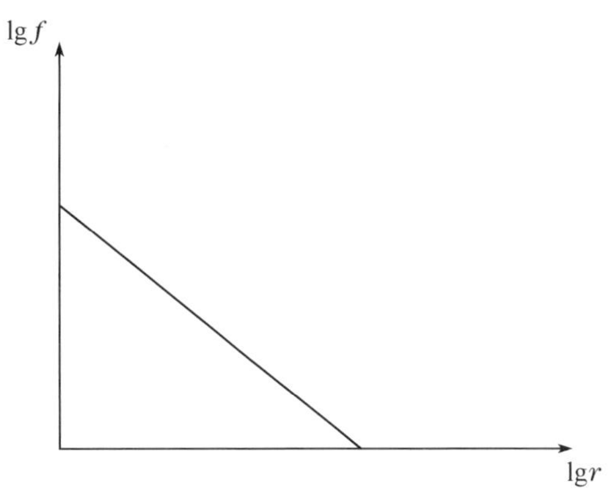

图 3－3　齐普夫分布示意图

一般来说,齐普夫定律较符合西文文献中词频分布的实际情况,定量地揭示了文献信息的词频分布规律,但词频分布问题是很复杂的,因而使得齐普夫公式的适用范围存在一定的局限性,尤其是对出现频次特别高的词和特别低的词,并不能圆满地反映其分布规律。针对高频词的分布规律,1936 年,美国语言学家朱斯(M. Joos)对齐普夫定律进行改善,提出了双参数词频分布定律,把含一个参数的齐普夫定律修改为含两个参数的齐夫公式:

$$fr^b = C \qquad 公式(2)$$

在公式(2)中当 $b=1$ 时，等价于齐夫单参数公式。1952 年，美籍法国数学家曼德布罗(B. Mandelbrot)运用信息论原理和概率论方法研究了词频分布规律，重新解释了齐普夫定律，提出了三参数词频分布律，在朱斯双参数公式基础上又增加了一个参数：

$$f(r+a)^b = c \qquad 公式(3)$$

从公式(3)中可以看出，当 a、b 取不同的值时，该公式可以变换成齐普夫单参数公式和朱斯双参数公式，因而公式(3)的适用性更广泛。应当指出，上述研究结果虽然对齐普夫公式进行了修正，但仍有局限性，特别是出现频率很低的词不能完全满足分布公式。因此，词频分布规律还有待进一步研究和完善，这就导致了齐普夫第二定律的产生。齐普夫第二定律由布什(B. Booth)首先导出的：出现 1 次的词数量为 I_1，出现 n 次的词数量为 I_n，则低频词满足公式：

$$\frac{I_n}{I_1} = \frac{2}{n(n+1)} \qquad 公式(4)$$

布什利用齐普夫第二定律验证了四篇英文文章中的低频词，预测的 I_n/I_1 的值与实际值非常接近，说明该定律预测英文文献中低频词出现的频率是比较可靠的。

齐普夫分布具有广泛的应用，在信息系统建设、词表编制、自动标引、标引加权、信息存储与检索方面都取得了许多应用成果(曹盼盼等，2009；叶飞，2013；谢靖等，2014；罗燕等，2016；崔容一等，2017；马创新等，2018；胡玉宁等，2019)。通过词频分布来揭示信息资源的分布规律是齐普夫分布在理论上的重要开拓。

3.1.4 洛特卡定律

早在上世纪 20 年代，美国统计学家洛特卡(A. J. Lotka)在他所撰写的著名学术论文《科学生产率的频率分布》中就提出了后来被学术界誉为“洛特卡定律(Lotka's Law)”的研究成果。洛特卡选用了美国《化学文摘》(CA)自创刊年(1907)至 1916 年，10 年累积索引中的 6 891 位作者及其被收录的文献量作为分析对象，按第一作者计算原则对作者按其论文发表量从少到多排序。结果为：发表 1 篇论文的作者人数为 3 991 人，占该数据集作者总数的 57.9%；发表 2 篇论文的作者人数为 1 059 人，占该数据集作者总数的 15.7%……发表论文最多的一位作者的发文数为 346 篇。通过对上述数据分析和一系列验证，洛特卡发现，撰写一定篇数论文的作者数量与其发表论文数量存在一定的关联。洛特卡所发现的规律称为洛特卡平方反比定律或简称洛特卡定律，简而言之即写有 x 篇论文的作者数量占所研究数据集作者总数的百分比 $f(x)$ 与 x 的平方呈反比。用公式表达即为

$$f(x)=\frac{c}{x^2} \qquad \text{公式(5)}$$

公式(5)中，$f(x)$ 为发表 x 篇论文的作者总数的比例；x 为其发表论文数；c 为常数，该常数大小与知识领域和学科有关。为了显示文献按作者分布的关系，洛特卡对“平方反比”表达式作了对数处理，如公式(6)。并以 $\ln x$ 为横坐标，In $f(x)$ 为纵坐标做了对数曲线图，如图 3 - 4 所示。

$$\text{In}[f(x)]=\text{In}C-2\ln x \qquad \text{公式(6)}$$

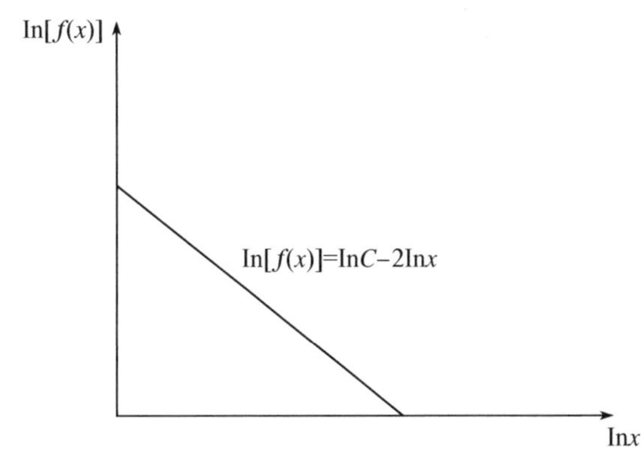

图 3 - 4　洛特卡分布曲线

洛特卡定律最初并未受到关注，后来经美国科学家科学计量学的奠基人之一普赖斯(Derek John de Solla Price)等人的发掘，自 20 世纪 60 年代才开始引起学界广泛关注。随后国外学者在经济学、生物学、情报学、图书馆学、法医学、人类学、计算机学等不同学科领域分别对洛特卡定律进行了适用性验证，并以此为基础提出了修正洛特卡定律的可能性。其中最具影响力的是 1986 年帕欧利用包括 20 个学科和 3 个大型图书馆目录在内的 48 组有关文献作者分布的数据验证了洛特卡定律，并重新界定了洛特卡分布中参数的取值范围，推动了洛特卡定律的发展。国内学界对洛特卡定律的验证工作始于 20 世纪 80 年代，起步虽晚但成果卓越，在合著者的处理、洛特卡分布中参数的拟合方法等方面提出了不少独到的见解，并积极将洛特卡定律应用到新兴学科发展趋势的预测研究中。国内学者的研究成果以武汉大学邱均平教授的最为丰盛，他以连续 5 年或 10 年中国知网收录的图书情报方面的论文为研究对象，采用实证的方法验证洛特卡

定律，并且引入作者权重指标来解决合著者对作者分布的影响问题，以更客观反映和描述作者分布规律。在基础性研究中，张贤澳教授（1991，1995，2001）对洛特卡分布中参数的拟合方法进行了深入细致的分析，提出了非回归分析的洛特卡定律参数 n、C 的直接估算方法。其他国内学者如林宝山等（1994，1996）、魏瑞斌（2007）、夏鸣（2008）、莫晓霞（2008）、王景文（2011）、詹海玉（2012）、伍玉成（2012）、杨中楷等（2013）、田纯（2019）等相继对洛特卡定律进行了验证性研究，这些研究显示了洛特卡定律持久的影响力和实用价值。洛特卡定律也有其适用的局限，该定律对所研究的学科的要求是必须相对稳定，研究的论文时间区间必须足够长，研究的作者数目必须足够大，否则对该定律必须作相应的修正。

3.2 网络信息资源的分布规律研究综述

情报学家马费成教授等在 2003 年提出网络信息资源时间分布的基本规律主要表现为高速增长和老化速度很快。网络信息资源虽然具有开放性和互动性、信息来源广泛、传播速度快、便于系统查找这些优点；但网络信息资源的数量巨大、无序组织、分布式存储等特点也给网络信息资源研究带来诸多挑战。网络信息资源在传统文献信息资源的基础上实现了多媒体信息资源与文献信息资源的融合，但是网络信息资源分布具有与传统文献信息资源类似却有些差异的分布规律。传统文献信息资源的三大定律主要是布拉德福定律、齐普夫定律和洛特卡定律，自这三大定律发布以来，国内外学者从不同的领域利用不同的研究方法对这三大定律进行验证和应用型探索的研究。如著名的普赖斯指数就是洛特卡定律在定量关系上对科学家人数和科学文献数量以及不同层级科学家进行实证分析得出的。国外学者主要从情报学、经济学、生物学、人类学、法医学、计算机科学等不同领域分别对这三大定律进行适用性验证，同时根据适用性讨论的结果对三大定律进行修正以期发现更为普适性的研究结论，国内学者的研究从传统的文献信息资源到网络信息资源对三大定律的验证从多方位开展（林宝山等，1994，1996；张贤澳，1991，1995，2001；刘天奉等，1994；陈勤，1997；马费成等，1999，2000；邱均平等，2000；赵玉珍，2000；魏瑞斌，2007；夏鸣，2008；莫晓霞，2008；李江等，2011；王景文，2011；詹海玉，2012；伍玉成，2012；王晓芳等，2012；杨中楷等，2013；叶光辉等，2018；田纯，2019）。

布拉德福定律作为文献信息计量学最基本和最重要的定律，定量地揭示了科学信息的集中与离散分布规律。有学者通过布拉德福定律进行核心期刊的遴选，也有学者对该定律进行验证。Patra S K 等（2005、2007）利用布拉德福定律确定了生物医学数据库（PubMed）和引文索引数据库（WoS）中的艾滋病核心期刊，研究了印度生物技术期刊的统计分析，并利用布拉德福定律进行馆藏期刊的选择。Tsay M Y 等（2005）研究了某领域的期刊载文量并利用布拉德福定律确定了该领域的核心期刊。Nicolaisen J 等（2010）认为通过主题的获得的核心期刊存在一定的差异性，一定程度上不太符合布拉德福定律。国内学者对布拉德福定律进行了大量的验证和应用。马费成等（1999，2000）通过对 BIOSIS、INSPEC、COMPENDEX 光盘数据库中的四组期刊论文及主题词和关键词进行统计分析，对布拉德福定律进行验证研究。邱均平（2000）提出布拉德福定律主要应用在于确定核心期刊、文献检索、考察专著的分布、动态馆藏维护、检索工具完整性的测定、学科幅度的比较等方面。过去利用布拉德福分布定律可以帮助高等院校、科研机构、图书馆、期刊遴选机构确定核心期刊以指导期刊订购和期刊利用（刘天奉等，1994；陈勤，1997；赵玉珍，2000；李江等，2011），现在利用布拉德福定律进行网络信息资源的管理和应用等（马费成等，2003；袁毅，2006；张洋，2006；王晓芳等，2012；叶光辉等，2018；田纯，2019）。马费成等（2003）等通过对网站网页的采集分析，发现网页数量的集中与分散分布的描绘曲线与布拉德福比较相似。袁毅（2006）将网站视为期刊，网页视为论文文献，通过统计分析发现在布拉德福定律的等级排序的过程中，低位次的网站较多，相应的核心区较少，这样可以看出网络信息资源的分散性更强、集中度较弱的现象。田纯（2019）利用社会化标签验证了布拉德福定律，研究结果认为这种网络信息资源的分布不符合传统布拉德福定律曲线特征。

学者对齐普夫定律的研究主要集中在定律的验证和定律的应用性研究方面的探索。马费成等（1999）运用 MATLAB 软件拟合出 BIOSIS、INSPEC、COMPENDEX 等数据库中的关键词或主题词的词频分布规律，并用 X^2 方法对其进行了检验，发现它们遵循齐普夫定律。张风燕（2012）利用结构化网络信息资源和非结构化网络信息资源分别进行齐普夫定律的验证，研究结果显示，这两种网络信息资源的分布均符合齐普夫定律。韩普等（2012）采用最大似然估计的方法对齐普夫分布曲线进行拟合，为了验证该方法的有效性，该研究通过对 3 组中英文语料进行对比实验发现，英文较好地符合齐普夫定律，中文并不太符合齐普夫定律。上锟（2016）针对微博的突发性热点从单话题和多话题两个方面分析微博中的话题数据，验证了话题数据符合齐普夫定律的特性。邱均平（2000）提出齐普夫定律主要应用在词表编制、自动标引、标引加权、情报检索、情报管理中等。叶飞等(2013)以2002～2011年收录入科学引文索引(SCI)中934篇科学计量相关文献为语料,分析了齐普夫定律中的常数变化规律,进而基于统计分析创建了一种确定语料中高低词频分界点的新方法。还有一些学者利用齐普夫定律进行了信息系统建设、词表编制、自动标引、标引加权、信息存储与检索方面等方面的研究(曹盼盼等,2009;谢靖等,2014;罗燕等,2016;崔容一等,2017;马创新等,2018;胡玉宁等,2019)。

洛特卡定律发现之初未引发关注,后经美国科学家普赖斯等人的发掘,自20世纪60年代才开始引起学界广泛关注。随后国外学者在经济学、生物学等领域分别对洛特卡定律进行了适用性验证,并以此为基础对洛特卡定律进行了修正。其中最具影响力的是1986年帕欧利用有关文献作者分布的数据验证了洛特卡定律,并重新界定了洛特卡分布中参数的取值范围,推动了洛特卡定律的发展。国内学界对洛特卡定律的验证工作始于20世纪80年代,起步虽晚但成果卓越。在合著者的处理、洛特卡分布中参数的拟合方法等方面提出了不少独到的见解,并积极将洛特卡定律应用到新兴学科发展趋势的预测研究中。国内学者的研究成果以武汉大学邱均平教授的最为丰盛,他于2000年以中国知网收录的图书情报方面的论文为研究对象,采用实证的方法验证洛特卡定律,并且引入作者权重指标来解决合著者对作者分布的影响问题,以更客观反映和描述作者分布规律。该学者在2011年以科学网博客为例研究了网络学术信息作者分布规律,发现博文作者分布并不服从洛特卡定律。在基础性研究中,张贤澳教授(1991,1995,2001)对洛特卡分布中参数的拟合方法进行了深入细致的分析,提出了非回归分析的洛特卡定律参数 n、C 的直接估算方法。赵小康(2016)以2004～2013年12种公安期刊发表的论文为研究对象,采用最小二乘法、线性拟合方法和幂拟合方法,对公安领域的作者与发文情况进行洛特卡定律验证。回归验证结果表明,公安领域的相关研究符合洛特卡分布,且较为成熟。其他国内学者如林宝山等(1994,1996)、魏瑞斌(2007)、夏鸣(2008)、莫晓霞(2008)、王景文(2011)、詹海玉(2012)、伍玉成(2012)、杨中楷等(2013)、田纯(2019)等相继对洛特卡定律进行了验证性研究,这些研究显示了洛特卡定律持久的影响力和实用价值。

以上分析了已有研究对文献计量学三大定律的验证,在线评论信息资源作为网络信息资源的一部分,其分布规律的实证研究很少,主要有电影评论信息分布规律、音乐评论信息分布规律、新闻评论信息分布规律,社会化标签作为用户对网络信息资源的标注,其分布规律的研究也在此做介绍,主要表现如下。

3.2.1　电影评论信息分布规律

宋恩梅等学者(2015)以电影评论为例研究了社会化媒体信息分布规律，以“豆瓣电影”和“新浪微博”两个社会化媒体平台上24部影片的评论信息为研究对象，分析了这两个平台上电影评论信息的分布特征和规律，并比较了二者的差别。用户与评论发文数量关系上，两个平台的用户和评论发文数均呈现较明显的幂率分布特征，但发文较多的用户则分属不同的群体；评论信息随时间的分布上，两个平台都在电影上映后呈现出迅速增加的态势，但平稳和波动程度有所不同；用户情感分布上，电影上映前后用户情感主观性较为平稳，而情感比例的变化相对明显。研究结论主要有：

(1) 在“豆瓣电影”和“新浪微博”两个平台上，用户和评论发文数均呈现较明显的幂率分布特征；而两平台上发文较多的用户则是不同的群体，“豆瓣电影”发文较多的主要集中在看电影资深人士以及“水军”这样的用户群体中，“新浪微博”则主要集中在电影院和制片商等官方账号，由此反映出影片营销方在两平台上营销策略选择的差异。

(2) 从信息随时间的动态分布中发现，两个平台上的相关数据都在电影上映后呈现出迅速增加的态势；“豆瓣电影”的短评和评分分布较为平稳，而“新浪微博”中的博文、转发和评论的波动更为强烈和无序，这与该平台的用户使用时间碎片化，移动端的便捷性，信息传播更加分散等有关；“新浪微博”动态的博文数—评论数、博文数—转发数之间都具有较强的相关性，而前者的相关度更高。

(3) 在情感分布方面，两个平台上的用户情感主观性较为平稳，电影上映前后用户的情感主观性变动不大，该研究者分析，这是由于在电影上映前人们就通过宣传片等方式对影片有一定的了解，且上映后人们的情感表达也较为中庸；而在情感比例分布上，每部电影的差别比较明显，且在上映前后也有所变化，这种变化主要集中在上映后的第一周，说明用户真实观影行为之后的评价对于影片上映前的过度造势仍然具有修正作用。

研究者认为在该研究中，由于数据获取难度等因素，只选取了24部影片作为研究对象，会存在数据样本受限、数据抓取不全面以及情感分析计算不精确等问题。在后续研究中，将选取更多的电影和更多的平台进行研究，在情感分析的精确度方面也力求做进一步改进。

3.2.2 音乐评论信息分布规律

方爱华等(2017)选取网易云音乐热歌榜 TOP 30 为研究样本,综合用户评论数量、精彩评论文本内容及点赞量等数据探析音乐行业发展趋势。研究发现,在音乐传播方式方面,“影视+音乐”形式效果突出,流量歌手的粉丝传播优势明显;在用户音乐需求方面,音乐市场整体呈现“分众+长尾”趋势,需求多元化,出现“小市场大热门”现象;在用户评论内容方面,特定粉丝群存在“小圈子”语言烙印,用户集体式迁移造就“观光团”文化,情感共鸣性内容引发“饮水机效应”。

研究发现:

(1) 音乐市场整体呈现“分众+长尾”趋势,需求多元呈现“小市场大热门”现象。

根据热歌榜 TOP30 歌曲评论量绘制的曲线图,该学者认为商业和文化的未来不在于传统需求曲线上代表“畅销商品”的头部,而是那条代表“冷门商品”的经常被人遗忘的长尾。一方面,流行音乐的头部仍然强大,但不再一统江湖,民谣、电音等音乐曲风开始分羹;另一方面,音乐分类市场出现各自的头部歌手,如民谣曲风的赵雷、陈鸿宇等,每一个分类又形成自己的“长尾市场”。总体而言,“流行”的头部艺人和“分类”的头部艺人组成了市场的头部,剩下的“绝大多数”则正在把音乐市场的尾部越拉越长。

(2) “影音联动”模式效果突出和流量歌手的粉丝传播优势明显。

近年来,电影主题曲比电影本身更热的现象屡有发生,影视主题曲原本只是影视宣传物料的辅助环节,但随着影视热播而带动歌曲大热,影视与歌曲实现双向口碑传播,影视歌曲在宣传环节的分量开始加重。从评论量来看,影视歌曲因具有影视粉丝群+歌曲粉丝群的双重基础,评论热度较高,其粉丝带有明显地从影视平台观影后迁移至数字音乐平台听歌的特点,评论内容多以剧情交流、主题评论为主。

(3) 评论内容分析。

用户评论是消费者潜意识中的消费偏好、感知认同等内在需求的外显投射。数字音乐平台的用户评论内容以同一首歌曲为场景,形成相对封闭的评论群体。对网易云音乐热歌榜精彩评论的内容分析发现,评论内容大致包含铁粉共鸣、借楼抒情、艺人互动、无聊调侃、歌曲评价、知识科普、正义发声等主流标签,其中借楼抒情的用户凝聚力较强,是所有评论中占比最多的评论标签;艺人参与互动评论往往能获得高点赞量,如演唱歌曲《小半》的歌手陈粒的评论获得 12 万多的点赞;铁粉共鸣往往催生特定圈子的语言表达风格;无聊调侃虽没有特定意义,却具有娱乐效果。

因此,从用户评论的视角来看,该研究者提出数字音乐平台可以考虑如下策略。第一,推荐营销。用户在试听排行榜的歌曲时,系统会推荐试听该演唱者的其他歌曲或与这首歌曲曲风相近的歌曲,这种模式有效引导用户目光从“热门”产品转向“利基”产品。目前网易云音乐的歌单文化就是一种有意识引导用户向小众音乐过渡的机制。第二,粉丝营销。音乐版权问题一直是桎梏数字音乐发展的一大隐患。在版权政策跟进、用户付费意识觉醒的趋势下,数字音乐平台应着重考虑培养自有的艺人 IP,围绕艺人 IP 进行深度粉丝营销,使数字专辑、在线演唱会等盈利模式得以实现闭环。第三,跨界营销。在泛娱乐产业趋势下,影视、音乐、游戏等行业界限日益模糊,营销方式也在这种融合趋势中推陈出新,影音联动、音游联动、综艺合作等组合有望成为主流营销方式。音乐类游戏开发、音乐类综艺创新、热门音乐 IP 的影视改编等将推动音乐作品的利益最大化,多向导流,共享粉丝资源。

3.2.3 新闻评论信息生长规律

宗红等(2018)通过揭示在线新闻评论生长规律来发现在线新闻的老化规律,从而挖掘新闻信息的潜在价值。研究提出在线新闻评论生长特征的测度指标,包括生长周期、生长峰值、集中度绝对值、峰值集中指数和生长半衰期,并利用新浪新闻及其评论数据进行实证研究。研究发现,绝大多数在线新闻评论生长周期较短、生长峰值较小,评论峰值集中出现在靠前位置;其生长曲线主要有负指数型、平缓型、单峰型和多波段型四种类型;生长规律受新闻本身的老化特性、新闻发布时间、相关新闻事件或新闻后续事件的发生等因素影响。但该研究缺少其他新闻平台数据的对比研究。该研究多指标测度了在线新闻评论的生长情况,发现了 4 种显著的生长曲线。具体结果如下:

(1) 在线新闻评论生长规律特征测度结果。评论生长长度的测度,计算每篇在线新闻评论生长周期,结果发现,大部分在线新闻评论的生长周期测度值非常小,小部分生长周期测度值较大,极值差距非常大。评论生长高度的测度,对每篇在线新闻的生长峰值进行计算,以小时为单位时间,结果发现,评论生长峰值测度结果的分布呈现从左向右迅速减少的趋势,绝大部分在线新闻评论的生长峰值在 200 条以内,少数超过 200 条;其中,峰值最大达到 806 条,峰值最小仅为 1 条,平均每篇在线新闻的生长峰值为 12.02 条评论。评论生长集中度的测度，在线新闻评论生长集中度指标测量了评论生长峰值的时间位置，在峰值附近评论呈现大量集中现象。其实际意义重大：表示在线新闻在该时刻效用价值和传播度得到最大呈现；决定了评论生长的走势，越早达到峰值其新闻信息老化得越快，越迟达到峰值，在线新闻信息老化得越慢。评论生长均衡度的测度，对在线新闻评论生长半衰期进行计算，结果精确到分，在线新闻评论生长半衰期极值差异大，绝大部分评论生长半衰期较小。

(2) 评论生长曲线类型及各阶段特点。根据已有研究，依据主流的信息生命周期三段论模型，将在线新闻评论生长过程划分为三个阶段：成长期、成熟期和衰退期。发现在线新闻评论的生长曲线主要有四种类型：负指数型、平缓型、单峰型、多波段型。拥有"负指数型"评论生长曲线的在线新闻信息在发布后便立刻引起用户的高度关注，评论集中爆发在初始时间段内，新闻热度的退去十分迅速，并且基本不再被用户关注和评论。拥有"平缓型"评论生长曲线的在线新闻信息在发布后没有引起热议，仅获得少量关注并且随时间自然消退，但由于评论时间间隔较大其完全消退的时间较长。拥有"单峰型"评论生长曲线的在线新闻信息在发布后开始逐渐聚集用户的关注，到达峰值后关注热度又逐渐退去，整个生长过程相对较快。拥有"多波段型"评论生长曲线的在线新闻在发布后受到用户的关注时增时减，变化较为复杂。

该研究利用测度指标对在线新闻评论生长特征进行测度，结果发现，绝大多数评论生长周期和生长峰值较小，极差较大；评论生长变化过程具有爆发性和集中性，爆发时间点多出现在评论生长变化初期，即集中出现在前 1/5 位置。根据测度结果，单篇在线新闻的评论生长变化过程具有一定的规律，可以归纳为负指数型、平缓型、单峰型和多波段型 4 种生长曲线类型，并且呈现出生命周期的阶段特点。该研究分析认为在线新闻评论生长受新闻信息本身的老化特性、新闻发布时间、相关新闻事件或新闻后续事件的发生等因素影响。同时，该研究存在一定的不足之处，包括研究数据仅依赖于新浪网、测度指标的效果尚未得到很好的检验。

3.2.4 社会化标签信息分布规律

田纯(2019)在 Web 2.0 背景下研究社会化标签的信息分布规律是否符合传统的文献信息的分布规律的同时，找寻具有网络信息特征的规律，该文从生产者分布规律、信息离散分布规律两个角度结合传统文献信息分布规律的研究方法与思路，对标签信息资源的分布规律进行探究。考虑到不同网络平台有着不同的信息发布机制，该研究选取了UGC模式的典型代表问答社区，问答社区中的用户可以根据需要进行提问、回答、收藏、评论以及对问题进行社会化标注。

(1) 洛特卡定律拟合分析。该研究从Ask MetaFilter社区数据集中抽取了2016年1月1日到2016年12月31日共61 820条标注记录，对用户标注的标签数量进行了统计，得到14 196个用户的标记情况。拟合结果发现，社会化标签洛特卡分布的n值为4.14，为传统文献的两倍，常数C值为6.13。

(2) 布拉德福定律拟合分析。该研究从Ask MetaFilter社区，共采集1 048 574条记录进行分析。研究结果发现，曲线增长整体上呈"缓慢增加—平稳—缓慢减弱"的趋势。为验证布拉德福定律曲线的三个部分，即先是一段上升的曲线，然后是一段直线，最后是下垂曲线，将以问题为载体的标签情况中的部分数据进行可视化处理，可以发现第一段是加速上升的，不符合传统布拉德福定律曲线特征。

该研究的结果在一定程度上对问答社区的管理有一定的指导作用。不仅可以根据社会化标签的分布规律，帮助社区管理者了解标注用户的标签生产过程和生产结构中呈现的规律，而且可以根据布拉德福拟合结果对问答社区中用户所提问题进行归类，划分区域，提高管理效率，增加问答社区的用户体验次数。

3.3 基于三大定律的在线评论信息分布规律实证研究

在线评论信息是Web 2.0时代的一种重要的信息形式，是消费者发布在企业网站或第三方网络平台上关于商品或体验的评价。在线评论信息本身就是一种重要的网络信息资源，它是用户依据自己的知识、需要、兴趣对所购买的商品或体验进行的评价。在线评论信息作为一种信息资源，逐渐成为人们的研究对象，并且作为一种新型的信息资源形式，其各方面的价值仍待发掘。学者们对在线评论的研究，范围也比较广泛，但大部分研究都是从电子商务的角度去考虑，去研究在线评论到底如何影响消费者的购物意愿，很少从信息资源管理的角度去考虑在线评论信息分布的规律。研究在线评论信息的分布规律有利于在实际生活中更加科学地设置和管理在线评论，但由于用户信息生产的多目的性和无序性，使得用户生成在线评论时词语随意、字节长短不一、内容模糊难以界定，同时也给发掘在线评论信息分布规律带来了较大挑战。在此背景下，为研究在线评论的信息分布规律是否符合传统的文献信息的分布规律，找寻具有网络信息特征的规律，本书从生产者分布规律、信息离散分布规律两个角度结合传统文献信息分布规律的研究方法与思路，对在线评论信息资源的分布规律进行探究。

考虑到不同网络平台有着不同的信息发布机制，本书选择豆瓣网和京东商城两个平台的数据。作为电影评论的典型代表豆瓣网，该网站由杨勃（网名“阿北”）创立于 2005 年 3 月 6 日。它以书、影、音起家，提供关于书籍、电影、音乐等作品的信息，无论描述还是评论都由用户提供，是 Web 2.0 网站中具有特色的一个网站。在豆瓣上，你可以自由发表有关书籍、电影、音乐的评论，可以搜索别人的推荐，所有的内容、分类、筛选、排序都由用户产生和决定，甚至在豆瓣主页出现的内容也取决于用户的选择。京东商城是 B2C 综合网络零售商，主营家电、数码通信、电脑、百货、图书、食品等。

3.3.1 布拉德福定律拟合分析

布拉德福定律主要是用来描述专业论文在期刊中分布情况的经验规律，是英国著名文献学家布拉德福于 1934 年提出来的。随着 CPU 技术、存储技术、检索技术等电脑软硬件技术的迅猛发展，以及各种类型网络的大规模建设，网络信息资源也以前所未有的速度在迅速发展。相对于传统信息资源，网络信息资源有显著的优势，比如数量巨大，增长迅速，内容丰富，覆盖面广，信息资源类型多样，在成熟的网络信息资源中，检索方便，获取方便，等等。现有的网络信息资源是否仍然符合传统的文献信息资源的定律，已有学者对各类网络信息资源做出研究。本研究以在线评论信息资源为研究对象，探讨其分布规律与传统布拉德福分布规律的区别，以探究 Web 2.0 情况下的信息资源的分布。

3.3.1.1 数据预处理

本部分的数据集来自豆瓣网社区，根据豆瓣网对各电影的分类，利用爬虫软件获取经典、华语、爱情、喜剧、科幻、恐怖等电影的影片名称和影评短评总数，剔除其中重复的部分，共采集 2 516 条电影记录，其中这些电影的影评数为 3 319 748条，短评总数为 145 241 332 条，部分数据见表 3 - 1 和表 3 - 2 所示。

3.3.1.2 布拉德福拟合分析

根据布拉德福定律对所有的影评数和短评数进行整理分析，先按影评总数和短评总数对这些电影进行降序排列，得到相应的序号，对序号取对数，对影评数和短评数进行累积统计，见表 3 - 1 和表 3 - 2，对上表中的序号对数和累计项进行可视化，得到横坐标为短评数和影评数递减的排序的对数，纵坐标为短评累积数和影评累积数的曲线图，如图 3 - 5 和图 3 - 6 所示。

表 3－1　电影名称和短评数(前 50 个数据)

序号	电影名称	短评数	序号对数	短评累计数
1	流浪地球	556 432	0	556 432
2	哪吒之魔童降世	435 600	0.301 03	992 032
3	我不是药神	378 323	0.477 121	1 370 355
4	肖申克的救赎	318 586	0.602 06	1 688 941
5	少年的你	284 574	0.698 97	1 973 515
6	霸王别姬	258 582	0.778 151	2 232 097
7	这个杀手不太冷	257 567	0.845 098	2 489 664
8	怦然心动	249 767	0.903 09	2 739 431
9	盗梦空间	247 515	0.954 243	2 986 946
10	寻梦环游记	243 354	1	3 230 300
11	头号玩家	243 276	1.041 393	3 473 576
12	绿皮书	243 168	1.079 181	3 716 744
13	复仇者联盟 4:终局之战	240 817	1.113 943	3 957 561
14	千与千寻	237 461	1.146 128	4 195 022
15	战狼 2	233 377	1.176 091	4 428 399
16	三傻大闹宝莱坞 3	230 844	1.204 12	4 659 243
17	星际穿越	223 991	1.230 449	4 883 234
18	海王	217 125	1.255 273	5 100 359
19	疯狂动物城	216 765	1.278 754	5 317 124
20	你的名字	215 383	1.301 03	5 532 507
21	红海行动	211 927	1.322 219	5 744 434
22	少年派的奇幻漂流	211 683	1.342 423	5 956 117
23	无名之辈	211 469	1.361 728	6 167 586
24	海上钢琴师	209 704	1.380 211	6 377 290

(续表)

序号	电影名称	短评数	序号对数	短评累计数
25	飞驰人生	208 999	1.397 94	6 586 289
26	摔跤吧！爸爸	208 015	1.414 973	6 794 304
27	阿甘正传	207 357	1.431 364	7 001 661
28	西虹市首富	203 657	1.447 158	7 205 318
29	一出好戏	196 679	1.462 398	7 401 997
30	我和我的祖国	191 636	1.477 121	7 593 633
31	无双	191 054	1.491 362	7 784 687
32	泰坦尼克号	187 953	1.505 15	7 972 640
33	让子弹飞	184 338	1.518 514	8 156 978
34	忠犬八公的故事	183 699	1.531 479	8 340 677
35	芳华	183 556	1.544 068	8 524 233
36	唐人街探案 2	183 140	1.556 303	8 707 373
37	爱乐之城	176 889	1.568 202	8 884 262
38	看不见的客人	174 011	1.579 784	9 058 273
39	楚门的世界	173 541	1.591 065	9 231 814
40	疯狂的外星人	172 863	1.602 06	9 404 677
41	美丽人生	172 230	1.612 784	9 576 907
42	复仇者联盟 3:无限战争	167 928	1.623 249	9 744 835
43	无问西东	167 819	1.633 468	9 912 654
44	毒液:致命守护者	165 436	1.643 453	10 078 090
45	那些年,我们一起追的女孩	163 455	1.653 213	10 241 545
46	西游记之大圣归来	161 421	1.662 758	10 402 966
47	初恋这件小事	158 486	1.672 098	10 561 452
48	邪不压正	157 869	1.681 241	10 719 321
49	白蛇:缘起	156 303	1.690 196	10 875 624
50	诛仙 Ⅰ	155 908	1.698 97	11 031 532

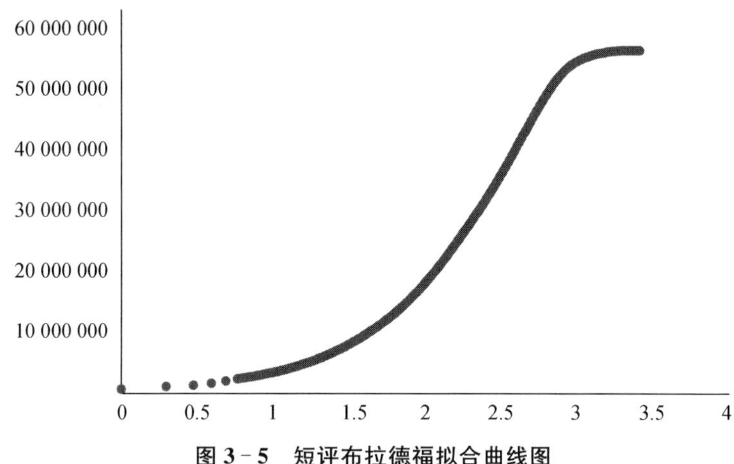

图 3-5 短评布拉德福拟合曲线图

表 3-2 电影名称和影评数(部分)

序号	电影名称	影评数	序号对数	影评累计数
1	流浪地球	21 461	0	21 461
2	我不是药神	16 336	0.301 03	37 797
3	少年的你	13 253	0.477 121 25	51 050
4	哪吒之魔童降世	12 419	0.602 059 99	63 469
5	芳华	11 809	0.698 97	75 278
6	战狼 2	9 565	0.778 151 25	84 843
7	无问西东	9 291	0.845 098 04	94 134
8	大鱼海棠	9 199	0.903 089 99	103 333
9	肖申克的救赎	8 593	0.954 242 51	111 926
10	摔跤吧！爸爸	7 884	1	119 810
11	后会无期	7 744	1.041 392 69	127 554
12	爱乐之城	7 708	1.079 181 25	135 262
13	海上钢琴师	7 563	1.113 943 35	142 825
14	诛仙Ⅰ	7 459	1.146 128 04	150 284
15	致我们终将逝去的青春	7 352	1.176 091 26	157 636
16	少年派的奇幻漂流	7 157	1.204 119 98	164 793
17	霸王别姬	6 944	1.230 448 92	171 737
18	被嫌弃的松子的一生	6 541	1.255 272 51	178 278
19	驴得水	6 406	1.278 753 6	184 684
20	无名之辈	6 156	1.301 03	190 840

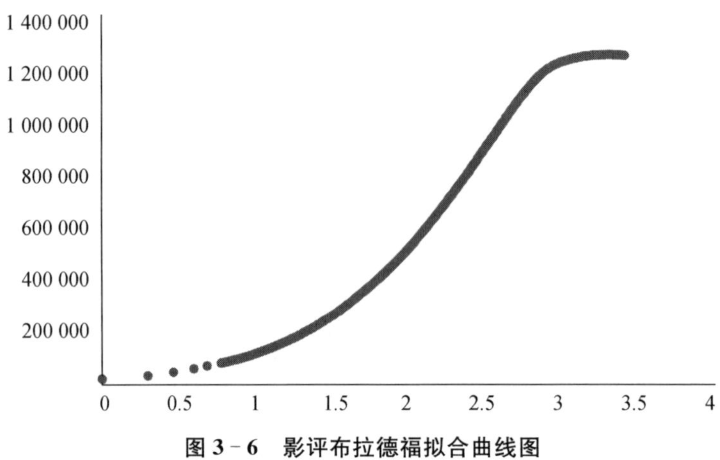

图 3-6　影评布拉德福拟合曲线图

通过观察图 3-5 和图 3-6 可发现分散曲线的特征并不明显，从表中可知图的起始点分别为(0，556 432)和(0，21 461)，但是纵坐标的最高值分别为 1 273 002 和 55 977 504，使得曲线特征的最初始部分被弱化，难以观察，可以看出曲线增长整体上呈“缓慢增加—平稳—缓慢减弱”的趋势。为验证布拉德福定律曲线的三个部分，即先是一段上升的曲线，然后是一段直线，最后是下垂曲线，将表 3-1 中的前 50 条数据和表 3-2 中的前 20 条数据进行可视化如图 3-7 和图 3-8 所示，可以发现第一段是加速上升的，不太符合传统布拉德福定律曲线特征。导致这一差异的根本原因在于网络信息资源的增速比较快。

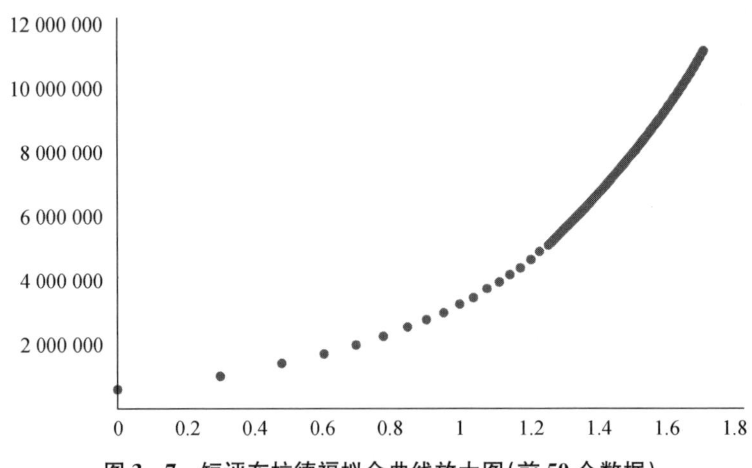

图 3-7　短评布拉德福拟合曲线放大图(前 50 个数据)

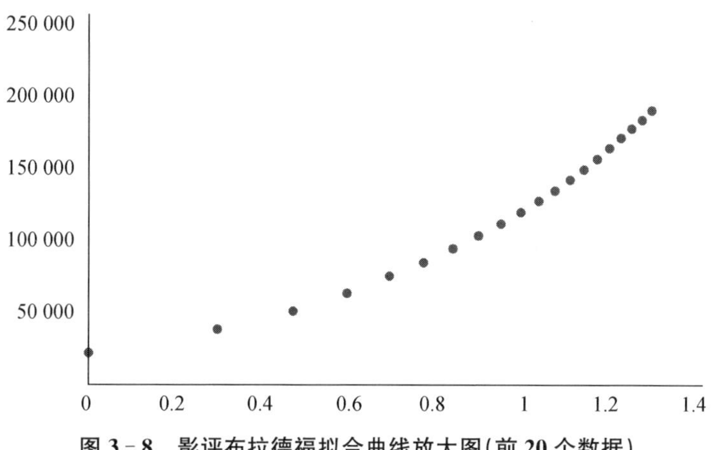

图 3-8　影评布拉德福拟合曲线放大图(前 20 个数据)

3.3.2　齐普夫定律拟合分析

前文已经介绍过齐普夫定律,这一定律主要是用来描述文献中的词与其出现频次之间关系的经验规律,由齐普夫于 1935 年提出,是一条与语言学密切相关的文献学规律。齐普夫在 1949 年出版的专著《人类行为与最省力法则》(*Human Behavior and the Principle of Least Effort*)中,将他的发现系统地整理为一条规律。前文已述,现有的网络信息资源是否仍然符合传统的文献信息资源的定律,已有学者对各类网络信息资源做出了研究。本研究以在线评论信息资源为研究对象,探讨其分布规律与传统齐普夫分布规律的区别,以探究 Web 2.0 情况下信息资源的分布。

3.3.2.1　数据预处理

本部分的数据集来自京东商城,利用爬虫软件获取京东商城消费者对 HUAWEI nova 5z 这款手机的 1 000 条评论(京东对消费者只开放浏览前 100 页评论),把这些评论整合成文本,合计 164 318 个字,对这些评论的词频进行统计,共获取 732 个词,词频总数达 47 143 个,部分数据见表 3-3 和附录 D。

3.3.2.2　齐普夫拟合分析

根据齐普夫定律,对所有的在线评论词频进行整理分析,先按词频总数对这些电影进行降序排列,得到相应的排序,分别对序号和词频数取对数,见表3-3,对上表中的序号对数和词频对数进行可视化,得到横坐标为词频数递减的排序的对数,纵坐标为词频对数的曲线图,如图 3-9 所示。

表 3-3　华为手机(HUAWEI nova 5z)京东评论词频数(部分)

序号	单词	词频数量	序号对数	词频对数
1	手机	1 328	0	3.123 198 075
2	速度	1 112	0.301 029 996	3.046 104 787
3	拍照	1 082	0.477 121 255	3.034 227 261
4	运行	1 071	0.602 059 991	3.029 789 471
5	屏幕	973	0.698 970 004	2.988 112 84
6	非常	902	0.778 151 25	2.955 206 538
7	外观	898	0.845 098 04	2.953 276 337
8	效果	863	0.903 089 987	2.936 010 796
9	华为	792	0.954 242 509	2.898 725 182
10	不错	686	1	2.836 324 116
11	待机时间	570	1.041 392 685	2.755 874 856
12	音效	569	1.079 181 246	2.755 112 266
13	清晰	552	1.113 943 352	2.741 939 078
14	外形	533	1.146 128 036	2.726 727 209
15	很快	510	1.176 091 259	2.707 570 176
16	京东	451	1.204 119 983	2.654 176 542
17	流畅	405	1.230 448 921	2.607 455 023
18	其他	400	1.255 272 505	2.602 059 991
19	手感	392	1.278 753 601	2.593 286 067
20	摄像头	392	1.301 029 996	2.593 286 067

前文已述，根据齐普夫定律，以词级 r 和词频 f 的对数作一张图，齐普夫定律应该为一直线，但我们获取的数据得出的验证，不完全符合齐普夫定律，如果用一条直线来拟合我们所作曲线，其拟合优度等于 0.896 7。原因一方面可能是研究获取的数据量不够，从图 3-9 看，这条直线没有和横坐标相交；另一方面可能是网络信息资源与普通文献信息资源在本质特征上有所区别。

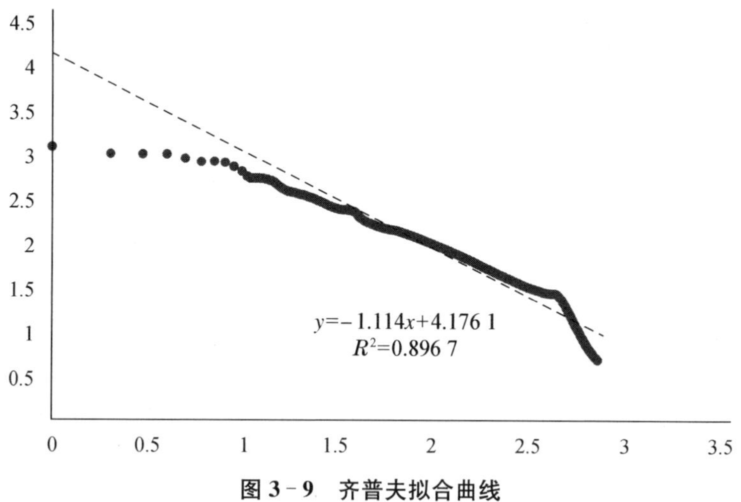

图 3-9　齐普夫拟合曲线

图 3-10 为用软件做的在线评论词云图，从图中可以看出，对华为 HUAWEI nova 5z 手机的评价还是很高的，好评如潮，如感觉舒服、超级耐用、摄像清晰、外观不错等。

图 3-10　华为手机评论词云图

3.3.3 洛特卡定律拟合分析

洛特卡定律是描述作者与论文数量之间关系的经验规律，由美国情报学家洛特卡(A. J. Lotka，1880—1949)于1926年提出。洛特卡定律虽然在1926年就已经被提出，但到了1949年才被称为“洛特卡定律”。后来有不少学者深入探讨了洛特卡定律的形成机理和改善表达，其中最著名的就是普赖斯，该科学家在《小科学，大科学》一书中提出了“普赖斯定律”，其简单表达是：杰出科学家发表了全部科学论文的50%。前文已述，现有的网络信息资源是否仍然符合传统的文献信息资源的定律，已有学者对各类网络信息资源做出了研究。本研究以在线评论信息资源为研究对象，探讨其分布规律与传统洛特卡定律的区别，以探究Web 2.0情况下的信息资源的分布。

3.3.3.1 数据预处理

本部分的数据集来自豆瓣网社区，数据处理脚本基于Python3.6，先用requests框架抓取豆瓣上电影《哪吒之魔童降世》的所有影评，存于数据MongoDB中，利用BeautifulSoup解析页面，获取用户昵称、用户ID和评论日期，共采集到用户从2019年7月5日至2020年1月3日共177天的12 398条评论，部分数据见表3-4和附件E，利用pandas框架分析出影评数量曲线，得到图3-11。再根据上述步骤中的用户ID，抓取用户页面，解析获取用户的评论数，共采集到11 989名用户的65 109条评论，部分数据见表3-5和附件F。

表3-4 豆瓣网影评时间和影评数量部分数据

序号(第几天)	评论时间	评论数量
1	2019-07-05 02:13:02	1
2	2019-07-08 15:41:12	1
3	2019-07-11 22:36:09 2019-07-11 22:56:53 2019-07-11 23:08:54	3
4	2019-07-12 09:21:54 2019-07-12 10:20:39 2019-07-12 22:30:33 2019-07-12 23:48:49	4

（续表）

序号(第几天)	评论时间	评论数量
5	2019－07－13　00:57:08 2019－07－13　02:19:33 2019－07－13　12:05:29 2019－07－13　16:31:45 2019－07－13　17:06:33 2019－07－13　17:16:26 2019－07－13　17:44:49 2019－07－13　17:48:44 2019－07－13　18:00:26 2019－07－13　18:06:18 2019－07－13　18:35:37 2019－07－13　18:42:48 2019－07－13　18:48:32 2019－07－13　19:05:47 2019－07－13　19:27:22 2019－07－13　19:53:22 2019－07－13　19:54:57 2019－07－13　19:55:23 2019－07－13　19:58:26 2019－07－13　20:02:48 2019－07－13　20:03:46 2019－07－13　20:17:44 2019－07－13　20:20:58 2019－07－13　20:26:44 2019－07－13　20:27:55 2019－07－13　20:37:34 2019－07－13　20:39:45 2019－07－13　20:48:12 2019－07－13　20:51:22 2019－07－13　21:08:18 2019－07－13　21:13:52 2019－07－13　21:25:01 2019－07－13　21:38:23 2019－07－13　22:21:05 2019－07－13　22:28:35 2019－07－13　22:31:24 2019－07－13　23:35:11 2019－07－13　23:35:55 2019－07－13　23:43:43	40

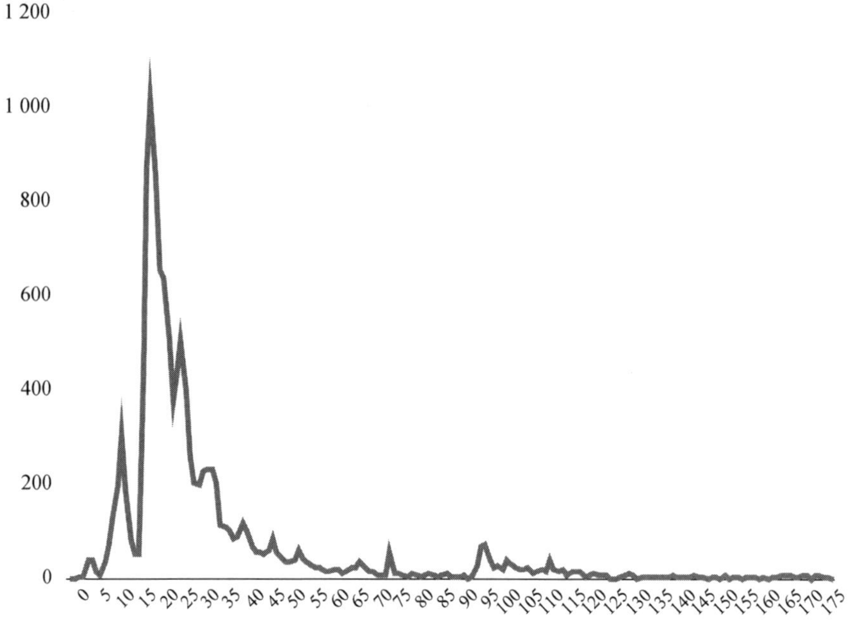

图 3－11　评论数随着时间变化曲线图

结合表 3－4 和图 3－11，评论数随着时间的变化在第 13 天达到第一个峰值，随后下降，在第 20 天时达到所有评论数的最大值 1 016 条，其中最集中的时间是第 18 天到第 28 天，第 42 天后逐渐进入评论的低谷期。

3.3.3.2　洛特卡拟合分析

本书借助洛特卡定律理论思想，来研究在线评论信息的信息分布规律，即用户与在线评论数量之间的潜在关系。洛特卡定律的内容为：在一段时间内，写了 x 篇论文的作者数占作者总数的比例 y_x 与其撰写的论文数 x 的 n 次方成反比（田纯，2019）。其数学表达式为：$y_x=\frac{c}{x^n}$。该数学表达式式中，y_x 表示写 x 篇论文的作者占作者总数的百分比；x 为创作的论文篇数；c 为主题领域的特征常数。在本书研究中，y_x 为撰写 x 个评论的消费者用户占撰写总用户数的百分比；x 为一段时间内撰写在线评论的数量。为了便于拟合，将该数学表达式进行线性化处理得到：$\lg y=-n\lg x+\lg c$，该表达式中 $\lg y$ 是撰写评论的用户占总用户数的对数，$\lg x$ 是撰写评论人数的对数。根据公式对表 3－5 的原始数据进行整理，将评论数按照降序的顺序得到一列数据，对应撰写人数，对评论数和人数占比取对数，得到表 3－6。

表 3-5 用户评论情况统计表

用户 ID	用户名	评论数	用户 ID	用户名	评论数
B**8	游**笑	3 919	1**6	小**影	847
v**k	做**设	3 806	5**6	张楠	842
y**6	云**扬	2 565	x**u	x**n	727
y**i	影**榜	2 409	B**s	B**s	658
1**8	阿喵	1 477	l**n	里**森	636
s**s	释凡	1 447	1**1	E**n	596
b**8	竹子	1 140	1**5	塔**次	583
M**L	木**二	1 136	1**3	花**车	571
5**7	初晓	1 115	5**0	蓝**城	562
5**8	梦**书	1 095	1**9	L**飞	554
1**6	非**构	965	5**4	曾**群	547
1**7	行**客	947	L**e	L**c	527
1**0	远方	937	7**8	嘉隐	474
f**n	方**南	880	1**7	这**影	473
d**x	乌**堂	857	s**n	三**片	455

表 3-6 用户评论数和人数对数表

序号	评论数	人数	人数占比	人数占比对数	评论数的对数
1	3 919	1	0.000 083 4	−4.078 782 96	3.593 175 263
2	3 806	1	0.000 083 4	−4.078 782 96	3.580 468 784
3	2 565	1	0.000 083 4	−4.078 782 96	3.409 087 369
4	2 409	1	0.000 083 4	−4.078 782 96	3.381 836 8
5	1 477	1	0.000 083 4	−4.078 782 96	3.169 380 495
6	1 447	1	0.000 083 4	−4.078 782 96	3.160 468 531
7	1 140	1	0.000 083 4	−4.078 782 96	3.056 904 851
8	1 136	1	0.000 083 4	−4.078 782 96	3.055 378 331
9	1 115	1	0.000 083 4	−4.078 782 96	3.047 274 867
10	1 095	1	0.000 083 4	−4.078 782 96	3.039 414 119

（续表）

序号	评论数	人数	人数占比	人数占比对数	评论数的对数
11	965	1	0.000 083 4	−4.078 782 96	2.984 527 313
12	947	1	0.000 083 4	−4.078 782 96	2.976 349 979
13	937	1	0.000 083 4	−4.078 782 96	2.971 739 591
14	880	1	0.000 083 4	−4.078 782 96	2.944 482 672
15	857	1	0.000 083 4	−4.078 782 96	2.932 980 822
16	847	1	0.000 083 4	−4.078 782 96	2.927 883 41
17	842	1	0.000 083 4	−4.078 782 96	2.925 312 091
18	727	1	0.000 083 4	−4.078 782 96	2.861 534 411
19	658	1	0.000 083 4	−4.078 782 96	2.818 225 894
20	636	1	0.000 083 4	−4.078 782 96	2.803 457 116
21	596	1	0.000 083 4	−4.078 782 96	2.775 246 26
22	583	1	0.000 083 4	−4.078 782 96	2.765 668 555
23	571	1	0.000 083 4	−4.078 782 96	2.756 636 108
24	562	1	0.000 083 4	−4.078 782 96	2.749 736 316
25	554	1	0.000 083 4	−4.078 782 96	2.743 509 765
26	547	1	0.000 083 4	−4.078 782 96	2.737 987 326
27	527	1	0.000 083 4	−4.078 782 96	2.721 810 615
中间省略部分数据，具体见附录 F					
232	20	44	0.003 670 031	−2.435 330 284	1.301 029 996
233	19	36	0.003 002 753	−2.522 480 459	1.278 753 601
234	18	54	0.004 504 129	−2.346 389 2	1.255 272 505
235	17	51	0.004 253 899	−2.371 212 784	1.230 448 921
236	16	61	0.005 087 997	−2.293 453 125	1.204 119 983
237	15	77	0.006 422 554	−2.192 292 235	1.176 091 259
238	14	71	0.005 922 095	−2.227 524 611	1.146 128 036
239	13	98	0.008 174 16	−2.087 556 885	1.113 943 352
240	12	92	0.007 673 701	−2.114 995 133	1.079 181 246
241	11	119	0.009 925 765	−2.003 235 999	1.041 392 685

（续表）

序号	评论数	人数	人数占比	人数占比对数	评论数的对数
242	10	158	0.013 178 747	−1.880 125 873	1
243	9	181	0.015 097 172	−1.821 104 385	0.954 242 509
244	8	185	0.015 430 812	−1.811 611 232	0.903 089 987
245	7	266	0.022 187 005	−1.653 901 324	0.845 098 04
246	6	386	0.032 196 18	−1.492 195 656	0.778 151 25
247	5	498	0.041 538 077	−1.381 553 617	0.698 970 004
248	4	645	0.053 799 316	−1.269 223 246	0.602 059 991
249	3	1 020	0.085 077 988	−1.070 182 788	0.477 121 255
250	2	1 918	0.159 979 982	−0.795 934 357	0.301 029 996
251	1	5 137	0.428 476 103	−0.368 073 394	0

本书采用对数线性回归方式利用最小二乘法对豆瓣网在线评论信息生产者分布规律进行拟合。通过对表 3－6 中的人数占比和评论数取对数，并进行可视化，得到横坐标为评论数量的对数，纵坐标为评论人数占比对数的曲线图，如图 3－12 所示。由图 3－12 中的一元线性回归模型可知：$n=1.087\ 1$，$c=0.047\ 753$，一元线性回归模型的拟合优度为 0.762。这个公式用于传统的文献信息资源时，n 等于 2，但是研究发现物理学等学科领域的作者与论文之间的关

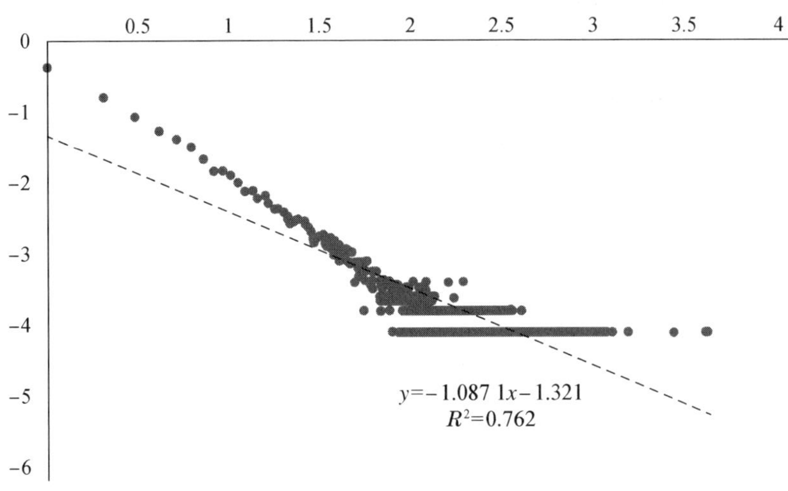

图 3－12　洛特卡定律拟合曲线

系基本符合平方反比律，而生物、工程、计算机等领域则不符合平方反比关系。一般来说，人文学科和社会学科中的 n 值将变大，而规模较大、科研合作程度较高的学科中，n 值会变小。考虑到消费者撰写在线评论也是一种规模比较大的信息资源形式，因此 n 值可能会比较小，小于传统信息资源的 n 值。从图 3 - 12 看，该图形与传统的洛特卡定律的图形有所区别，传统的洛特卡图形是一条直线。从拟合情况看，拟合优度达 0.762，比较接近完全拟合优度 1。

3.4 本章小结

本章介绍了马太效应和传统文献计量学的三大基本定律，并对在线评论信息资源的分布规律已有的研究进行了梳理，最后通过豆瓣网在线评论和京东评论对三大定律进行了实证。实证结果表明：

(1) 从布拉德福定律拟合结果可以看出，曲线增长整体上呈“缓慢增加—平稳—缓慢减弱”的趋势。为验证布拉德福定律曲线的三个部分，即先是一段上升的曲线，然后是一段直线，最后是下垂曲线，将豆瓣网电影在线评论总数依据布拉德福定律进行处理并对部分数据进行放大处理，可以发现第一段是加速上升的，不太符合传统布拉德福定律曲线特征，导致这一差异的根本原因在于网络信息资源的增速比较快。

(2) 从齐普夫定律拟合结果可以看出，以词级 r 和词频 f 的对数作一张图，齐普夫定律应该为一直线，但我们获取的数据得出的验证，不完全符合齐普夫定律，如果用一条直线来拟合我们所作曲线，其拟合优度等于 0.896 7。原因一方面可能是研究获取的数据量不够，另一方面可能是网络信息资源与普通文献信息资源在本质特征上有所区别所致。

(3) 从洛特卡定律拟合结果可以看出，拟合直线与传统洛特卡直线有所区别，从拟合情况看，拟合优度达 0.762，比较接近完全拟合优度 1。由一元线性回归模型可知：$n=1.087\,1$，$c=0.047\,753$，这个公式用于传统的文献信息资源时，n 等于 2，n 会随着信息资源类型的不同而有所差别，由于研究数据有限，暂时无法得出进一步结论，是否所有在线评论信息资源的洛特卡定律的拟合结果都是这样。

本次研究的结果在一定程度上对网络信息资源的管理有一定的指导作用。可以根据网络信息资源的分布规律帮助电商平台管理者了解用户的在线评论的产生过程中呈现的规律，对用户的评论进行归类，划分区域，提高管理效率，增加电商平台用户的黏性。

第四章　在线评论信息生成的动力机制理论模型和研究假设

4.1　理论基础

动力机制简单来说即为动力的来源或动力的原因，动因的概念在不同的文献中有不同的定义方式。《牛津英文辞典》2005 版将动因解释为："在既定的目标下针对行为有意识或潜意识的刺激物，主要源于各类心理和社会因素。"动因研究尝试解决两类问题：什么导致了行为且行为的强度为何有所差异？动因研究指出行为个体和其所在的环境可以互相影响，并在影响过程中不断演化。动因研究在管理学、信息科学、系统科学、人因工程以及社会学等领域的理论探索和实践工作中都发挥了极大的作用。动因相关的理论被应用于不同的领域情境中，且来源于不同的流派，如心理学、认知科学、社会学以及管理科学等。本节针对在线评论消费者参与、分享和贡献等行为归纳出一些可被用于动力机制探讨的相关理论，其中包括动机理论、沉浸理论、社会认知理论、社会交换理论、技术接受理论。

4.1.1　动机理论

动机一词来源于拉丁文的"movere"，指推动人们行为的内在力量，中国古代对人性善和恶的争论，也可以看作是对动机的不同解释。随着人们认知能力的不断提升，对动机的形成原因和它对人们行为产生的动力都有了更深入的理解，逐渐产生了动机理论（Motivation Theory），用以解释人们行为的本质和动机的生成机制。由于动机的产生本身就是一个心理过程，会受到多方面的影响，因此，动机理论研究领域非常复杂，存在着多种观点和不同的研究方向。

菲利普·科特勒对心理学家所提出的人类动机理论进行了总结，指出当前最流行的动机理论有三种：西格蒙德·弗洛伊德的动机理论，亚伯拉罕·马斯洛的动机理论以及弗雷德里克·赫茨伯格的动机理论。弗洛伊德假定,形成人们行为的真正心理因素大多是无意识的,一个人不可能真正弄明白其受刺激的主要动因。马斯洛试图说明在某一阶段人们为何受到各种具体需求的驱使。马斯洛认为,人类的需求可按层次排列,依次满足。这些需要按其重要程度来分,分别为生理需要、安全需要、社会需要、尊重需要和自我实现需要。赫茨伯格提出了动机双因素理论,该理论将动机分为不满意因素和满意因素,仅仅避免不满意因素是不够的,还必须同时刺激引起购买和消费的正面因素。

由于动机本身的复杂性和多样性以及学者们研究出发点的不同,动机的分类并没有统一的标准。目前比较典型的分类主要有以下几种(汪名彦,2006):生理性动机和社会性动机;主导动机和辅助动机;内在动机和外在动机;长远动机和短暂动机;意识动机和潜意识动机。关于动机的分类很多,每种分类都有其相对合理性,这是由动机本身的复杂性和学者研究角度的多元性共同决定的。目前,动机理论虽然有很多种分类方法,最为常见的是将动机分为内部动机和外部动机两种。内部动机是指人们对活动本身感兴趣,活动能给自身带来快乐和满足感,不需要外界的推动来完成。布鲁纳的研究表明,内部动机产生的三个根源为好奇心、胜利的满足感和互惠驱动力。外部动机是由自身以外的刺激诱发出来的,行为的动力来源于外部。内部动机和外部动机是相辅相成、缺一不可的,只有将内部动机和外部动机结合起来,才能对个人行为产生更大的推动作用。

本书认为,消费者参与在线评论的动机是内部动机和外部动机的结合,其内在动机的产生来自参与评论活动,如奖惩商家、分享购物或服务体验、帮助其他消费者决策等的满足感和愉悦感;而外在动机包括参与评论能获取平台积分或奖励、展现购物成就、体现用户社会责任感、遵守平台购物规则等。

4.1.2 沉浸理论

沉浸理论(Flow Theory)由美国芝加哥大学心理学博士契克森米哈(Csikszentmihalyi)于1975年首次提出,解释人们在进行某些活动时为何会完全投入其中,注意力高度集中并自动过滤掉所有无关的知觉,进入一种沉浸的状态。之后该学者在1980年、1988年、1990年分别对沉浸理论进行修正和补充,之后沉浸理论被广泛应用于休闲心理学。美国范德堡大学(Vanderbilt University)的霍夫曼(Hoffman)和诺瓦克(Novak)于1996年首次将沉浸体验的概念运用于网络导航行为,并将网络导航中的沉浸定义为一种人机交互引起的一连串不停的、无缝衔接的反应。早期的沉浸理论包括挑战和技巧两大构念，若挑战太高，使用者对环境会缺少控制能力而产生焦虑或挫折感；反之，如果挑战太低，使用者会觉得无聊而失去兴趣，沉浸状态主要发生在两者平衡的情况下。霍夫曼（Hoffman）和诺瓦克（Novak）在契克森米哈（Csikszentmihalyi，1977）对沉浸定义的基础上提出了沉浸渠道分割模式（Flow Channel Segmentation Models），见图 4－1 沉浸的三渠道模型。沃尔克等（Voelkl & Morris，1994）、李费佛（LeFevre，1988）、中村一光（Nakamura，1988）与威尔士（Wells，1988）通过实证研究对三个渠道沉浸模式进行重新诠释，增加了冷漠（apathy），提出了四个渠道的沉浸模式，见图 4－2。之后米兰大学（University of Milan）的马西米尼和卡里等（Massimini & Carili，1998）将四个渠道沉浸模式扩展为八个渠道模式，在四个渠道的基础上增加了四种追加的通道：激励（Arousal）、控制（Control）、放松（Relaxation）、担心（Worry），见图 4－3。2000 年，Hoffman 和 Novak 通过进行有关因特网环境沉浸状态的实证研究，对其做了补充和修改，将网络环境下沉浸状态的构念扩充到了十个方面，包括：鼓舞、挑战、控制、聚焦、互动、涉入、趣味性、技能、身临其境感以及时间扭曲。整理目前典型研究对沉浸的维度设计，如表 4－1 所示。

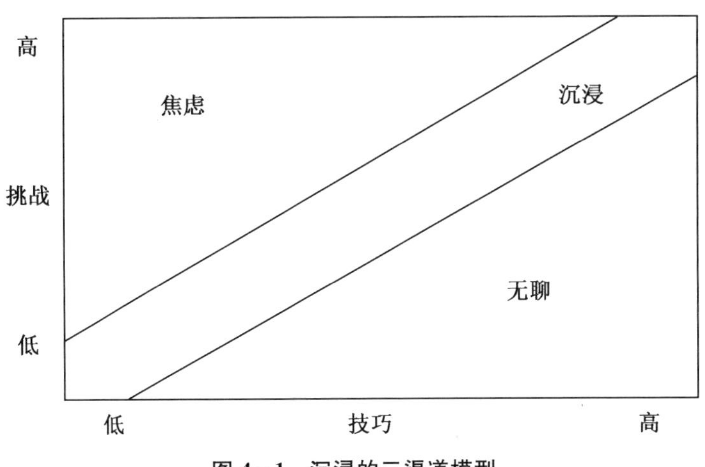

图 4－1　沉浸的三渠道模型

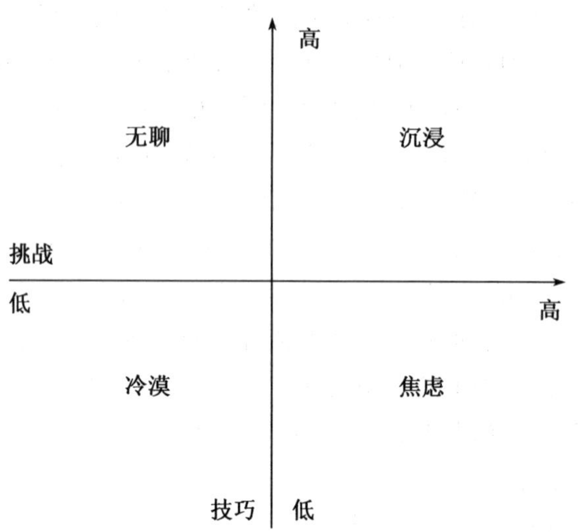

图 4-2　沉浸的四渠道模型

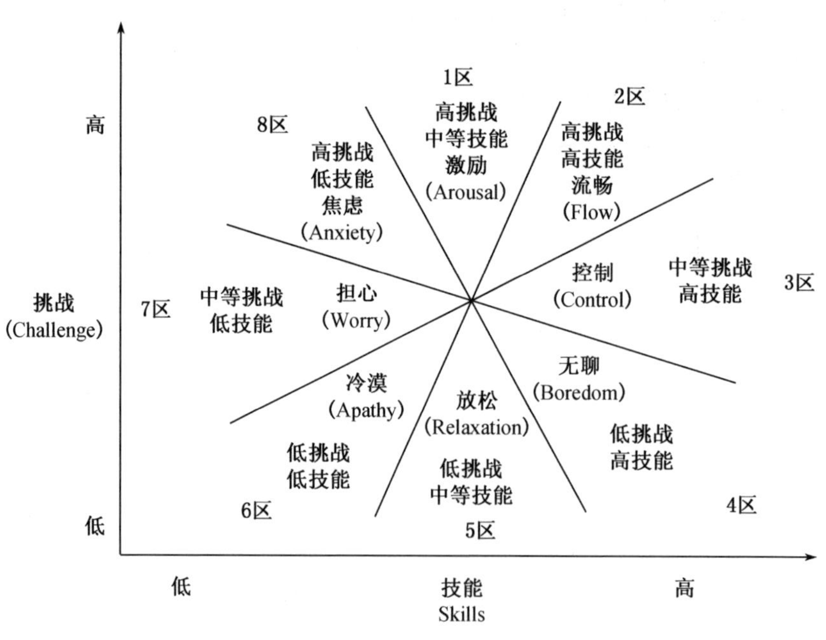

图 4-3　沉浸理论的八区间模型

表 4-1　典型研究中沉浸体验的维度设计

研究	变量	维度	前置因素	后置因素
Csikszentmihalyi (1975)	沉浸	专注、控制、个体意识的丧失、时间的游离	个体技巧、对技术的控制、挑战	——
Ghani et al. (1991)	沉浸	专注、乐趣	个体技巧、对技术的控制、挑战	——
Trevino and Webster (1992)	沉浸	控制、专注、好奇、内在兴趣	电脑技术、技术类型、感知易用性	使用态度、使用效果、使用品质、降低使用障碍
Webster et al. (1993)	沉浸	控制、专注、好奇、内在兴趣	感知沟通品质、未来使用意愿、感知沟通有效性	——
Hoffmanand Novak (1996)	沉浸	——	技巧、挑战、专注、远程临场感、网络互动速度	正面经验、感知行为控制、增进学习新知识的意愿、时间感的丧失
Webster and Ho (1997)	认知涉入	专注、好奇、内在兴趣	挑战、反馈、控制、多样化	——
Webster and Hackley (1997)	认知涉入	专注、好奇、内在兴趣	远程教学技术特征、教师态度、教学方式、教师的控制、同学的态度	——
Agarwal and Karahanna (2000)	认知专注	专注、时间感丧失、好奇、乐趣、控制	个体创新性、感知有趣性	感知易用性、感知有用性

资料来源：赵宇翔. 社会化媒体中用户生成内容的动因与激励设计研究[D]. 南京大学(2011)。

本书认为，在线评论平台一方面可以看作一些实体的构件，如实体网站、平台或系统等，另一方面可以看作一个互动的虚拟环境或在线社区，使用者如果沉浸在这个虚拟环境中，很容易忽略周围的人或事物，并且忘记时间，产生沉浸舒适的感觉。因此，沉浸理论可以用于解释用户接受、采纳、参与等行为，对于研究消费者参与在线评论的动机有一定的帮助。

4.1.3 社会认知理论

1986年，班杜拉(Bandura)在研究中指出，从社会认知的角度去探寻人类行为的规律和机制是很有必要的，并据此提出了人类认知的三元决定论。他认为在人类行为发生的过程中，三个因素对其发生着作用，分别是环境、个体因素以及选择行为，见图4-4，个体、个体的行为及行为所处的环境之间不断进行持续的相互作用称之为“相互决定论”(reciprocal determinism)。

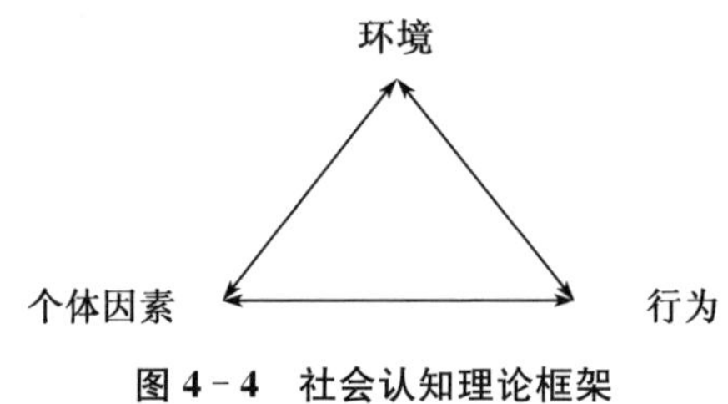

图4-4 社会认知理论框架

社会认知理论(Social Cognitive Theory)建立了一系列描述人类行为成因的因果模型，模型中提到的许多因素如他人行为、周围环境以及由此对自身产生的认知都是决定人类之间相互发生影响的因素。但这并不意味着这些因素有同等的效力，一些因素会强于另一些。社会认知理论认为，人类所有的行为和行为倾向，以及专属的知识体系，都是随着认知能力和认知内容的变化而变化的。

其中个体因素，班杜拉主要强调认知因素，而认知因素指的主要是自我效能，根据班杜拉的定义，自我效能是个人对于他自己完成特定组织或任务时的一种判断能力，它是外在环境、其他自律机制(Self-regulatory mechanism)和个人能力、经验、成就表现交互作用产生的结果。作为主体因素的一个方面，自我效能是个体应对或处理内外环境事件的效验或有效性，是个体在行动前对自身完成该活动有效性的一种主观评估，这种预先的估计对后续的行为会产生多方面影响。班杜拉认为个人是根据自我效能来启动、规范并维持自己的行动的，自我效能扮演了影响个人动机和行为的重要角色，自我效能高的人更可能表现出相关的行为。

个体因素中还包括结果期望，结果期望是个人对从事特定行为的结果的信念，对从事某活动所想象的结果，包括对活动结果反应的几种信念。它可以通过与自我效能相似的学习经验而获得，如回忆成功的事，对自己活动产品的关注等。社会认知理论认为结果期望会影响自我效能，结果期望和自我效能会对行为起主导作用。

社会认知理论提供了对于人类学习能力评估的独特认识。班杜拉把人类的学习形式分为替代性学习和观察性学习两种。对于观察性学习，他做了很多实验，比如较为著名的"孩童——充气娃娃实验"，实验结果表明榜样在言论、行为、态度等方面，对于人类的影响是明显的，这种影响随着年龄的增长而减弱，但是孩童时期榜样的影响并不会消失，而是内化为一种内在的行为规范，伴随人的一生。而观察学习的调控是需要控制的，是需要与观察学习者的实际学习能力和知识背景相一致的，否则学习效果不佳。社会认知理论的现实意义是揭示了人类学习行为的内在规律，并指出哪些方面的影响指导了人类的进步。

4.1.4　社会交换理论

社会交换理论(Social Exchange Theory)是 20 世纪 60 年代兴起于美国进而在全球范围内广泛传播的一种社会学理论。由于它对人类行为中的心理因素的强调，也被称为一种行为主义社会心理学理论。这一理论主张人类的一切行为都受到某种能够带来奖励和报酬的交换活动的支配，因此，人类一切社会活动都可以归结为一种交换，人们在社会交换中所结成的社会关系也是一种交换关系。该理论最初由霍曼斯(Hormans)提出，主要代表人物有美国的布劳、科尔曼、埃默森和联邦德国的奥佩、胡梅尔。该理论认为，人与人之间除了发生经济交换关系，还有社会交换关系。在社会交换活动中，人们预期的利益包括个人吸引力、社会赞同、尊敬和声望、社会承认、工具性服务以及服从权利这六种类型的社会报酬。在线评论信息内容的分享属于人际间的一种互动过程，本质上可以理解为一种资源的交易，这种交易的方式和报酬形式较为多样化。美国学者布劳认为报酬有内在性报酬和外在性报酬，并据此将社会交换分为三种形式：① 内在性报酬的社会交换。参加这种交换的行动者把交往过程本身作为目的。② 外在性报酬的社会交换。这种交换的行动者把交往过程看作是实现更远目标的手段。外在性报酬对一个人合理选择伙伴，提供了客观独立的标准。正是这种利益报酬的存在，使得社会交换成为人类行为的一种主要驱动力。③ 混合性的社会交换。这种交换既具有内在报酬性，也具有外在报酬性。综上，社会交换理论从另一个角度诠释了人类一系列行为的驱动力量，这一理论为行为学研究提供了更广阔的思路，与此同时，它自身也在不断地发展和完善。

4.1.5 技术接受理论

针对消费者态度、行为意向和实际行为之间的关系，国内外学者展开了大量研究，并建立了基于“态度—意向—行为”的理论模型。其中以理性行为理论(Theory of Reasoned Action, TRA)和计划行为理论(Theory of Planned Behavior, TPB)最为经典。1989年，戴维斯(Fred D. Davis)在理性行为理论的基础上，进一步厘清了消费者在信息技术方面“态度—意向—行为”的关系，提出了技术接受模型(Technology Acceptance Model, TAM)。这三大理论形成了本书技术接受理论的主要内容。

4.1.5.1 理性行为理论(Theory of Reasoned Action, TRA)

理性行为理论(Theory of Reasoned Action, TRA)是由美国学者费斯本(Martin Fishbein)和阿杰恩(Icek Ajzen)于1975年在研究个体决策行为时提出的。该理论是由社会心理学发展演变而来的，主要用来研究和预测个人的行为，基于该理论的理性行为模型(见图4-5)，学者对个人的行为态度、主观规范、行为意向进行了深入的研究，其基本假设条件认为人是理性的，在做出某一决策之前会将自己得到的各种信息进行综合比较，通过成本和收益之间的比较，做出最优策略。该理论认为用户的行为意图决定着其实际行为，而行为态度和主观规范又共同决定着行为意图。行为态度指的是个人用户对其所从事的特定行为的正面或负面的感受与评价，由对行为结果的信念和对这种行为结果的评价共同决定。主观规范是指人们根据外界环境和条件的压力认知，对外界行为的标准、预期、规则以及遵从这些规则制定的行为准则。行为意向是指个体对某个行为所持有的意愿度。理性行为理论明确了态度是影响行为意向的重要因素，同时揭示了用户行为的两个基本原理：一是在其他变量与行为意向之间存在行为态度和主观规范这两个中间变量，二是行为态度和主观规范与实际行为之间有行为意向这一中间变量。

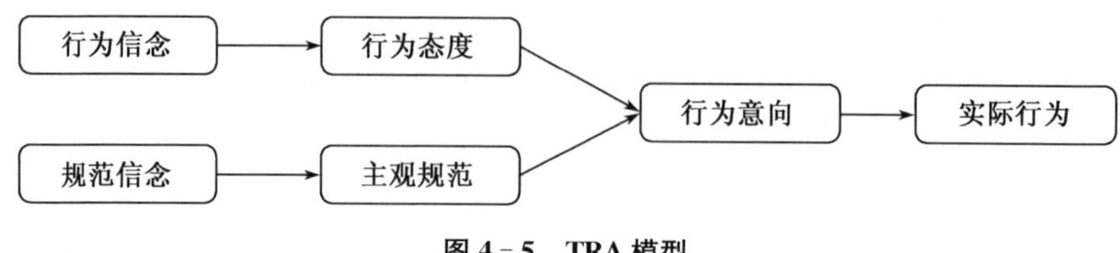

图4-5 TRA模型

理性行为理论的假设前提是每个人都是理性的，在决定行为之前，都会提前考虑行为的过程以及行为的结果，通过各种理性分析，最终决定行为是否进行。

而以上分析是基于下面两大假设:第一,正常的个体都是受信念控制的,是理性思维决定的。第二,个人是否进行某项行为是由个人的信念和意志决定的。

4.1.5.2　计划行为理论(Theory of Planned Behavior, TPB)

理性行为理论假设个人的行为是由个人的意志和信念控制的,主要是针对个人的行为进行研究和解释。然而在实际中,个人的意志和信念会受到外界因素诸如时间、金钱、信息的影响,人们的行为并不是在完全理性的基础上决定的,比如普通家庭对于奢侈品的购买欲望等,并不基于理性行为理论。因此,基于以上局限性,阿杰恩(Icek Ajzen)在对理性行为理论研究的基础上进行拓展,于1985年提出了计划行为理论(Theory of Planned Behavior, TPB)。该理论在理性行为理论基础上增加了"感知控制行为"(Perceived Behavior Control, PBC)变量,它认为个体的行为是由行为态度、主观规范、感知行为的共同作用所决定的,而且认为感知行为控制可以直接对行为产生影响。感知行为控制是个人对某个行为是否容易完成,即事情的难易程度,所持有的态度,是由控制信念和感知便利两个因素共同决定的,见图4-6。控制信念是指个人对行为控制可能性的感觉;感知便利是指个体对行为是否容易控制的感知。TPB模型与TRA模型的不同之处在于预测行为意向上,计划行为理论将行为控制的感知归为个体决定行为的因素,当个人过去的经验对行为有阻碍作用时,势必会对预期有影响,而且个人觉得自己拥有的资源和机会较多的时候,预期影响作用就会减小,对行为也就越容易控制。不过当个人对行为控制达到最高程度时,或者是控制问题对个人的影响较小时,计划行为理论与理性行为理论二者之间的预测效果是相近的。20世纪90年代以来,计划行为理论在市场营销中得到了广泛的应用,其在新产品面世、消费者消费倾向、品牌宣传、网站建设等方面均取得了明显的效果,引起了广大企业和管理学研究者的广泛关注。

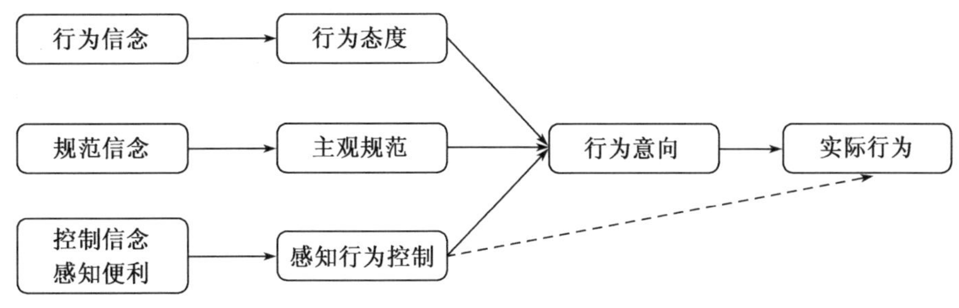

图4-6　TPB模型

4.1.5.3 技术接受模型(Technology Acceptance Model，TAM)

戴维斯(Fred D. Davis)等学者在理性行为理论和计划行为理论的研究基础上，提出了技术接受模型(Technology Acceptance Model，TAM)，见图4-7。该模型可以用来预测个体对于信息系统或者信息技术的采纳程度。技术接受模型的创立主要以理性行为理论为基础，将能够影响信息系统采纳的因素如认知和情感模型化，将感知有用性和感知易用性引入模型中，并将其作为变量。技术接受模型的定义与理性行为理论模型的定义相同，使用态度是指个体对事物或者行为所持有的有用或者无用的态度、感受和想法；行为意向是指个体对于行为或者事物所采取的主观意向；感知有用性指的是个体对于某种信息系统的使用是否会提高其内在或外在的预期；感知易用性指的是个体对于某种信息技术使用起来的难易程度。外生变量是指模型外部环境对个人感知有用性和感知易用性产生影响的因素，外部变量为技术接受模型内部的信念、意志、态度、环境约束、可控制的影响因素提供了纽带联系，大大提高了模型的可扩展性，为后续研究的完善提供了可行性。

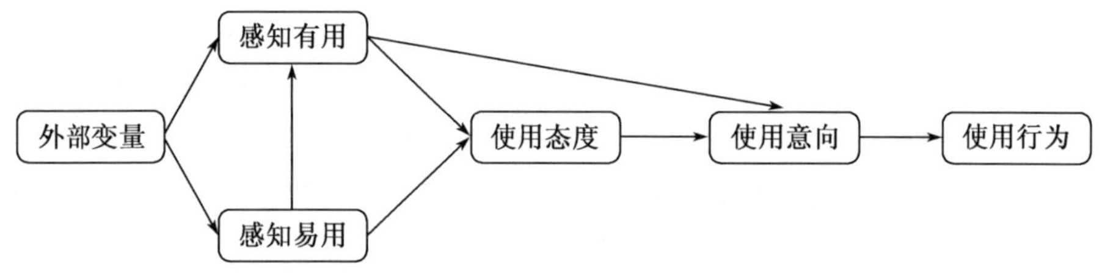

图4-7 技术接受模型(TAM)图

在技术接受模型中，实际使用行为取决于行为意向，而使用态度和感知有用性共同决定行为意向，感知易用性和感知有用性共同决定使用态度。同时，行为意向也受到感知有用性和感知易用性的影响。戴维斯(Fred D. Davis)等人在实证研究中发现使用态度在感知有用性对行为意向的影响过程中只起到了部分中介作用，且感知有用性和使用态度之间也只存在着非常弱的直接关系，因此在TAM模型中最终删除了使用态度这一中间变量。TAM提出后在学界应用非常广泛，用户行为领域利用该模型成功地分析了用户接受/不接受信息技术的影响因素。但是TAM模型也存在着不足，如没有明确感知易用性和感知有用性的影响因素，导致无法明确影响用户使用意向的因素到底有哪些。为此，温卡塔什(Viswanath Venkatesh)与戴维斯(Fred D. Davis)对TAM进行了改进，提出了TAM 2模型。TAM 2模型明确了感知有用性的影响因素，并将其概括为社会影响过程、认知工具过程及其调节变量，其中社会影响过程包括主观规范、形象两个调节变量，而认知工具过程包括工作相关性、产出质量、结果展示性和感知易用性。

根据以上理论，行为意向由行为态度决定，而行为态度又由预期行为结果和评估决定。因此，消费者参与在线评论的意愿受在线评论参与态度的影响，而参与在线评论的态度又受参与在线评论是否能获得内在和外在的有用性和易用性的影响，所以本书选择了感知有用性作为模型的调节变量，探讨感知有用性是否可以调节消费者评论发表动机和评论行为之间的关系。

4.2　消费者访谈

虽然动机理论、沉浸理论、社会认知理论、社会交换理论、技术接受模型为本书奠定了研究的理论基础，但是需要注意的是，消费者参与在线评论既有内部因素也有外部因素。因此研究消费者参与在线评论的动机并不能完全直接利用现有的理论和模型，而是应该在此基础上进行调整与修改。为此，本书采用探索性访谈方法，对消费者参与在线评论的动机进行定性分析，从而为理论模型的构建提供依据。访谈法是一种研究性的交流活动，它是通过访谈者与被调查者之间的沟通与互动获取调查资料的一种研究方法（周德民等，2009）。访谈法具有面对面的双向互动、访谈过程比较灵活、有利于发挥访谈者的主动性和创造性等优点。

4.2.1　访谈样本的选择

访谈样本应具有代表性，应根据研究目的进行筛选。本书访谈研究的目的是了解消费者发表在线评论的动力因素，因此，本书选择在网络上购买过产品或享受过服务的消费者作为访谈的对象。

访谈对象的标准：

(1) 访谈时应该考虑不同年龄段的消费者，不同年龄段的消费者有着不同的消费观，发表在线评论的动机也有不同。

(2) 访谈时应该考虑不同性别的消费者，在发表在线评论的动机中，女性可能更加愿意沟通，而男性更倾向于不发表评论。

(3) 访谈时应该考虑不同职业身份的消费者，不同的职业身份决定了消费者是否有时间、是否有意识去撰写在线评论。

(4) 访谈时应该考虑消费者的网购时间、网购频次,这些因素决定了消费者是否愿意撰写在线评论。

访谈样本的详细情况如表 4－2 所示。

表 4－2　访谈样本的人口统计学特征

序号	性别	年龄/岁	职业身份	网购时间/年	网购频次(次/周)	网购最多的平台
A	女	40	教师	12	1～2	淘宝、苏宁易购、京东
B	女	35	自由职业	12	5	淘宝
C	女	43	公司职员	10	3	京东、京东到家
D	女	39	公司职员	13	5	京东、淘宝
E	男	46	自由职业	13	1	淘宝、京东
F	女	48	公务员	15	0.25	唯品会、云集、京东、淘宝
G	男	40	公务员	8	1	淘宝、天猫、京东、苏宁
H	女	36	家庭主妇	10	1	淘宝、当当、京东
I	女	35	教育行业	7	1	淘宝、京东、盒马
J	男	45	公务员	8	3	京东、天猫
K	女	41	教师	12	10～15	网易考拉、唯品会、淘宝
L	女	34	公务员	14	3～5	淘宝、盒马
M	男	30	在读博士生	10	1	淘宝、京东
N	女	45	公司职员	14	4～5	淘宝、苏宁

4.2.2　访谈结果的分析

消费者访谈采用半结构化方式,持续时间为 25～30 分钟,访谈内容主要包括以下几个方面:① 对消费者发表在线评论的认知;② 网络购买产品或服务前是否会浏览在线评论;③ 是否愿意发表在线评论;④ 愿意(不愿意)发表在线评论的动机。访谈的基本过程:① 话题引入,以消费者网络购买产品或服务为入口,询问是否会经常性网络购物,进而了解消费者对在线评论的认知情况;② 了解消费者在购买产品或服务前是否会浏览已有的评论以供决策;③ 是否愿意发表在线评论;④ 询问具体原因,这是这次访谈最重要的内容。访谈时间历时一个月(2019 年 4～5 月)。对于访谈内容,本研究将录音全部转换为文本,并以访谈中提供备用提问为依据进行总结。访谈提纲见附录 A。

4.3　理论模型的构建

4.3.1　理论模型框架

从 TRA、TPB 等态度行为关系理论，到 TAM、TAM2 以及技术接受和使用整合模型(Unified Theory of Acceptance and use of Technology, UTAUT)等信息技术接受模型，都遵循着“认知信念—行为意向—使用行为”的分析逻辑。任务/技术匹配模型(TTF)也表明，用户的认知信念是使用行为的重要影响因素，而使用绩效则受到使用行为的影响，因此其分析逻辑为“认知信念—使用行为—使用绩效”，但实证结果表明认知信念对使用行为的直接影响较弱。有学者指出，造成直接影响微弱的主要原因是没有考虑行为意向这一中间变量，因此用户信息技术接受的完整逻辑应该是“认知信念—行为意向—使用行为—使用绩效”(袁顺波，2013)。

虽然在 TAM 及其衍生模型中都没有将行为态度作为模型中的变量，但 TRA 和 TPB 都将行为态度作为一个重要变量，对消费者来说，行为态度会影响行为意向，但是这种影响是否足以让消费者不考虑成本和风险等因素而去坚决执行？这有待研究。因此，本研究将行为态度作为行为意向的前因变量，遵循“认知信念—行为态度—行为意向—使用行为—使用绩效”的分析逻辑，构建了消费者参与在线评论的动力机制行为模型框架(图 4－8)。

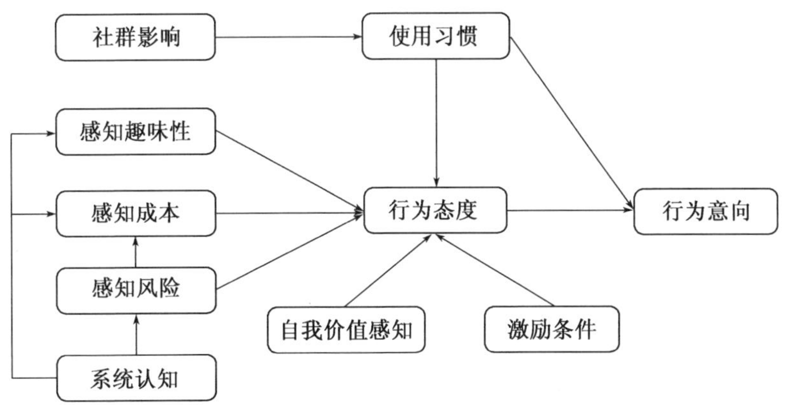

图 4－8　消费者在线评论信息生成的动力机制理论模型

4.3.2 定义变量与研究假设

4.3.2.1 因变量

行为意向(Behavior Intention, BI)指的是消费者参与在线评论的主观意向的强烈程度。根据计划行为理论,行为意向是行为的直接决定因素,个人行为意向的强烈程度决定了其现实相应行为的努力程度。

4.3.2.2 中间变量

1. 感知成本(Perceived Cost, PC)

感知易用性是TAM模型中一个常存变量,在本书中将感知易用性调整为感知成本(Perceived Cost, PC),是考虑到智能手机的使用对网购消费者来说已不存在技术上的障碍,而影响消费者是否参与在线评论的因素有技术因素之外的社会因素。因此,感知成本是指消费者对参与在线评论耗费成本的认知,主要包括时间成本、精力成本、经济成本等。基于此,提出假设如下:

H1:感知成本对消费者参与在线评论行为态度有负向影响。

2. 感知风险(Perceived Risk, PR)

感知风险(Perceived Risk, PR)是指消费者对发表在线评论所面临风险的认知。对用户而言,发表在线评论特别是负面的在线评论可能会带来麻烦,如商家的骚扰电话。此外,有些消费者担心在网络上发表在线评论可能会泄露个人隐私,因此不愿意发表在线评论。基于此,提出假设如下:

H2a:感知风险对消费者参与在线评论的行为态度有负向影响。

H2b:感知风险对消费者参与在线评论的感知成本有正向影响。

3. 感知趣味性(Perceived Fun, PF)

感知趣味性(Perceived Fun, PF)来自感知有用性,感知有用性是TAM模型中的核心变量,在本书中指的是消费者使用平台某项功能带给自身的乐趣。目前感知趣味性已经被大量引入到互联网活动的研究中,众多学者研究了感知趣味性对消费者满意度的影响。这些研究表明,在模型中增加感知趣味性,会使模型更具解释力。基于此,提出假设如下:

H3:感知趣味性对消费者参与在线评论的行为态度有正向影响。

4. 消费者传播习惯(Habit, HA)

Ajzen I将习惯因素引入计划行为理论进行研究,发现习惯在过去行为和将来行为之间起着非常重要的中介作用。消费者传播习惯是指消费者在其发布评论过程当中逐渐形成的一系列稳定的行为。消费者传播习惯的形成受所处的社会环境、所接受的文化教育、所拥有的个人性格等因素影响。传播习惯好的消费者会在收到商品后及时对商品进行评论，而不会像习惯拖沓的消费者那样花很久的时间才完成对评论内容的构思、撰写和发布一系列过程。传播习惯好的消费者相对于习惯差的消费者来说，做事有条理和计划，会在使用商品和享受服务之后更快、更积极地发表评论，而不会拖延对商品的评价时间甚至选择系统自动评论。在本研究环境下，消费者习惯是指消费者在购物或体验完成后，会习惯性完成在线评论的任务，这种消费者习惯会影响其参与在线评论的意愿，基于此，提出如下假设：

H4a：传播习惯对消费者参与在线评论的行为态度产生正向影响。

H4b：传播习惯对消费者参与在线评论的行为意向产生正向影响。

5. 行为态度(Behavior Attitudes, BA)

行为态度是消费者在线评论信息生成行为理论模型中的中间变量，作为一种心理现象，态度是消费者对特定对象较稳定、一贯的综合性心理反应。消费者的行为态度越是积极和正面，行为意向便会越强烈。基于此，提出假设如下：

H5：消费者参与在线评论的行为态度对消费者参与在线评论行为意向有正向影响。

6. 自我价值感知(Perceived Value, PV)

自我价值感知(Perceived Value, PV)是班杜拉社会认知理论中的核心概念，是建立在他人对自身认可的强烈需求基础之上的。文献也指出长期保持愉悦并不是因为外在奖励的刺激，而是由于人们自身价值得到凸显。本书对于自我价值感知的定义为：消费者在参与购物评论的过程中对自己书写购物评论的价值感知程度。这种消费者的自我价值感知在互联网消费者行为中仍然存在，如Stefanone(2011)等对社交网站的研究发现，自我价值感知与持续分享照片的行为强度相联系。自我价值感知处于马斯洛需求层次理论的最高层次，且这种精神层次的“奖励”比物质奖励能带给用户更多的满足感，更能激发人们的持续使用欲望。基于此，提出假设如下：

H*①：自我价值感知对消费者参与在线评论行为态度有正向影响。

---

① 在本书测度项的初始调整和正式调整中，考虑到自我价值感知(PV)和系统认知(SC)两个变量的定义和题项存在某种程度的交叉，因此删去自我价值感知(PV)，为保证后续假设的连续性，此假设定为H*，特此说明。

4.3.2.3 自变量

1. 系统认知(System Cognition，SC)

系统认知(System Cognition，SC)是指消费者对发表在线评论重要性的认识。发表在线评论对于帮助其他消费者进行购物决策起了很重要的参考作用，对于商品质量较好和服务质量较佳的商家是一个肯定，在线评论对于形成良好的电商环境起着至关重要的作用。但由于在线评论是一种自愿的活动，因此很多消费者考虑到时间成本、经济成本和精力成本时会选择默认系统好评而不会主动发表在线评论。基于此，提出假设如下：

H6a：系统认知对消费者参与在线评论感知风险有正向影响。

H6b：系统认知对消费者参与在线评论感知成本有正向影响。

H6c：系统认知对消费者参与在线评论感知趣味性有正向影响。

2. 社群影响(Social Influence，SI)

社群影响(Social Influence，SI)类似于技术接受模型中的主观规范，指的是"个人所在的群体对自己应该使用该信息技术的影响程度"。消费者的在线评论行为，除了受到现实世界中一起工作的同事、身边的朋友影响之外，一些购物和消费的QQ群和微信群也在消费者之间发挥着潜在影响作用。基于此，提出假设如下：

H7：社群影响对消费者参与在线评论的传播习惯有正向影响。

3. 激励条件(Facilitating Conditions，FC)

激励条件(Facilitating Conditions，FC)来自计划行为理论中的感知行为控制，本书指的是电商平台为吸引消费者发表在线评论而给出的各种福利政策。消费者在平台进行消费或享受服务后，有些平台或商家为激励消费者撰写评论，会有一些福利，如消费者在淘宝进行购物后评价，会获得一些会员购物福袋或一个月优酷会员等。平台和商家是否有足够的吸引消费者参与在线评论的措施，可能会影响到消费者参与在线评论的行为意向。基于此，提出假设如下：

H8：激励条件对消费者参与在线评论行为意向有正向影响。

基于以上假设，提出本书研究的概念模型图如图4-9所示。

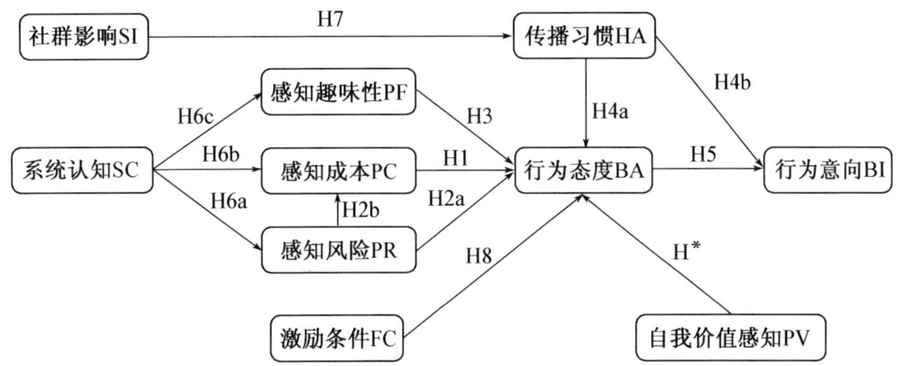

图 4－9 消费者在线评论信息生成的动力机制的理论假设模型

4.4 本章小结

本章的研究内容是后续实证调查开展的基础，主要包括：

(1) 相关理论的详细介绍，主要介绍了动机理论、沉浸理论、社会认知理论、社会交换理论、技术接受理论等相关理论。

(2) 探索性访谈的开展，采取探索性访谈的方法，对 14 位消费者参与在线评论的意愿及动因进行了初步了解。主要包括访谈样本的选择和访谈结果的分析，目的是为了进一步确认消费者参与在线评论的动机因素。

(3) 理论模型的构建，主要包括理论模型的构建，变量的定义，研究假设的提出。基于理论基础、访谈结果搭建本研究的理论模型，并且对模型中的因变量(参与在线评论的行为意向)、中间变量(感知成本、感知风险、感知趣味性、自我价值感知、参与在线评论的行为态度、传播习惯)、自变量(系统认知、社群影响、激励条件)、人口统计特征和其他特征变量进行具体定义，同时提出相关研究假设。

当然，本书所构建的理论模型属于“理论研究”工作，模型尚未经过实证检验与必要的调整。因此，有必要基于该理论模型设计相应的测量量表并进行实证研究。

第五章　在线评论信息生成的动力机制问卷设计与数据收集

5.1　问卷设计

问卷是社会调查中用来收集资料的一种工具，它通过一份精心设计好的问题表格测试受试者的行为、态度以及特征，设计好的问卷采取抽样的方式（随机抽样或整群抽样）确定调查样本，最后采取统计分析方法对样本数据进行计算分析，从而得出研究结论（皇甫青红，2014）。本部分包括问卷设计的原则、设计流程、问卷结构、初始测度项、测度项的初始调整等。

5.1.1　问卷设计原则

关于问卷设计的原则，业界学者提出了自己的不同看法。风笑天（2005）认为问卷设计的主要原则是要明确设计的出发点、阻碍问卷调查的各种因素以及与问卷设计密切相关的各种可能因素；钟柏昌（2012）等提出问卷设计要遵循和恪守清晰性、单一性、中立性、简单性、可靠性、间接性、排他性、敏感性、完整性、规范性等原则；李俊（2009）认为问卷设计的原则包括系统性原则、方便性原则、科学性原则、严谨性原则和趣味性原则；董海军（2009）认为问卷设计的原则主要从被调查者的角度出发，要适应调查目的、调查内容和调查对象；周璐等（2009）认为问卷设计应遵循目的性、适应性、针对性、逻辑性和简明性的原则。基于此，本书提出问卷设计的几个原则：① 简明性原则。主体问卷设计应简明、内容不宜过多、过繁，应根据需要而确定，完成问卷时间宜控制在 30 分钟之内。② 明确性原则。所谓明确性，事实上是问题设置的规范性。这一原则具体主要指提问是否清晰明确、便于回答，被访者是否能够对问题做出明确的回答，等等。③ 逻辑性原则。问卷的设计要有整体感，这种整体感即是问题与问题之间要具有逻辑性，独立的问题本身也不能出现逻辑上的谬误。问题设置紧密相关，能够获得比较完整的信息。

5.1.2　问卷设计流程

问卷设计过程是否合理对问卷的科学有效性至关重要，并且对最终的调查结果产生显著影响。根据马庆国(2005)提出的问卷设计流程，本书在此基础上进行修改，提出本书问卷设计的流程，见图 5－1，本书也将在参照此流程的基础之上结合实际情况进行问卷设计。

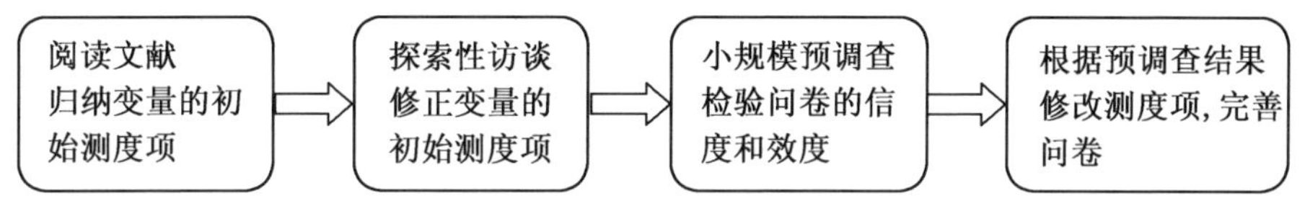

图 5－1　本书问卷设计流程

(1) 文献调研。本书在阅读大量文献的基础上，参考国内外学者关于在线评论或口碑动机的问卷并加以修改，最终确定研究变量的初始测度项。

(2) 小规模访谈。进一步修改初始测度项，即设计者要围绕研究的主要问题，与被调查对象进行交流，同时留心观察受访者的特征、行为及是否愿意参与在线评论的情况，进一步修改初始测度项，进而形成初始问卷。

(3) 小规模预调查。通过小规模的预调查实现初始问卷的试用，考量预调查结果的回收率、有效回收率、填答错误、填答不全情况，并进行项目分析、信度和效度检验；最后根据预调查的统计分析结果，认真检查初始问卷在设计上的问题和缺陷。

(4) 正式问卷的形成。根据预调查的项目分析和信度、效度等检验分析结果，找出初始问卷的问题，并进行相应修改，最后形成正式问卷。

5.1.3　问卷结构

问卷主要由四部分组成：第一部分为问卷引言，主要对消费者在线评论的基本情况进行介绍；第二部分是消费者网络购物和发表在线评论的测量，主要了解消费者网络购物和参与在线评论的状况；第三部分是变量的测量(动力因素的测量)，也是调查问卷的主体内容，主要了解哪些因素影响消费者参与在线评论的行为；第四部分为个人基本信息的测量，主要了解消费者的基本人口统计学信息。

对于问卷中变量测量部分，所有测度项均采用七等级李克特量表(Likert Scale)的形式进行测量，其中：1＝“完全不同意”；2＝“不同意”；3＝“不太同意”；

4="不能确定";5="基本同意";6="同意";7="完全同意",最终正式调查问卷见附录B。

5.1.4 初始测度项

本书依照第四章提出的消费者参与在线评论的动机机制概念模型,并在文献调研与探索性访谈的基础之上,形成理论模型中各变量的初始测度项(见表5-1)。其中,系统认知(System Cognition,SC)是指用户对发表在线评论重要性的认识。感知风险(Perceived Risk, PR)是指用户对发表在线评论所面临风险的认知。感知成本(Perceived Cost,PC)由感知易用性调整而得,是考虑到智能手机的使用对网购用户来说已不存在技术上的障碍,而影响用户是否参与在线评论的因素有技术因素之外的社会因素,如时间成本、经济成本等。感知趣味性(Perceived Fun, PF)来自感知有用性,感知有用性是TAM模型中的核心变量,在本书中指的是用户使用平台某项功能带给自身的乐趣。自我价值感知(Perceived Value,PV)是用户在参与在线评论的过程中对自己书写在线评论的价值感知程度。社群影响(Social Influence, SI)类似于技术接受模型中的主观规范,指的是"个人所在的群体对自己应该使用该信息技术的影响程度"。激励条件(Facilitating Conditions, FC)来自计划行为理论中的感知行为控制,本书中指的是电商平台为吸引用户发表在线评论而给出的各种福利政策。用户传播习惯(Habit,HA)是指用户在其发布评论过程当中逐渐形成的一系列稳定的行为。行为态度(Behavior Attitudes, BA)是用户在线评论信息生成行为理论模型中的中间变量,作为一种心理现象,态度是用户对特定对象较稳定、一贯的综合性心理反应。行为意向(Behavior Intention, BI)指的是用户参与在线评论的主观意向的强烈程度。根据计划行为理论,行为意向是行为的直接决定因素,个人行为意向的强烈程度决定了其现实相应行为的努力程度。

本书结合感知系统认知、感知风险、感知成本、感知趣味性等10个有研究已使用的变量测评指标为研究基础设计变量测度,其中系统认知的测量以张建等的量表为基础,感知风险以井森等的研究为基础,感知成本以邵家兵等的研究为基础,感知趣味性以Lin等的研究为基础,社群影响和激励条件以Venkatesh的研究为基础,传播习惯以Ajzen等的研究为基础,行为态度和行为意向以刘冰、Davis等的研究为基础,结合本研究辅助性的访谈进行编制,最终建立变量测度指标体系如表5-1所示。

表 5-1　消费者在线评论信息生成的动力机制的初始测度项

<table>
<tr><th>变量名</th><th>测度项编号</th><th>测度项描述</th><th>参考文献</th></tr>
<tr><td rowspan="5">系统认知</td><td>SC1</td><td>在线评论对自己和其他消费者购物是有帮助的</td><td rowspan="5">张建(2014)</td></tr>
<tr><td>SC2</td><td>发表在线评论可以表扬或惩罚商家</td></tr>
<tr><td>SC3</td><td>在线评论系统有助于释放消费者对产品或服务的看法和意见</td></tr>
<tr><td>SC4</td><td>在线评论系统很有必要,可以让政府等监管部门也看到</td></tr>
<tr><td>SC5</td><td>有良好的或糟糕的购物体验都应该与大家积极分享</td></tr>
<tr><td rowspan="4">感知风险</td><td>PR1</td><td>发表负面在线评论会接到商家骚扰电话</td><td rowspan="4">Anderson(2004);
胡德华(2009);
井淼(2005)</td></tr>
<tr><td>PR2</td><td>发表负面在线评论可能会受到商家的恐吓和威胁</td></tr>
<tr><td>PR3</td><td>发表在线评论有时会泄露个人隐私,可能会被不法分子利用</td></tr>
<tr><td>PR4</td><td>总体而言,发表在线评论可能会面临着较大的风险</td></tr>
<tr><td rowspan="3">感知成本</td><td>PC1</td><td>发表在线评论会浪费我的时间</td><td rowspan="3">Nicholas & Rowlands(2005);
张晓燕(2008);
邵家兵(2010);
尹建刚等 (2012);
王宇灿等(2014)</td></tr>
<tr><td>PC2</td><td>发表在线评论会浪费我的脑力和体力</td></tr>
<tr><td>PC3</td><td>考虑到时间成本、经济成本和投入的脑力体力成本,我不会发表在线评论</td></tr>
<tr><td rowspan="4">感知趣味性</td><td>PF1</td><td>分享购物体验供其他消费者作参考,帮助了别人,让我心情愉悦</td><td rowspan="4">曹高辉等
(2017)</td></tr>
<tr><td>PF2</td><td>吐槽产品的缺陷,让更多消费者了解该产品或服务,是一件很有意思的事</td></tr>
<tr><td>PF3</td><td>发表在线评论,分享图片或视频,是一件有趣的事</td></tr>
<tr><td>PF4</td><td>发表在线评论得到商家或其他买家的回应或询问,是一件很快乐的事</td></tr>
<tr><td rowspan="4">自我价值感知</td><td>PV1</td><td>发表在线评论能帮助其他消费者更好地了解产品</td><td rowspan="4">曹高辉等
(2017)</td></tr>
<tr><td>PV2</td><td>发表在线评论能帮助其他消费者做出合理的购物决策</td></tr>
<tr><td>PV3</td><td>发表在线评论能帮助商家提高产品质量和提升服务水平</td></tr>
<tr><td>PV4</td><td>发表在线评论被其他消费者采纳让我有成就感,是一件能实现自我价值的事</td></tr>
</table>

（续表）

变量名	测度项编号	测度项描述	参考文献
社群影响	SI1	我的很多同学或朋友都喜欢发表在线评论	Venkatesh 等(2003)
	SI2	我的父母也喜欢发表在线评论	
	SI3	我加入的各种购物群体的消费者都喜欢发表在线评论	
激励条件	FC1	发表评论有利于提高我在该购物平台的用户等级，我可以享受平台给予的更多的优惠	Venkatesh 等(2003)；Park(2007)；李兆飞(2011)
	FC2	发表评论可以获得平台的积分或返利	
	FC3	发表评论可以获得商家的现金返利	
	FC4	发表评论可以获得商家的礼物馈赠	
传播习惯	HA1	很多时候，在收到购买的产品后，我会习惯性发表评论	Ajzen I.（2002)
	HA2	很多时候，发表评论已经成为完成网络购物的一部分	
	HA3	很多时候，发表评论对我来说已经是一种习惯性行为	
行为态度	BA1	我愿意对购买的产品做出评论	刘冰(2010)
	BA2	我愿意与其他消费者分享我的消费体验	
	BA3	我愿意表达我对产品及商家的看法和意见	
	BA4	我愿意将产品的真实情况告诉其他消费者以改进产品	
行为意向	BI1	我正在或已经对购买的产品做出评论	Davis(1989)；Venkatesh 等(2003)
	BI2	我正在或已经与其他消费者分享我的消费体验	
	BI3	我正在或已经表达我对产品及商家的看法和意见	
	BI4	我正在或已经将产品的真实情况告诉其他消费者以改进产品	

5.1.5 测度项的初始调整

在参考相关文献和访谈的基础上，本研究的测度项已经具备了一定的合理性，但是考虑到研究变量量表的设计对被调查者的回答以及后续理论模型的验证等结果有着十分重要的影响，针对测度项的设置情况，本研究从以下六个方面咨询了10位不同年龄段的消费者的意见：测度项是否符合实际的研究环境；测度项的表达是否准确、用词是否准确；测度项的数量是否合适，是否全部覆盖到所有需要测量的变量；测度项是否产生歧义，是否容易被理解；测度项是否可以准确地表达潜变量的含义；测度项是否重复或遗漏，是否需要删除或增加新的测度项。

根据反馈意见，本研究对测度项进行了如下的修改与调整：

(1) 关于感知成本中的前两个测度项：发表在线评论会浪费我的时间、发表在线评论会浪费我的脑力和体力，这两个测度项涵盖时间成本和投入的脑力、体力成本，但手机上网还会消耗消费者的流量成本。因此，建议增加一个测度项：发表在线评论会浪费我手机的流量。

(2) 系统认知和自我价值感知这两个变量的定义的区别不太明显，系统认知是指用户对发表在线评论重要性的认识，自我价值感知是用户在参与在线评论的过程中对自己书写在线评论的价值感知程度，因此，这两个变量是否要舍去一个，先进行预调查，看预调查后的结果再做处理。

(3) 调查问卷中所有的评论不仅仅是购买产品的评论，还有享受服务的体验。因此，相关测度项中要增加"服务体验"。

本研究还根据消费者的意见对部分测度项的排序，个别字词的选择、措辞、语句结构以及问卷排版等方面进行了修改与调整。

5.2　预调查

5.2.1　数据收集

为了提升正式调查问卷的信度和效度，本研究在正式问卷调查之前先进行了规模较小的预调查。问卷通过问卷星(http://www.sojump.com)网站发布，并通过微信群、微信朋友圈和QQ群等方式邀请消费者参与调查。预调查从2019年5月25日～6月13日共20天，收到"消费者在线评论信息生成的动力机制研究调查问卷"有效问卷117份。

5.2.2　信度调整

信度(Reliability)衡量的主要是测量结果的一致性、稳定性和可靠性，一般采用内部一致性来描述测量工具的信度。本研究利用SPSS 20.0中文版的可靠性分析功能来计算各测度项的 Cronbach's α 系数，以此反映问卷的信度（袁顺波，2013）。

对于 Cronbach's α 系数，大多数学者都认为 0.70 是一个合适的标准阈值，而对于尚未验证过的变量，达到 0.60 便可接受。测度项之间的相关性一般要大于 0.5。根据上述标准，本研究对预调查样本进行信度检验的结果如表 5－2 所示。

表 5－2　消费者在线评论信息生成的动力机制预调查样本信度检验结果

变量	Cronbach's α 系数值	测度项	测度项之间的相关性	测度项删除后的 Cronbach's α 系数值
系统认知	0.887	SC1	0.704	0.856
		SC2	0.695	0.860
		SC3	0.801	0.839
		SC4	0.684	0.863
		SC5	0.728	0.852
感知成本	0.876	PC1	0.818	0.808
		PC2	0.829	0.806
		PC3	0.597	0.892
		PC4	0.711	0.853
感知风险	0.895	PR1	0.767	0.865
		PR2	0.787	0.858
		PR3	0.774	0.863
		PR4	0.743	0.874
自我价值感知	0.924	PV1	0.854	0.878
		PV2	0.897	0.868
		PV3	0.816	0.889
		PV4	0.712	0.934
感知趣味性	0.934	PF1	0.812	0.925
		PF2	0.843	0.913
		PF3	0.849	0.911
		PF4	0.877	0.901

（续表）

变量	Cronbach's α系数值	测度项	测度项之间的相关性	测度项删除后的 Cronbach's α系数值
社群影响	0.893	SI1	0.765	0.866
		SI2	0.751	0.882
		SI3	0.855	0.782
传播习惯	0.959	HA1	0.904	0.947
		HA2	0.905	0.946
		HA3	0.933	0.926
激励条件	0.874	FC1	0.566	0.901
		FC2	0.767	0.821
		FC3	0.782	0.812
		FC4	0.808	0.801
行为态度	0.974	BA1	0.886	0.978
		BA2	0.953	0.960
		BA3	0.947	0.961
		BA4	0.950	0.961
行为意向	0.967	BI1	0.881	0.968
		BI2	0.937	0.952
		BI3	0.917	0.957
		BI4	0.939	0.951

从表 5-2 可以看出，若删除测度项 PV4、FC1，变量“自我价值感知”“激励条件”的信度将会得到不同程度的提升。因此有必要对上述 2 个测度项进行调整，以使正式调查问卷更为合理。

5.2.3　效度调整

效度（Validity）包括内容效度和建构效度，主要表示测量值与真实值的接近程度。

内容效度指的是测量工具的测度项是否符合测量目的与要求，即测量内容的适合性和相符性。本研究问卷是以现有用户行为理论为基础，并结合文献调研和探索性访谈而形成的。在预调查之前，本研究也根据受试对象的反馈意见对测度项进行了完善，因此在一定程度上保证了变量测量的内容效度。

建构效度包括收敛效度和区分效度，反映的是测度项所测到的概念与理论意图一致性的程度。在预调查中一般采用探索性因子分析来同时进行收敛效度和区分效度的检验。

KMO(Kaiser-Meyer-Olkin)检验和巴特莱特(Bartlett)球形检验是判断能否进行探索性因子分析的标准。对于KMO检验，其值越接近1，意味着变量间的相关性越强，原有变量越适合作因子分析。当所有变量间的简单相关系数平方和接近0时，KMO值接近0，KMO值越接近0，意味着变量间的相关性越弱，原有变量越不适合作因子分析。Kaiser给出了常用的KMO度量标准：0.9以上表示非常适合；0.8表示适合；0.7表示一般；0.6表示不太适合；0.5以下表示极不适合。同时，巴特利特球度检验统计量的概率值要小于显著性水平才适合进行因子分析。

进行因子分析时，本研究根据如下准则(袁顺波，2013)对测度项进行筛选：

(1) 当一个测度项自成一个因子时，应予以删除或更换，原因是一个测度项并没有内部一致性；

(2) 当测度项在所属因子的负载小于0.50时，应予以删除或更换；

(3) 每一个测度项在其所属因子的负载越接近1越好，但在其他因子的负载越接近0越好。因此，如果一个测度项在所有因子上的负载都小于0.50或者在两个及以上因子的负载大于或等于0.50(跨因子)，应予以删除或更换。

根据以上建构效度评价方法，本研究利用SPSS 20.0，采用主成分分析法，通过最大方差法旋转因子，并以特征根的值大于1为标准选取因子。

5.2.3.1 自变量效度检验

由于FC1没有通过信度检验，因此在效度分析时将这个测度项剔除。另外，PV这个测度项和SC这个测度项进行因子分析时，有些交叉重合，且PV这个测度项的题目和SC的题目有些类似，因此将PV这个测度项的所有题目都删除。本研究利用SPSS 20.0，对消费者参与在线评论行为6个自变量的23个测度项进行了检验，得到KMO值为0.861，近似卡方值达到了3 850.025，自由度(df)为253，显著性(Sig.)小于0.000，表明测量项适合进行因子分析。

在因子分析中，旋转在25次迭代后收敛，共得到6个特征值大于1的因子，结果如表5-3所示。

表 5-3　消费者在线评论信息生成的动力机制自变量测度项的探索性因子分析

序号	测度项	因子					
		因子 1	因子 2	因子 3	因子 4	因子 5	因子 6
1	SC1	0.064	**0.814**	−0.019	0.017	0.109	0.167
2	SC3	0.319	**0.787**	0.016	0.077	0.051	0.009
3	SC4	0.133	**0.724**	−0.019	0.009	0.131	0.179
4	SC2	0.216	**0.712**	0.035	−0.051	−0.007	0.224
5	SC5	0.433	**0.642**	−0.113	0.092	0.096	−0.088
6	PC1	−0.017	0.050	**0.916**	0.159	0.051	−0.064
7	PC2	−0.013	0.026	**0.907**	0.225	0.010	−0.002
8	PC4	0.023	−0.096	**0.791**	0.242	0.013	−0.012
9	PC3	0.002	−0.047	**0.735**	0.273	0.129	0.188
10	PR2	0.014	0.041	0.209	**0.886**	−0.010	0.020
11	PR1	0.085	0.010	0.184	**0.850**	0.074	−0.076
12	PR3	−0.014	0.039	0.215	**0.845**	0.099	0.030
13	PR4	0.005	0.017	0.319	**0.746**	0.194	0.132
14	PF1	**0.794**	0.357	−0.070	0.060	0.094	0.157
15	PF2	**0.787**	0.293	0.116	0.032	0.144	0.141
16	PF3	**0.767**	0.190	−0.033	0.003	0.217	0.374
17	PF4	**0.759**	0.229	−0.012	0.000	0.208	0.395
18	SI2	0.175	0.153	0.074	0.072	0.158	**0.831**
19	SI3	0.326	0.165	−0.006	0.012	0.259	**0.766**
20	SI1	0.442	0.257	0.016	−0.009	0.126	**0.673**
21	FC3	0.096	0.100	0.060	0.194	**0.925**	0.128
22	FC4	0.143	0.097	0.081	0.167	**0.899**	0.181
23	FC2	0.287	0.134	0.057	−0.033	**0.818**	0.174
累计解释总体方差量			76.608%				

注：表中加粗部分数字表示测度项在某个因子上较高的载荷。如第 1～5 行的加粗数字表示 SC1、SC2、SC3、SC4、SC5 这五个测度项在因子 2 上较高的载荷，即因子 2 主要解释了这五个测度项。上表按因子大小进行排序，因此测度项的序号不是严格按照顺序排列的。如 FC3、FC4、FC2。

5.2.3.2 中间变量效度检验

对中间两个变量的 7 个测度项进行了检验，得到 KMO 值为 0.886，近似卡方值为 1 887.067，自由度(df)为 21，显著性(Sig.)等于 0.000，表明测度项适合进行因子分析，如表 5－4 所示。

表 5－4 中间变量因子分析结果

测度项	因子	
	因子 1	因子 2
BA1	0.771	0.472
BA2	0.912	0.298
BA3	0.926	0.286
BA4	0.900	0.300
HA1	0.336	0.886
HA2	0.283	0.893
HA3	0.332	0.895
累计解释总体方差量	89.497%	

5.2.3.3 因变量效度检验

对因变量的 4 个测度项进行了检验，得到 KMO 值为 0.872，近似卡方值为 1 118.267，自由度(df)为 6，显著性(Sig.)等于 0.000，表明测度项适合进行因子分析，如表 5－5 所示。

表 5－5 消费者在线评论信息生成的动力机制的行为意向因子分析结果

测度项	因子
BI1	0.927
BI2	0.948
BI3	0.952
BI4	0.964
累计解释总体方差量	89.851%

5.3　问卷测度项调整

从上述的信度和效度检验结果可以看出，本研究设计的问卷整体质量尚可，但部分测度项还存在着一定问题，具体来说，对问题进行如下几方面的调整：

(1) 信度检验结果显示，若将测度项 FC1“发表评论有利于提高我在该购物平台的用户等级，我可以享受平台给予的更多的优惠”删除，“激励条件”变量的 Cronbach's α 系数会显著提高，因此在正式问卷中予以删除。

(2) 分析结果表明，PV 测度项和 SC 测度项进行因子分析时，有些交叉重合，且 PV 测度项的题目和 SC 的题目有些类似，因此将 PV 测度项的所有题目都删除。这在前文自变量效度检验的探索性因子分析中已有交代。

此外，本研究根据问卷调整的结果对测度项排序进行了一定的优化。最终形成的测度项如表 5-6 所示，最终正式调查问卷见附录 B。

表 5-6　消费者在线评论信息生成的动力机制的最终测度项

变量名	测度项编号	测度项描述
系统认知	SC1	在线评论对自己和其他消费者购物是有帮助的
	SC2	发表在线评论可以表扬或惩罚商家
	SC3	在线评论系统有助于释放消费者对产品或服务的看法和意见
	SC4	在线评论系统很有必要，可以让政府等监管部门也能看到
	SC5	有良好的或糟糕的购物体验都应该与大家积极分享
感知风险	PR1	发表负面在线评论会接到商家骚扰电话
	PR2	发表负面在线评论可能会受到商家的恐吓和威胁
	PR3	发表在线评论有时会泄露个人隐私可能会被不法分子利用
	PR4	总体而言，发表在线评论可能会面临较大的风险
感知成本	PC1	发表在线评论会浪费我的时间
	PC2	发表在线评论会浪费我的脑力和体力
	PC3	发表在线评论会浪费我的流量
	PC4	考虑到时间成本、经济成本和投入的脑力体力成本，我不会发表在线评论

（续表）

变量名	测度项编号	测度项描述
感知趣味性	PF1	分享购物或服务体验供其他消费者作参考，帮助了别人，让我心情愉悦
	PF2	吐槽产品或服务的缺陷，让更多消费者了解该产品或服务，是一件很有意思的事
	PF3	发表在线评论，分享图片或视频，是一件有趣的事
	PF4	发表在线评论得到商家或其他买家的回应或询问，是一件很快乐的事
社群影响	SI1	我的很多同学或朋友都喜欢发表在线评论
	SI2	我的父母也喜欢发表在线评论
	SI3	我加入的各种购物群体的消费者都喜欢发表在线评论
激励条件	FC1	发表评论可以获得平台的积分或返利
	FC2	发表评论可以获得商家的现金返利
	FC3	发表评论可以获得商家的礼物馈赠
传播习惯	HA1	很多时候，在收到购买的产品后或享受完服务时，我会习惯性发表评论
	HA2	很多时候，发表评论已经成为完成网络购物的一部分
	HA3	很多时候，发表评论对我来说已经是一种习惯性行为
行为态度	BA1	我愿意对购买的产品或服务做出评论
	BA2	我愿意与其他消费者分享我的消费体验
	BA3	我愿意表达我对产品及商家的看法和意见
	BA4	我愿意将产品或服务的真实情况告诉其他消费者以改进产品或服务
行为意向	BI1	我正在或已经对购买的产品或服务做出评论
	BI2	我正在或已经与其他消费者分享我的消费体验
	BI3	我正在或已经表达我对产品及商家的看法和意见
	BI4	我正在或已经将产品或服务的真实情况告诉其他消费者以改进产品或服务

5.4 正式问卷发放

正式问卷的调查对象是曾经和正在使用移动互联网进行购物或服务的消费者。在调查对象确定之后，样本数是正式调查需要考虑的重要问题。样本大小主要取决于研究模型变量的多少，塔巴奇尼克(Barbara G. Tabachnick)和菲德尔(Linda S. Fidell)提出了一个通用的样本量计算公式：

样本量＞50＋8×自变量数量

也有研究人员指出，对于社会科学调查而言，要保证统计分析的有效性，最小样本数应当是自变量数量的15倍。本研究所确定的自变量数量最多为6个，按此公式，确定最小样本数为98(98＝50＋8×6)和90(90＝15×6)。也就是说，只要样本数超过100即可满足要求。不过由于本研究在进行分析时需要采用AMOS软件进行模型的检验与修正，而有研究者指出对于SEM而言，大于200以上的样本才可以称得上是一个中型的样本，若要追求稳定的SEM分析结果，样本数量最好在200以上。据此，本研究将最小样本数定为200。

正式调查采用网络问卷与随机抽样调查法，在问卷星网站(http://www.sojump.com)发布问卷，问卷于2019年6月20日正式发布，至2019年7月20日结束，历时30天。由于通过网络填写问卷存在着一定的风险，因此本书对回收的问卷进行了清理，对于重复提交、答案有悖逻辑以及明显没有认真填写(如绝大部分题项答案相同)的问卷进行了剔除，最后得到有效问卷233份，包括预调查的117份问卷。

5.5 本章小结

本章是开展实证的第一步，首先根据理论模型和研究假设进行调查问卷的设计，然后通过问卷星网站进行预调查，利用SPSS20.0进行信度和效度分析，并据此对初始调查问卷进行了相应的调整。最后利用调整后的问卷进行正式调查，在问卷星网站上发布题为“消费者在线评论信息生成的动力机制研究”的调查问卷。主要包括以下研究内容：

(1) 问卷设计。主要包括问卷设计的原则、流程，问卷的主要内容、研究变量的测定及初步调整，进而形成初始调查问卷。

(2) 预调查。主要包括预调查数据的收集、预调查数据的项目分析、信度及效度检验、问卷的进一步调整,进而形成正式调查问卷。

(3) 正式调查。主要包括正式数据的收集和结构方程模型分析的整体设计。

第六章　在线评论信息生成的动力机制模型的检验与效果计算

本章实证研究的调查样本主要来源于预调查样本 117 份(预调查后仅删除了题项,故预调查样本仍然可以纳入研究)和正式调查样本 116 份,合计有效调查样本 233 份。本章将基于 233 份样本进行描述性统计分析、推断性统计分析正态分布、信度及效度检验,并进行结构方程模型的检验、修正及效果计算。

6.1　样本描述性统计分析

根据第五章中的最终测度项设计并制作问卷,问卷采用李克特七级度量,通过问卷星平台、微信朋友圈、QQ 空间等方式发放问卷,共发放问卷 289 份,有些 50～60 岁男性不使用网络购物,因此未提交问卷,最终收回有效问卷 233 份,有效率为 81%。其中,女性 165 人,占 70.8%,男性 68 人,占 29.2%;25 岁及以下被调查对象人数为 98 人,占调查总数的 42.1%,25 岁以上被调查对象占调查总数的 57.9%;本科以上学历占 74.7%;江苏省的被调查对象占 86.3%。具体如表 6－1 所示。

表 6－1　消费者在线评论信息生成的动力机制问卷的正式样本构成

样本基本情况	类型	频次	比例/%
性别	男	68	29.2
	女	165	70.8
年龄	25 岁及以下	98	42.1
	26～30 岁	13	5.6
	31～35 岁	14	6.0
	36～40 岁	23	9.9
	41～45 岁	37	15.9
	46～50 岁	34	14.6

（续表）

样本基本情况	类型	频次	比例/%
年龄	51～55 岁	9	3.9
	56～60 岁	3	1.3
	61 岁及以上	2	0.9
学历	初中	3	1.3
	高中	21	9.0
	大专	35	15.0
	本科	153	65.7
	硕士	11	4.7
	博士	10	4.3
所在省份	江苏省	201	86.3
	其他省	32	13.7

6.2 消费者参与在线评论的现状分析

为了解消费者参与在线评论的现状，研究主要从描述性和推断性两个方面来统计消费者参与在线评论的情况。描述性统计主要从近一个月内是否有网购经历、网购年限、经常网购的 APP 以及是否愿意发表在线评论等方面采取频次分布等方法展开描述性分析。推断性统计主要从性别、年龄、网购年限等方面分析对消费者参与在线评论的态度和意向是否存在显著性差异。

6.2.1 描述性统计

描述性统计(Descriptive statistics)是研究数据收集、处理和描述的统计学方法。将消费者用户的个人背景信息、网购行为习惯等，运用频数分析、百分比、标准差等方法进行分析，了解样本的分布情况。该类统计方法用得最多，虽然仅得出一些描述性的结论，但已经可以揭示一些问题了。

关于消费者近期购物经历，最近一个月内是否有网络购物经历，从调查结果来看，96.1%的消费者近一个月内都有网购经历，线上购物已经成为消费者用户购物的正常行为，见表 6－2 所示。

表 6-2 消费者近一个月内是否购物

		频率	百分比/%	有效百分比/%	累积百分比/%
有效	是	224	96.1	96.1	96.1
	否	9	3.9	3.9	100
	合计	233	100	100	

关于网购年限，由于年龄分组分为25岁及以下、26～30岁、31～35岁、36～40岁、41～45岁、46～50岁、51～55岁、56～60岁、60岁以上，因此网购年限是建立在不同年龄层次上的，其参考性要依据年龄分组，见表6-3所示。

表 6-3 消费者网购年限

		频率	百分比/%	有效百分比/%	累积百分比/%
有效	3年以下	45	19.3	19.3	19.3
	3～5年	69	29.6	29.6	48.9
	5～10年	83	35.6	35.6	84.5
	10年以上	36	15.5	15.5	100
	合计	233	100	100	

消费者经常购物的平台或APP主要是淘宝、京东、天猫、美团外卖、滴滴出行、饿了么等，其中淘宝网一家独大，天猫商城、京东商城、美团外卖三足鼎立，见表6-4所示。

表 6-4 消费者经常购物的平台或APP

选项	响应		个案百分比/%
	N	百分比/%	
淘宝网	207	33.10	88.80
天猫商城	89	14.20	38.20
京东商城	94	15.00	40.30
唯品会	24	3.80	10.30
大众点评	19	3.00	8.20
1号店	1	0.20	0.40
饿了么	36	5.80	15.50

（续表）

选项	响应		个案百分比/%
	N	百分比/%	
美团外卖	89	14.20	38.20
途牛网	2	0.30	0.90
当当网	15	2.40	6.40
亚马逊	2	0.30	0.90
滴滴出行	38	6.10	16.30
共享单车	9	1.40	3.90
合计	625	100.00	268.20

关于是否愿意撰写在线评论，消费者发表在线评论是非强制性行为，因此很多消费者出于各种因素考虑，不愿意发表在线评论。本研究的调查表明，消费者中，有4.3%(10人)每次购物后都发表评论；有17.2%(40人)绝大部分都发表评论；有63.5%(148人)很少发表评论，感觉特别好的体验或商品会发表评论，感觉特别糟糕的购物体验也会发表评论；有15%(35人)从来不发表评论，见图6-1所示。

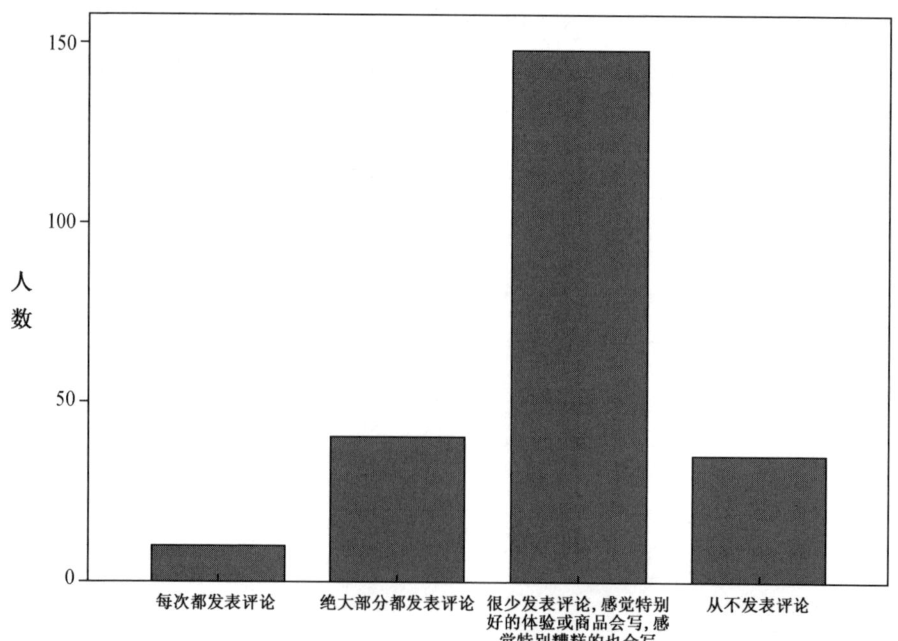

图6-1　网购后是否发表评论

6.2.2 推断性统计

推断性统计(Inferential Statistics)是研究如何利用样本数据来推断总体特征的统计方法。主要使用 t 检验、单因素方差分析等方法，检验两个变量之间是否独立无关或者显著相关，检验不同性别、不同年龄、不同网购年限的消费者用户在参与在线评论的态度和意向等方面是否存在显著性差异等。

6.2.2.1 基于性别的分析

本研究采用两个独立样本 t 检验法分析性别对消费者参与在线评论的态度和意向的影响，所得结果如表 6-5 所示。

表 6-5 男女消费者参与在线评论的态度和意向的两个独立样本 t 检验结果

			BIGOL		BAGOL	
			假设方差相等	假设方差不相等	假设方差相等	假设方差不相等
方差方程的 Levene 检验	F		2.793		4.612	
	Sig.		0.096		0.033	
均值方程的 t 检验	t		−0.350	−0.327	−0.794	−0.724
	df		231	108.630	231	104.080
	Sig.(双侧)		0.726	0.744	0.428	0.470
	均值差值		−0.291 18	−0.291 18	−0.621 39	−0.621 39
	标准误差值		0.830 81	0.889 95	0.782 46	0.857 78
	差分的 95% 置信区间	下限	−1.928 11	−2.055 10	−2.163 06	−2.322 38
		上限	1.345 76	1.472 75	0.920 28	1.079 60

从上表可看出，不同性别的消费者在参与在线评论的态度和意向上均不存在显著差异，从我们已有的访谈结果来看，相对于男性，女性更愿意发表在线评论，但问卷调查结果与之有些差异，但访谈中性别的差异性并未构成统计学意义上的差异性。

6.2.2.2 基于年龄的分析

本研究将消费者的年龄分成 9 个组，25 岁及以下、26～30 岁、31～35 岁、

36～40岁、41～45岁、46～50岁、51～55岁、56～60岁、60岁以上，并采用单因素方差分析法检验不同组别之间均数差异的显著性意义。结果发现，不同年龄的消费者在参与在线评论的态度和意向方面不存在显著差异，所得结果如表6-6所示。

表6-6 年龄对消费者参与在线评论的态度和意向的单因素方差分析结果

		平方和	df	均方	F	显著性
BIGOL	组间	186.02	8	23.252	0.695	0.696
	组内	7 496.2	224	33.465		
	总数	7 682.2	232			
BAGOL	组间	129.71	8	16.213	0.542	0.824
	组内	6 699.3	224	29.908		
	总数	6 829	232			

6.2.2.3 基于网购年限的分析

本研究将消费者的网购年限分成4个组，3年以下、3～5年、5～10年、10年以上，并采用单因素方差分析法检验不同组之间均数差异的显著性意义。结果发现，不同网购年限的消费者在参与在线评论的态度和意向方面不存在显著差异，所得结果如表6-7所示。

表6-7 网购年限对消费者参与在线评论的态度和意向的单因素方差分析结果

		平方和	df	均方	F	显著性
BIGOL	组间	254.125	3	84.708	2.611	0.052
	组内	7 428.072	229	32.437		
	总数	7 682.197	232			
BAGOL	组间	197.238	3	65.746	2.270	0.081
	组内	6 631.800	229	28.960		
	总数	6 829.039	232			

6.3　模型的检验修正和效果计算

6.3.1　正式样本信度分析

消费者在线评论信息生成的动力机制的正式样本中各变量的Cronbach's α系数如表6－8所示：

表6－8　消费者在线评论信息生成的动力机制正式样本信度分析结果

变量	Cronbach's α系数值	测度项	测度项之间的相关性	测度项删除后的Cronbach's α系数值
系统认知	0.838	SC1	0.664	0.799
		SC2	0.620	0.814
		SC3	0.723	0.789
		SC4	0.622	0.812
		SC5	0.607	0.815
感知成本	0.894	PC1	0.842	0.834
		PC2	0.863	0.827
		PC3	0.671	0.897
		PC4	0.696	0.890
感知风险	0.894	PR1	0.756	0.867
		PR2	0.808	0.847
		PR3	0.783	0.857
		PR4	0.717	0.881
感知趣味性	0.910	PF1	0.777	0.892
		PF2	0.753	0.899
		PF3	0.818	0.875
		PF4	0.845	0.865
社群影响	0.841	SI1	0.711	0.782
		SI2	0.674	0.827
		SI3	0.754	0.734

(续表)

变量	Cronbach's α系数值	测度项	测度项之间的相关性	测度项删除后的 Cronbach's α系数值
传播习惯	0.942	HA1	0.887	0.910
		HA2	0.857	0.934
		HA3	0.898	0.902
激励条件	0.895	FC1	0.816	0.847
		FC2	0.831	0.840
		FC3	0.824	0.843
行为态度	0.956	BA1	0.828	0.962
		BA2	0.920	0.934
		BA3	0.930	0.931
		BA4	0.897	0.941
行为意向	0.962	BI1	0.872	0.960
		BI2	0.906	0.950
		BI3	0.913	0.948
		BI4	0.935	0.942

由表 6－8 可知，经调整后的各变量的 Cronbach's α 系数全部大于 0.80，且如果删除某个测度项，变量的 Cronbach's α 系数值均会降低，这表明正式样本数据具有良好的一致性和稳定性，样本信度通过检验，可以进行下一步的统计分析。

6.3.2 正式样本正态分布检验

由于后续的 SEM 分析要求变量满足正态分布或近似正态分布，因此有必要对样本数据进行正态分布检验。偏度(skewness)和峰度(kurtosis)是反映样本数据非正态程度的指标，正态分布一般要求偏度绝对值小于 3、峰度绝对值小于 8(黄涅熹，2012)。本研究利用 AMOS 20.0 得到正式样本数据的正态分布如表 6－9 所示。

表 6-9　消费者在线评论信息生成的动力机制正式样本正态分布检验结果

变量	测度项	偏度绝对值	峰度绝对值
系统认知	SC1	0.911	0.980
	SC2	0.692	0.159
	SC3	1.013	1.780
	SC4	0.866	0.443
	SC5	1.015	1.389
感知成本	PC1	0.237	0.819
	PC2	0.393	0.750
	PC3	0.662	0.315
	PC4	0.144	0.921
感知风险	PR1	0.528	0.310
	PR2	0.194	0.493
	PR3	0.338	0.533
	PR4	0.020	0.590
感知趣味性	PF1	0.928	1.220
	PF2	0.875	0.478
	PF3	0.642	0.043
	PF4	0.741	0.443
社群影响	SI1	0.284	0.218
	SI2	0.150	0.852
	SI3	0.068	0.278
传播习惯	HA1	0.145	0.936
	HA2	0.323	0.709
	HA3	0.024	1.020
激励条件	FC1	0.489	0.052
	FC2	0.406	0.181
	FC3	0.283	0.196

（续表）

变量	测度项	偏度绝对值	峰度绝对值
行为态度	BA1	0.651	0.074
	BA2	0.885	0.495
	BA3	0.981	0.799
	BA4	0.974	0.857
行为意向	BI1	0.684	0.141
	BI2	0.618	0.307
	BI3	0.718	0.106
	BI4	0.716	0.096

从表 6－9 可以看出，正式样本数据符合正态分布，可进行下一步的统计分析。

6.3.3 模型的验证性因子分析

在对样本数据进行 SEM 分析之前，需要先进行验证性因子分析（Confirmatory Factor Analysis，CFA），以确定模型的信度和效度是否可以通过检验，CFA 包括因子拟合指标检验、内部一致性检验和建构效度检验等方面（袁顺波，2013）。

6.3.3.1 因子拟合指标检验

本研究利用 AMOS 20.0 对消费者在线评论信息生成的动力机制模型进行了检验，结果如图 6－2 所示。

从图 6－2 可以看出，各显变量和相应潜在变量之间均有较强的正向相关关系，显著性概率也均通过了检验。同时，9 个潜在变量之间所有相关关系也全部通过了显著性检验。测量模型的拟合指标值如表 6－10 所示。

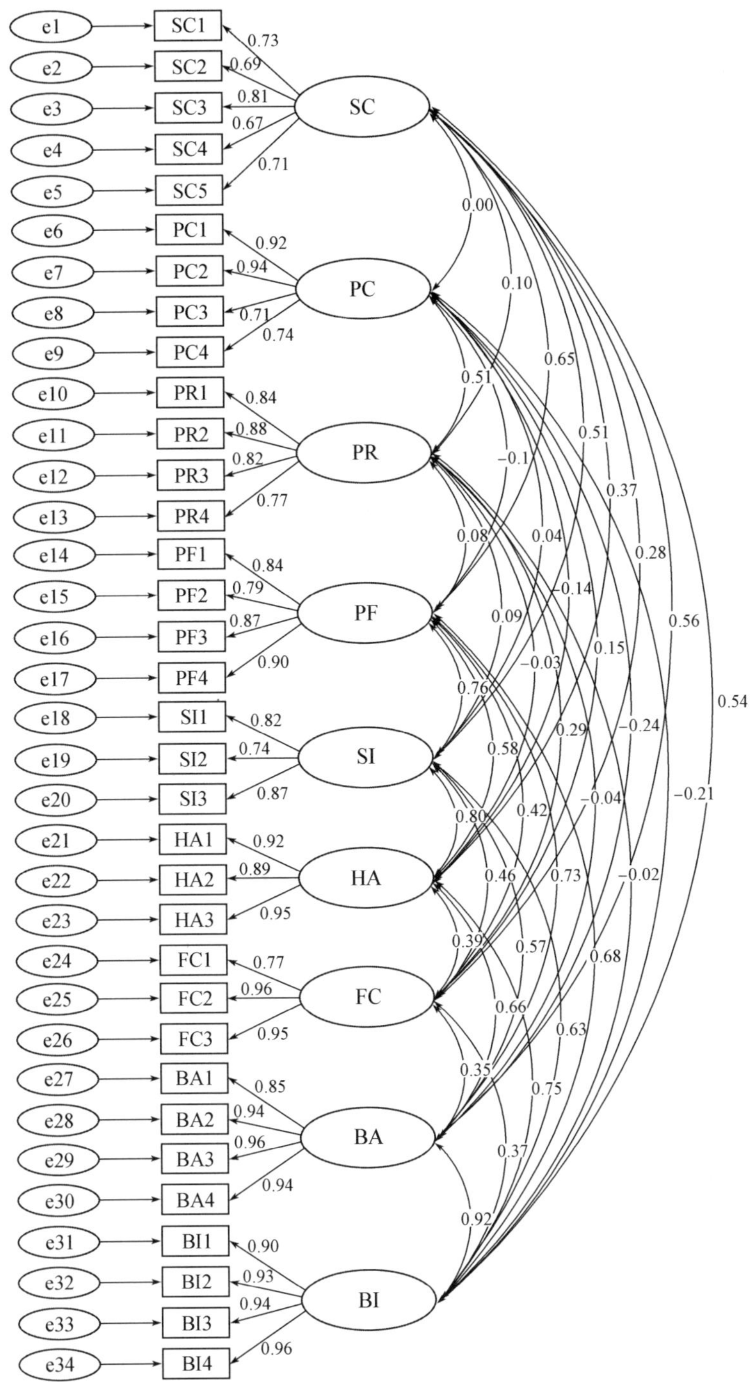

图 6－2　消费者在线评论信息生成的动力机制测量模型的检验结果

表 6-10　消费者在线评论信息生成的动力机制模型拟合指标

统计检验量	适配的标准或临界值	检验结果数据	模型适配判断
卡方值 χ^2	—	1 069.568	—
自由度 df	—	491	—
卡方值/自由度(χ^2/df)	<3	2.178	是
渐进残差均方和平方根 RMSEA 值	<0.08	0.071	是
规范拟合指数 NFI 值	>0.9	0.871	否
比较拟合指数 CFI 值	>0.9	0.925	是
非正态拟合指数 TLI 值	>0.9	0.914	是
修正拟合指数 IFI 值	>0.9	0.926	是

从上述结果可以看出，各显变量和相应潜在变量之间均存在着显著的正向相关关系，各潜在变量之间也都存在着显著的相关关系，且各拟合指标值大部分都达到了适配的标准，说明测量模型通过了因子拟合指标检验。

6.3.3.2　内部一致性检验

内部一致性检验主要用于判断样本数据内在质量是否符合要求，一般通过因子载荷(Factor Loading)、组合信度(Composite Reliability, CR)和平均方差萃取量(Average Variance Extracted, AVE)等指标进行检验。其中因子载荷反映的是显变量与潜在变量的相关关系，一般要求在 0.5 以上；CR 是模型内在质量的判别准则之一，若潜在变量的 CR 值在 0.60 以上，表示模型的内在质量理想；AVE 可以直接显示被潜在变量所解释的变异量中有多少是来自测量误差，AVE 越大，显变量被潜在变量解释的变异量百分比越大，相对的测量误差就越小，一般判别标准是要求 AVE 的值大于 0.50(吴明隆，2010)。消费者参与在线评论行为模型的因子载荷、CR 值和 AVE 值如表 6-11 所示。

表 6-11　消费者在线评论信息生成的动力机制模型内部一致性检验结果

变量	测度项	因子载荷	CR	AVE
系统认知(SC)	SC1	0.732	0.845	0.523
	SC2	0.686		
	SC3	0.814		
	SC4	0.668		
	SC5	0.707		

（续表）

变量	测度项	因子载荷	CR	AVE
感知成本(PC)	PC1	0.917	0.900	0.695
	PC2	0.943		
	PC3	0.711		
	PC4	0.737		
感知风险(PR)	PR1	0.836	0.895	0.682
	PR2	0.876		
	PR3	0.821		
	PR4	0.766		
感知趣味性(PF)	PF1	0.841	0.912	0.722
	PF2	0.785		
	PF3	0.869		
	PF4	0.899		
社群影响(SI)	SI1	0.82	0.850	0.655
	SI2	0.737		
	SI3	0.866		
传播习惯(HA)	HA1	0.923	0.943	0.848
	HA2	0.891		
	HA3	0.947		
激励条件(FC)	FC1	0.773	0.927	0.809
	FC2	0.96		
	FC3	0.953		
行为态度(BA)	BA1	0.849	0.958	0.852
	BA2	0.941		
	BA3	0.958		
	BA4	0.941		

（续表）

变量	测度项	因子载荷	CR	AVE
行为意向(BI)	BI1	0.903	0.963	0.868
	BI2	0.93		
	BI3	0.936		
	BI4	0.956		

从表 6－11 可以看出，所有潜在变量的 CR 值均大于 0.8，且在 $p<0.001$ 的水平下显著，AVE 值均大于 0.5，均已通过检验。

6.3.3.3 建构效度检验

建构效度包括收敛效度（Convergent Validity）与区别效度（Discriminan Validity）。其中，收敛效度主要反映以一个潜在变量发展出的多个测度项最后是否会收敛于一个因素中，区别效度则用于判别测度项与其他变量的测度项之间的区别程度。良好的收敛效度要求每个变量的 AVE 值均大于 0.5，良好的区别效度则要求潜在变量的 AVE 值均大于该变量和其他变量相关系数的平方（黄浧熹，2012）。通过计算，消费者在线评论行为模型中各潜在变量的收敛效度和区别效度如表 6－12 所示。

表 6－12 消费者在线评论信息生成的动力机制模型潜在变量建构效度分析结果

	SC	PC	PR	PF	SI	HA	FC	BA	BI
SC	0.523								
PC	0.000 0	0.695							
PR	0.009 4	0.255 0	0.682						
PF	0.427 7	0.000 1	0.006 2	0.722					
SI	0.257 0	0.001 8	0.007 7	0.582 2	0.655				
HA	0.139 9	0.018 8	0.001 0	0.334 1	0.632 0	0.848			
FC	0.076 2	0.022 2	0.082 4	0.173 1	0.211 6	0.150 5	0.809		
BA	0.315 8	0.059 0	0.001 7	0.537 3	0.329 5	0.429 0	0.126 0	0.852	
BI	0.289 4	0.044 5	0.000 6	0.466 5	0.396 9	0.568 5	0.134 7	0.839 1	0.868

从表 6－12 可以看出，消费者在线评论信息生成的动力机制模型的各项指标都已经通过了检验，说明模型具有良好的内部一致性和建构效度，模型适配度较高。

6.3.4　模型的修正和效果计算

6.3.4.1　模型构建

根据第五章中提出的假设模型，本研究利用 AMOS 20.0 构建了消费者参与在线评论行为模型，其中系统认知(SC)、社群影响(SI)、激励条件(FC)是外衍变量(Exogenous Variables)，感知成本(PC)、感知风险(PR)、感知趣味性(PF)、传播习惯(HA)、行为态度(BA)、行为意向(BI)是内衍变量(Endogenous Variables)。由于完整的结构方程全模型较为复杂，本研究对模型进行了简化，如图 6－3 所示。

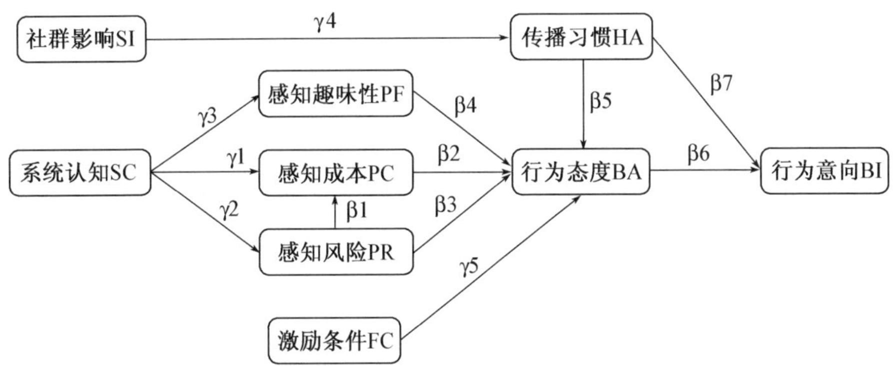

图 6－3　简化的消费者在线评论信息生成的动力机制结构方程全模型

6.3.4.2　模型拟合与评价

利用正式样本数据，通过 AMOS 20.0 进行全模型的拟合，结果如表 6－13 所示。

表 6－13　消费者在线评论信息生成的动力机制结构方程全模型拟合指标值

统计检验量	适配的标准或临界值	检验结果数据	模型适配判断
χ^2	—	1 195.087	—
df	—	512	—
χ^2/df	＜3	2.334	是
RMSEA	＜0.08	0.076	是
NFI	＞0.9	0.856	否
CFI	＞0.9	0.912	是
TLI	＞0.9	0.903	是
IFI	＞0.9	0.912	是

各潜在变量之间的路径系数如表 6－14 所示。

表 6－14　消费者在线评论信息生成的动力机制结构方程全模型的路径系数

序号	路径系数	自变量→因变量	标准化回归系数	标准误	t 值	p 值
1	γ1	SC→PC	−0.085	0.109	−0.774	0.439
2	γ2	SC→PR	0.153	0.109	1.400	0.161
3	γ3	SC→PF	0.875	0.099	8.795	0.000
4	γ4	SI→HA	1.096	0.091	11.982	0.000
5	γ5	FC→BA	0.057	0.056	1.030	0.303
6	β1	PR→PC	0.581	0.079	7.329	0.000
7	β2	PC→BA	−0.183	0.043	−4.239	0.000
8	β3	PR→BA	0.022	0.050	0.433	0.665
9	β4	PF→BA	0.633	0.070	9.004	0.000
10	β5	HA→BA	0.252	0.045	5.588	0.000
11	β6	BA→BI	0.812	0.058	14.071	0.000
12	β7	HA→BI	0.234	0.035	6.639	0.000

6.3.4.3　模型修正

AMOS 提供的修正指数(Modification Indices，MI)为模型的修正提供了依据，本书将根据 MI 指数对模型进行修正和优化，以提高模型精确性和拟合度。具体而言，本研究将依照如下原则(黄涅熹，2012)对模型进行修正：

(1) 若新增关系路径需要有理论基础或实际意义；

(2) MI 值比较大(MI>10)时考虑修正；

(3) 每次只增加或删除一条关系路径；

(4) 新增因果关系路径只能在相邻层次的变量之间进行；

(5) 新增相关关系路径只能在同一层次的变量之间进行，这条模型修正的原则有诸多争议，有学者指出同层次变量的残差之间不可以增加相关关系。因此，本书未在同层次变量的残差间进行修正。

据此规则，本研究对消费者参与在线评论的行为模型进行了修正，具体修正如表 6－15 所示。

表 6－15　消费者在线评论信息生成的动力机制的行为模型修正

修正类型	路径类型	路径系数	对应假设	修正路径	修正原因
增加	因果关系	γ6	H7a	SI→PF	MI＝36.421
增加	因果关系	β8	H1b	PC→HA	MI＝12.457

得到的最终模型如图 6－4 所示：

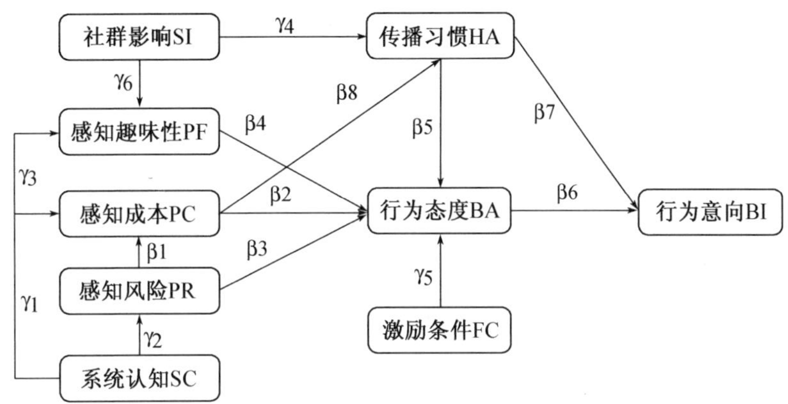

图 6－4　修正后简化的消费者在线评论信息生成的动力机制结构方程全模型

修正后的消费者在线评论信息生成的动力机制结构方程全模型见图 6－5，与原模型的各拟合指标值对比如表 6－16 所示：

表 6－16　消费者在线评论信息生成的动力机制修正模型拟合指标值

统计检验量＼模型	M1	M2	M3
	理论模型	M1＋SI→PF	M2＋PC→HA
χ^2	1 195.087	1 122.627	1 109.937
df	512	511	510
χ^2/df	2.334	2.197	2.176
RMSEA	0.076	0.072	0.071
NFI	0.856	0.865	0.866
CFI	0.912	0.921	0.922
TLI	0.903	0.913	0.915
IFI	0.912	0.921	0.923

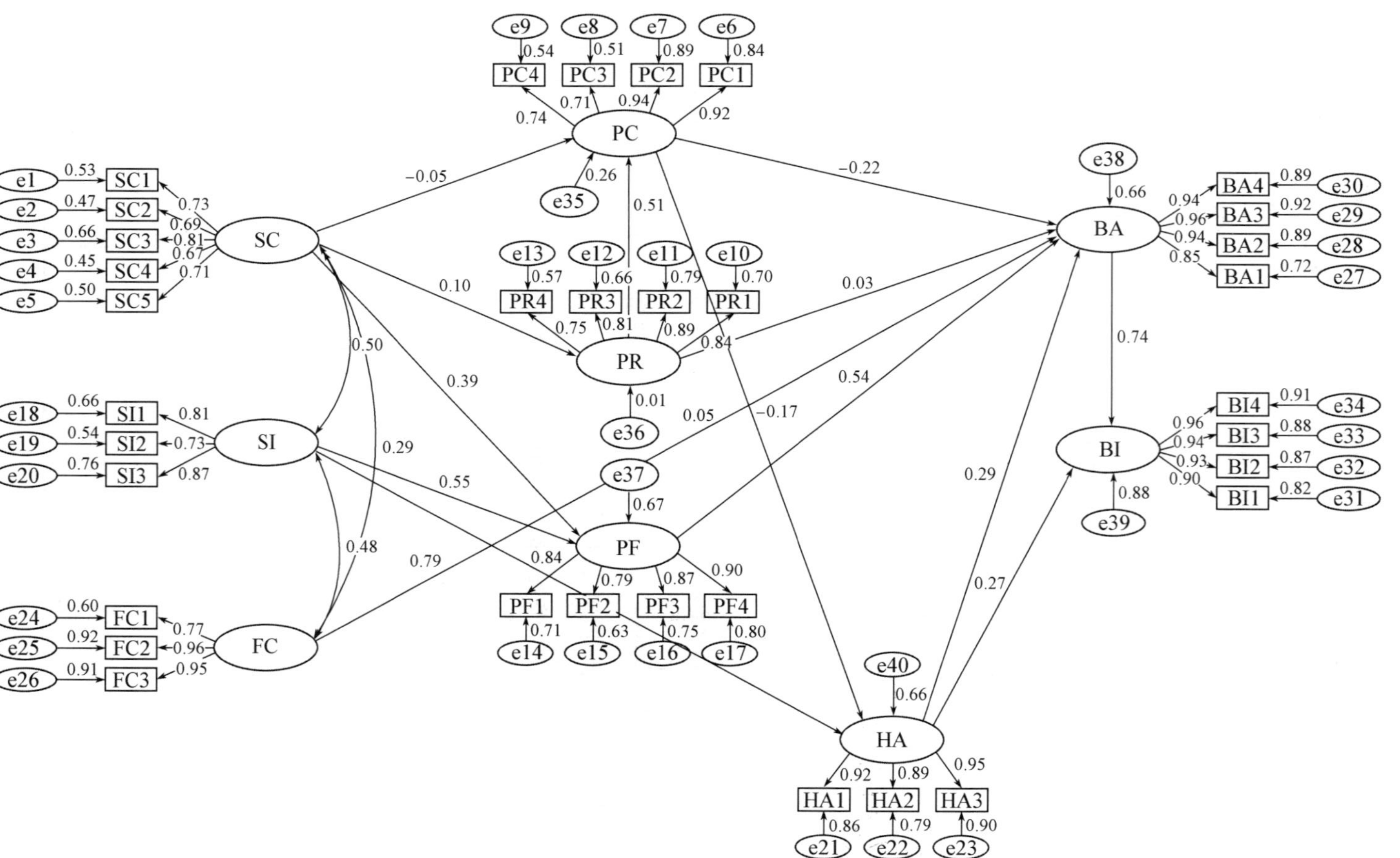

图 6-5　修正后的消费者在线评论信息生成的动力机制结构方程全模型

从表 6－16 可以看出，从最初的模型 M1 到修正模型 M3，各拟合指标值均得到了优化，χ^2减少了 85.15，χ^2/df 减少了 0.158，这说明修正后的模型 M3 优于最初模型，能更准确地揭示变量之间的关系，且 M3 模型中各路径系数对应的修正指数以及误差对应的修正指数都比较小，因此可以作为最后的模型。

M3 模型中各潜在变量之间的路径系数如表 6－17 所示。

表 6－17　消费者在线评论信息生成的动力机制修正模型的路径系数

序号	路径系数	自变量→因变量	标准化回归系数	标准误	t 值	p 值
1	γ1	SC→PC	－0.081	0.108	－0.748	0.455
2	γ2	SC→PR	0.148	0.107	1.38	0.168
3	γ3	SC→PF	0.449	0.08	5.639	***
4	γ4	SI→HA	1.092	0.088	12.413	***
5	γ5	FC→BA	0.055	0.057	0.956	0.339
6	γ6	SI→PF	0.512	0.061	8.412	***
7	β1	PR→PC	0.583	0.079	7.338	***
8	β2	PC→BA	－0.186	0.044	－4.212	***
9	β3	PR→BA	0.027	0.051	0.528	0.597
10	β4	PF→BA	0.644	0.077	8.39	***
11	β5	HA→BA	0.230	0.048	4.811	***
12	β6	BA→BI	0.809	0.058	13.987	***
13	β7	HA→BI	0.236	0.036	6.624	***
14	β8	PC→HA	－0.174	0.048	－3.593	***

注：*** 表示 p＜0.01；** 表示 p＜0.01；* 表示 p＜0.05。

根据上述统计分析，本研究将修正模型 M3 作为最终模型（见图 6－6）。一般而言，解释的总变异量达到 30％即可认为模型达到了较好的解释性，本研究中参与在线评论的行为意向的前因变量解释量为 88％，说明模型对消费者参与在线评论行为意向具有较高的解释力。

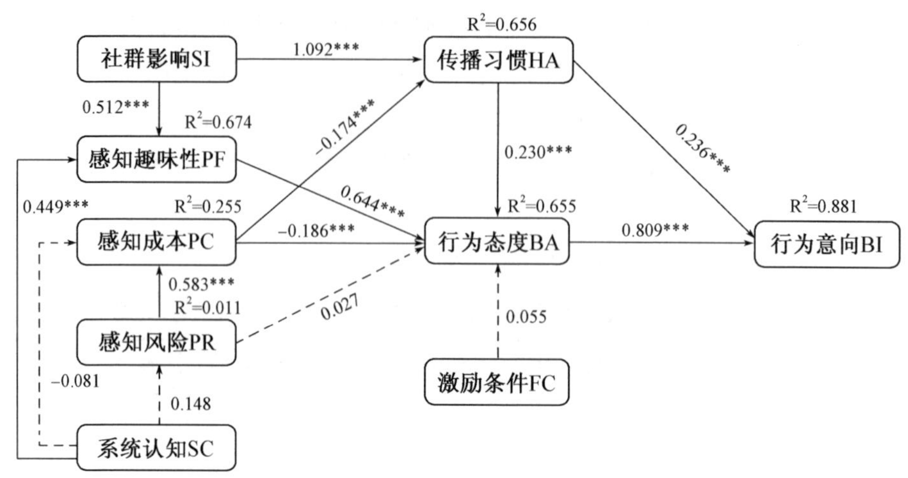

图 6－6　消费者在线评论信息生成的动力机制模型的结构方程分析结果

注：*** 表示 p＜0.001；** 表示 p＜0.01；* 表示 p＜0.05。

根据图 6－6，本研究所提假设的验证结果如表 6－18 所示：

表 6－18　消费者在线评论信息生成的动力机制模型的假设验证结果①

序号	假设	假设内容	验证结果
1	H1a	感知成本对行为态度有负向影响	支持
2	H1b	感知成本对传播习惯有负向影响	支持
3	H2a	感知风险对行为态度有负向影响	不支持
4	H2b	感知风险对感知成本有正向影响	支持
5	H3	感知趣味性对行为态度有正向影响	支持
6	H4a	传播习惯对行为态度有正向影响	支持
7	H4b	传播习惯对行为意向有正向影响	支持
8	H5	行为态度对行为意向有正向影响	支持
9	H6a	系统认知对感知风险有正向影响	不支持
10	H6b	系统认知对感知成本有正向影响	不支持
11	H6c	系统认知对感知趣味性有正向影响	支持
12	H7a	社群影响对感知趣味性有正向影响	支持
13	H7b	社群影响对传播习惯有正向影响	支持
14	H8	激励条件对行为态度有正向影响	不支持

① 表 6－18 在原有假设基础上增加了 H1b 和 H7a，将 H1 改为 H1a，将 H7 改为 H7b。过程见表 6－15。

6.3.4.4 效果计算

自变量对因变量的效应可分为总效果(Total Effects)、直接效果(Direct Effects)和间接效果(Indirect Effects)。在结构方程路径分析中,路径系数反映的便是该路径上自变量对因变量影响力的大小(袁顺波,2013)。变量间的总影响效果是直接效果和间接效果的总和,直接效果的大小等于变量间的直接路径系数,间接效果的大小等于所有直接效果的路径系数的乘积。间接效果表示某变量的影响需要透过至少一个中间变量的传递才能影响到另一个变量,因此通过间接效果和总效果可以看出直接效果反映不出来的问题。根据 AMOS 输出的结果,得到本研究各变量之间的总效果、直接效果和间接效果,如表 6-19 所示,结合表 6-19 和图6-6中的数据,间接效果计算过程如表 6-20 所示。

表 6-19 模型中标准化总效果、直接效果及间接效果情况表

直接效果	FC	SI	SC	PR	PC	HA	PF	BA	BI
PR	0.000	0.000	0.148	0.000	0.000	0.000	0.000	0.000	0.000
PC	0.000	0.000	−0.081	0.583	0.000	0.000	0.000	0.000	0.000
HA	0.000	1.092	0.000	0.000	−0.174	0.000	0.000	0.000	0.000
PF	0.000	0.512	0.449	0.000	0.000	0.000	0.000	0.000	0.000
BA	0.055	0.000	0.000	0.027	−0.186	0.230	0.644	0.000	0.000
BI	0.000	0.000	0.000	0.000	0.000	0.236	0.000	0.809	0.000
间接效果	FC	SI	SC	PR	PC	HA	PF	BA	BI
PR	0.000	0.000	0.000	0.000	0.000	0.000	0.000	0.000	0.000
PC	0.000	0.000	0.086	0.000	0.000	0.000	0.000	0.000	0.000
HA	0.000	0.000	−0.001	−0.101	0.000	0.000	0.000	0.000	0.000
PF	0.000	0.000	0.000	0.000	0.000	0.000	0.000	0.000	0.000
BA	0.000	0.581	0.292	−0.131	−0.040	0.000	0.000	0.000	0.000
BI	0.044	0.727	0.236	−0.108	−0.223	0.186	0.521	0.000	0.000
总效果	FC	SI	SC	PR	PC	HA	PF	BA	BI
PR	0.000	0.000	0.148	0.000	0.000	0.000	0.000	0.000	0.000
PC	0.000	0.000	0.006	0.583	0.000	0.000	0.000	0.000	0.000
HA	0.000	1.092	−0.001	−0.101	−0.174	0.000	0.000	0.000	0.000
PF	0.000	0.512	0.449	0.000	0.000	0.000	0.000	0.000	0.000
BA	0.055	0.581	0.292	−0.104	−0.226	0.230	0.644	0.000	0.000
BI	0.044	0.727	0.236	−0.108	−0.223	0.422	0.521	0.809	0.000

表 6－20　消费者在线评论信息生成的动力机制模型中各变量之间的效果

序号	路径	总效果	直接效果	间接效果	间接效果计算
1	FC→BA	0.055	0.055	0.000	
2	FC→BI	0.044	0.000	0.044	γ5β6
3	SI→HA	1.092	1.092	0.000	
4	SI→PF	0.512	0.512	0.000	
5	SI→BA	0.581	0.000	0.581	γ6β4＋γ4β5
6	SI→BI	0.727	0.000	0.727	γ6β4β6＋ γ4β5β6＋γ4β7
7	SC→PR	0.148	0.148	0.000	
8	SC→PC	0.006	－0.081	0.086	γ2β1
9	SC→HA	－0.001	0.000	－0.001	γ2β1β8＋ γ1β8
10	SC→PF	0.449	0.449	0.000	
11	SC→BA	0.292	0.000	0.292	γ1β2＋ γ3β4＋ γ2(β1β2＋β3)
12	SC→BI	0.236	0.000	0.236	γ3B4β6＋γ1(β7β8＋β2β6＋β5β6β8)＋γ2β3β6＋ γ2β1(β7β8＋β2β6＋β5β6β8)
13	PR→PC	0.583	0.583	0.000	
14	PR→HA	－0.101	0.000	－0.101	β1β8
15	PR→BA	－0.104	0.027	－0.131	β1(β5β8＋β2)
16	PR→BI	－0.108	0.000	－0.108	β3β6＋β1(β7β8＋β2β6＋β5β6β8)
17	PC→HA	－0.174	－0.174	0.000	
18	PC→BA	－0.226	－0.186	－0.040	β5β8
19	PC→BI	－0.223	0.000	－0.223	β7β8＋β2β6＋β5β6β8
20	HA→BA	0.230	0.230	0.000	
21	HA→BI	0.422	0.236	0.186	β5β6
22	PF→BA	0.644	0.644	0.000	
23	PF→BI	0.521	0.000	0.521	β4β6
24	BA→BI	0.809	0.809	0.000	

结合表 6－19 和表 6－20，发现因果关系中，10 个路径仅存在直接效果，10 个路径仅存在间接效果，4 个路径，既存在直接效果又存在间接效果。感知成本(PC)、感知风险(PR)、感知趣味性(PF)、传播习惯(HA)、行为态度(BA)、行为

意向(BI)的直接、间接、总影响效果情况分析如下：

(1) 系统认知(SC)对感知成本(PC)产生了直接和间接的影响效果，直接效果系数为－0.081，间接效果系数为0.086，不管是直接效果还是间接效果，这个影响系数都是很小的，因此在显著性检验的时候未通过检验，可以得出结论：系统认知对感知成本未产生显著性影响。感知风险(PR)对感知成本(PC)产生直接的影响效果，直接效果系数为0.583，这个影响系数还是很大的，消费者用户感知到的风险越大，投入的时间成本、经济成本等就越多。

(2) 系统认知(SC)对感知风险(PR)产生了直接的影响效果，直接效果系数为0.148，这个影响系数很小，在进行显著性检验时未能通过检验，因此系统认知对感知风险未产生显著性影响。

(3) 系统认知(SC)和社群影响(SI)对感知趣味性(PF)产生了直接的影响效果，没有间接影响效果，直接效果系数分别为0.449和0.512，这两个影响效果均通过了显著性检验，说明系统认知、家庭、朋友对消费者参与在线评论的影响是显著的，其中社群影响对感知趣味性的影响更大一点。

(4) 系统认知(SC)、社群影响(SI)、感知成本(PC)和感知风险(PR)对传播习惯(HA)产生了直接或间接的影响。从直接效果的角度考虑，感知成本(PC)和社群影响(SI)对传播习惯(HA)均产生了直接的影响，直接效果系数分别为－0.174和1.092，两者均通过了显著性检验，说明家庭、朋友对消费者参与在线评论这类社交媒体的影响是显著的，其中社群影响(SI)对传播习惯(HA)的影响更大。感知成本(PC)对传播习惯(HA)的影响是负向且显著的，说明消费者感知到的时间成本、经济成本等越高，越不会参与在线评论。从间接效果的角度考虑，系统认知(SC)和感知风险(PR)对传播习惯(HA)均产生了间接的影响，间接效果系数分别为－0.001和－0.101，这两个间接效果系数都不大且均为负向影响，其中系统认知(SC)对传播习惯(HA)的影响微乎其微。从总效果系数来看，系统认知(SC)、社群影响(SI)、感知成本(PC)和感知风险(PR)对传播习惯(HA)的总效果系数分别为－0.001、1.092、－0.174、－0.101，其中社群影响(SI)对传播习惯(HA)的影响最大，其次是感知成本(PC)。

(5) 系统认知(SC)、社群影响(SI)、激励条件(FC)、感知成本(PC)、感知风险(PR)、感知趣味性(PF)、传播习惯(HA)对行为态度(BA)有直接或间接的影响。从直接效果角度考虑，激励条件(FC)、感知成本(PC)、感知风险(PR)、感知趣味性(PF)、传播习惯(HA)对行为态度(BA)产生了直接的影响，直接效果系数分别为0.055、－0.186、0.027、0.644、0.230，其中激励条件(FC)和感知风险

(PR)对行为态度(BA)的直接影响效果系数比较小，分别为 0.055 和 0.027，且未能通过显著性检验，因此说明商家的激励条件和消费者的感知风险对消费者参与在线评论的行为态度没有影响。感知成本(PC)、感知趣味性(PF)、传播习惯(HA)对行为态度(BA)的直接效果系数分别为−0.186、0.644、0.230，其中感知趣味性对行为态度的直接影响最大；感知成本对行为态度的影响为负向影响，即消费者的感知成本越大，对参与在线评论的态度越消极。从间接效果角度考虑，社群影响(SI)、系统认知(SC)、感知风险(PR)、感知成本(PC)对行为态度(BA)产生了间接的影响，间接影响效果系数分别为 0.581、0.292、−0.131、−0.040，其中社群影响(SI)对行为态度(BA)的间接影响最大，其次为系统认知(SC)，感知风险(PR)和感知成本(PC)对行为态度(BA)的间接影响都是负向的，说明消费者感知到的风险和成本越大，其参与在线评论的态度越消极。从总效果系数角度考虑，系统认知(SC)、社群影响(SI)、激励条件(FC)、感知成本(PC)、感知风险(PR)、感知趣味性(PF)、传播习惯(HA)对行为态度(BA)的总效果系数分别为 0.292、0.581、0.055、−0.226、−0.104、0.644、0.230，其中感知趣味性对行为态度的影响最大，其次是社群影响，说明消费者用户已经把参与在线评论看成社交娱乐的一部分。总效果系数影响最小的是激励条件(FC)，其次是感知风险(PR)，这两个影响因素均未通过显著性检验，即激励条件(FC)和感知风险(PR)对行为态度(BA)的影响不显著。

(6) 激励条件(FC)、社群影响(SI)、系统认知(SC)、感知风险(PR)、感知成本(PC)、传播习惯(HA)、感知趣味性(PF)、行为态度(BA)对行为意向(BI)有直接或间接的影响。从直接效果角度考虑，传播习惯(HA)和行为态度(BA)对行为意向(BI)产生了直接的影响，其直接效果系数分别为 0.236 和 0.809，且均通过了显著性检验，其中行为态度(BA)对行为意向(BI)的影响比较大，直接影响效果系数高达 0.809，这与本研究提出的假设也是一致的。从间接效果角度考虑，激励条件(FC)、社群影响(SI)、系统认知(SC)、感知风险(PR)、感知成本(PC)、传播习惯(HA)和感知趣味性(PF)对行为意向(BI)都产生了间接的影响，间接影响效果系数分别为 0.044、0.727、0.236、−0.108、−0.223、0.186、0.521，其中社群影响(SI)对行为意向(BI)的间接影响最大，其次为感知趣味性(PF)，说明参与在线评论被很多消费者当成了社交娱乐的一部分。间接影响最小的是激励条件(FC)，其次是感知风险(PR)，说明目前商家或平台的激励措施还不足以使不愿意撰写在线评论的消费者用户表达购后想法，消费者用户也不是因为感知风险(PR)而不愿意撰写在线评论。

6.4 本章小结

本章的主要内容是对消费者在线评论信息生成的动力机制模型进行检验与效果计算，主要内容包括：

（1）调查样本的描述性和推断性统计分析。明确了消费者参与在线评论信息生成的现状，并采用独立样本 t 检验和单因素方差分析法，从性别、年龄等方面对消费者参与在线评论信息生成的行为进行了分组分析，发现上述因素对消费者参与在线评论的行为无影响。

（2）样本正态分布、信度检验及消费者在线评论信息生成的动力机制模型的验证性因素分析。主要对调查样本进行正态分布和信度检验，并对消费者在线评论信息生成的动力机制模型进行验证性因素分析，检验因子拟合指标、收敛和区别效度。

（3）对消费者在线评论信息生成的动力机制模型进行检验、修正及效果计算。这一过程主要包括对模型进行识别、拟合与评价，并根据 AMOS 输出结果中的修正指标对前期假设模型进行适当修正，修正后的模型的拟合指标值较高，模型适配度较为理想且整体解释力较高，最终确定了消费者在线评论信息生成的动力机制模型。

（4）对假设进行检验和效果计算。分析研究假设的检验结果，计算各影响因素对感知成本（PC）、感知风险（PR）、感知趣味性（PF）、传播习惯（HA）、行为态度（BA）、行为意向（BI）的直接、间接和总影响效果。

第七章　基于用户画像的在线评论信息生成的激励策略研究

根据第 44 次中国互联网络发展状况统计报告，与五年前相比，移动宽带平均下载速率提升约 6 倍，手机上网流量资费水平降幅超 90%，“提速降费”推动移动互联网流量大幅增长，用户月均使用移动流量达 7.2G，为全球平均水平的 1.2 倍，移动互联网接入流量消费达 553.9 亿 GB，同比增长 107.3%。随着网民数量的增加和移动支付方式的发展，网络购物参与度越来越高，网络购物不仅能浏览其他消费者对已购商品的评论，此外，还可以将自己商品的消费体验分享给他人，实现用户之间的信息共享。根据调查，约有 80%的消费者在做出购买决策之前阅读了其他消费者对于该产品的在线评论，但是，只有 29.5%的消费者愿意在购买或使用商品后发布有关该商品的在线评论。通过第六章对消费者参与在线评论动力机制的研究，本章拟通过用户画像的方法探讨如何激励用户撰写在线评论。用户画像最早是由交互设计之父 Alan Cooper 提出的，用户画像的本质是消费者特征的“可视化”，综合所有用户的标签，以获得用户的整体特征与轮廓。在电子商务领域中，用户画像所能实现的客户识别、精准营销、改善经营、拓展市场等功能，是企业应用用户画像的主要驱动力。

7.1　用户画像的概念及相关理论

7.1.1　用户画像定义

用户画像是通过收集与分析消费者社会属性、行为习惯等主要信息后，抽取用户信息并进行标签化和结构化处理，完美地抽象出一个用户的全貌的过程。1999 年，交互设计之父 Alan Cooper 首先提出了用户画像的概念，它是建立在一系列真实可用的数据上的目标用户模型；Alan Cooper 认为用户画像是真实用户的虚拟代表，根据用户行为、动机等将用户分为不同的类型，从中抽取每类用户的共同特征，并对其进行设定名字、照片、场景等要素的描述。Massanari（2010）、

Miaskiewicz(2011)、Holden(2017) 提出用户画像是基于名字、照片、兴趣和偏好等要素的用户原型。谭浩等(2017)对用户从生活形态、消费形态、家庭形态、社交形态、环境形态等维度进行描绘。这些学者对用户画像的理解与 Alan Cooper 基本一致,都将用户画像视为以用户为中心,还原用户典型特征并通过给出具体场景描述而构建的用户原型。另一方面,部分学者结合大数据环境下的数据特点做出对用户画像的理解。刘海等(2015)认为用户画像是消费者在网上的浏览、点击、留言、评论等全方位、立体性的消费者的数据集合。类似的,Ma Z 等(2010)将用户画像作为网络海量数据背景下对于用户特征和用户偏好的结构化表示。Trusov M (2016)等将用户画像视为用户通过在线活动所表现出来的兴趣和偏好的特征集合。孟巍等(2017)认为用户画像是通过对用户的人口属性、行为属性、社交网络、心理特征、兴趣爱好等数据进行分析,抽象提炼出的信息标签组合。

虽然国内外学者对"用户画像"的理解在不同时期、不同学科领域中有所不同,但基本内涵一致。关于用户画像的构成要素,国外学者 D. Travis(2002)在提出用户画像这一概念时给出了七个基本条件:基本性、移情性、真实性、独特性、目标性、数量和应用性,并将这七个特性的首字母组成 Persona 一词,翻译为中文即为"画像"。国内外众多学者从不同的角度提出了用户画像的不同构成维度(Guimaraes 等,2007;马安华,2013;李映坤,2016;曾建勋,2017;刘海鸥等,2018;陈晶等,2018 等)。本书认为用户画像的内涵包含三个要素:用户属性、用户特征、用户标签。其中,用户属性分为静态属性和动态属性,静态属性指用户的基本信息(如姓名、性别、职业等)及其他相对稳定的属性;动态属性指用户的行为信息(如访问频次、访问时长、浏览记录等)及其他动态属性,用户属性可以根据研究目的有针对性地划分,以此构建更精准的用户画像。用户特征是通过一定的方法从用户属性中抽取出来的特性或共性。而用户标签是根据用户特征进一步提炼出来的标签化文本,可以精炼准确地表达用户特征,易于理解和应用。因此,用户画像的实质是标签化的用户全貌,构建用户画像就是基于广泛的用户数据,通过用户属性的分类并利用一定的技术方法抽取得到用户特征,提炼成用户标签,最终得到用户画像。区别于普通的用户研究,用户画像研究更加关注用户整体特征,试图还原用户全貌从而了解用户需求并提供服务。进一步结合相关研究以及"用户画像"的内涵梳理,本书认为用户画像具备以下特征:① 标签化。用户画像的实质就是标签化的用户全貌,通过用户数据的收集处理,最终提炼出用户标签进而生成用户画像。② 时效性。用户数据中的动态属性随着用户的行为变化而变化,提炼的用户标签存在着滞后性问题,由此生成的用户画像时间越久价值越低，具有明显的时效性特征。③ 动态性。随着用户数据的不断更新和变化，相应的用户特征和提炼的用户标签也在不断发生改变，因此构建的用户画像需要不断更新迭代才能更加精准地表示用户特征。

7.1.2 相关文献回顾

通过对国内外学者用户画像研究的研读，本书借鉴宋美琦等(2019)的研究基于主体划分的视角将用户画像的相关研究大致分为两类：基于单个用户的画像研究和基于群体用户的画像研究。在梳理用户画像研究内容的基础上，根据用户画像的构建流程对用户画像的技术方法进行了总结。

1. 单个用户画像

在单个用户画像的研究中，研究对象是某场景下的一个具体用户。研究者通过抽取具体某一用户多维度的特征，并分别赋予不同的标签，从而对不同用户做出个体区分。国内外众多学者对不同类型的用户展开了研究(Jomsr P，2014；Kumar H etc.，2014；Chikhaoui B etc. ，2014；何金城，2015；龚新刚等，2016；刘海鸥，2018；王仁武等，2019)，这些研究都是在了解每个用户需求的基础上，根据用户画像反映出来的用户兴趣和偏好等信息，对每个用户的个性化需求做反馈，从而实现个性化推荐和用户行为预测等。

2. 群体用户画像

在群体用户画像的研究中，研究对象是某场景下的特定用户群体。通过从群体用户的用户数据中抽取用户特征，研究者对具有相似用户特征的用户进行聚类，构建不同类型的用户画像。国内外众多学者对不同类型的用户展开了研究(Lerouge C etc.，2013；韩梅花等，2017；范哲，2017；王凌霄等，2018；Rossi R etc.，2018；张艳丰等，2019)，群体用户画像研究通过对某场景下的多个用户抽取用户特征，提炼用户标签构建用户画像，不仅能够对具有不同用户特征的用户分别构建不同类型的用户画像，而且能够从多个维度对用户做出细分并提供相对应的产品服务。此外，对于群体用户画像中的群体行为特征规律的探索有助于实现进一步的决策支持。

用户画像的构建离不开算法与技术的支持，正如 L. Zeng(2007)等所言，运用大数据技术和数据挖掘算法构建用户画像模型的研究较多，如向量空间模型、主题模型、神经网络模型等的研究。A. 桑德拉等(2015)为了更准确反映用户偏好，提出了一种基于上下文偏好规则概念构建用户画像的方法。A. Farida 等(2014)提出了一种基于动态贝叶斯网络方法从用户与搜索系统的交互中构建用户画像的方法。J. Yu(2012)等利用语义和浏览顺序构建和更新用户画像的同时引入了认知心理学的记忆模型,以保证用户画像的动态性。由此可见,用户画像已经整合和利用了许多成熟的算法和技术,但究其本质,其实是多维标签组合的建模,通过从用户多源数据中提取用户标签来获得用户的画像,是构建用户画像模型的核心。韩梅花等(2017)基于相似度计算、聚类分析和机器学习等,构建了读者抑郁症的用户画像并利用阅读疗法进行改善。范哲(2017)基于数字原住民的采访结果,对数字原住民社会化媒体采纳意愿进行阶段性分析。单晓红(2018)以携程网北京地区酒店的在线评论为例,从用户信息、酒店、评论多个维度进行可视化分析,构建用户画像,为酒店基于用户需求的决策提供依据。于传明等(2018)为识别股吧中的用户是否属于噪声投资者为研究目的,进行用户画像。李佳慧等(2019)立足于电子商务领域,从标签体系建设和画像体系建设两方面来探讨如何构建用户画像,并在此基础上分析利用 RFM 模型构建电子商务用户画像的方法与步骤。许鹏程(2019)在设计用户画像的框架模型的基础上将用户画像应用于数字图书馆的精准推荐和个性化检索等领域。

从已有文献来看,用户画像的研究主要集中在基础理论、核心技术、实践应用、基础数据等领域。在基础理论领域,用户画像的研究主要关注支持向量机、客户画像、精准营销、大数据技术、数据建模、客户细分;在核心技术领域,用户画像的研究主要集中在推荐系统、主题模型、矩阵分解、协同过滤、社交网络、推荐算法等领域;在实践应用领域,用户画像的研究主要集中在机器学习、图书馆、电费敏感、知识发现、人工智能等领域;在基础数据领域,用户画像的研究主要管账户大数据、用户、画像、数据分析、纸媒、舆情分析等领域。

用户画像早期应用于手机游戏的开发、运营和推广,随着大数据技术的发展,人们通过用户画像将用户数据转化为商业价值,包括电商在内的众多行业引入了用户画像的概念,实现核心用户价值的挖掘,实现产品的精准营销和个性化服务。另外,在旅游、金融、新闻、社交网络、健康、交通、就医等领域,用户画像同样发挥重要作用,它甚至已成为许多领域精准营销和服务的突破点。

7.1.3 用户画像应用

本书借鉴已有研究(宋美琦等,2019),通过对国内外用户画像研究与实践的回顾和梳理,从微观层面、中观层面和宏观层面对用户画像研究的应用价值进行总结和阐述。用户画像的应用场景相当广泛,包括以图书馆、医疗、金融、农业等为代表的传统行业和以社交网络平台、社会问答社区、电商网站等为代表的互联网行业等。在不同领域和场景下,用户画像的研究与实践发挥着重要价值和作用。

从微观层面来看,用户画像研究实质上是有效利用用户数据、实现知识发现的过程。通过对大量用户数据的收集、处理、分析构建用户画像,并在此基础上实现用户特征识别、基础信息查询和用户需求分析,这些基础性工作能有效应用于科研、社会生产等场景。在用户特征识别方面、在人机交互的过程中,用户画像可以为帮助机器更加清晰地了解用户的意图并回答用户的问题,从中不断进行索引管理和查询优化。另外还可以对具有相似特定属性的用户群做出定位,并进行用户需求分析以便于开展推送服务。

从中观层面来看,用户画像有助于公司企业和社会组织的运营优化,具体表现为功能优化、精准营销和个性化推荐三个方面。在功能优化方面,对不同特征的用户进行路径分析或通过用户画像更新迭代从而实现功能的不断优化。在精准营销方面,分别对用户评价特征等进行画像分析,从而帮助酒店实现精准营销。在个性化推荐方面,基于分众分类法的用户画像,通过用户频繁生成的标记识别用户的偏好、偏恶等特征实现有效推荐。

从宏观层面来看,用户画像对于战略制定具有重要意义,尤其体现在市场走向判断、用户群体划分和产品定位三个方面。在用户群体划分方面,通过画像分析将用户分为不同类型,例如根据不同社交媒体用户的用户特征,将其细分为高转化率用户和低转化率用户,从而为社交媒体策略的精准制定及实施提供指引。在产品定位方面,通过对用户需求特征的聚类等构建核心用户需求指标体系,基于核心用户画像进行品牌定位分析从而帮助产品定位;此外,通过用户画像分析群体用户特征的相似度能够更好地帮助产品定位。

7.1.4 双因素理论介绍及相关应用

激励理论主要有如下四种:内容型激励理论、过程型激励理论、行为改造型激励理论和综合激励理论,其中包括马斯洛的需求层次论、赫茨伯格的双因素理论、期望理论、归因理论、公平理论、强化理论、内外综合激励理论等。本章以赫茨伯格的双因素理论作为理论依据。双因素理论是马斯洛"个体需求层次论"的扩展。

双因素理论(Two factor theory)亦称"激励—保健理论",由美国心理学家赫茨伯格 1959 年提出。他把企业中的有关因素分为两种,即满意因素和不满意因素。满意因素是指可以使人得到满足和激励的因素。不满意因素是指容易产生意见和消极行为的因素,即保健因素。他认为这两种因素是影响员工绩效的主要因素。保健因素的内容包括公司的政策与管理、监督、工资、同事关系和工作条件等。这些因素都是工作以外的因素，如果满足这些因素，能消除不满情绪，维持原有的工作效率，但不能激励人们更积极的行为。激励因素与工作本身或工作内容有关，包括成就、赞赏、工作本身的意义及挑战性、责任感、晋升、发展等。这些因素如果得到满足，可以使人产生很大的激励，若得不到满足，也不会像保健因素那样产生不满情绪。激励因素与保健因素组合后的四种情境见表7-1。

表7-1　激励因素与保健因素组合后的四种情境

	强激励因素	弱激励因素
强保健因素	最佳情境组织中的员工得到充分的激励且很少抱怨	组织对员工的激励不够，但员工抱怨也相对较少
弱保健因素	组织对员工的激励较大但同时员工抱怨也很多	最糟糕情境，组织中的员工既没有得到充分激励同时也抱怨频频

资料来源：赵宇翔. 社会化媒体中用户生成内容的动因与激励设计研究[D]. 南京大学(2011)。

7.2　研究设计

7.2.1　研究方法

用户画像的构建流程包括用户日志数据收集、用户行为特征抽取、标签表示三个步骤(宋美琦等，2019)。研究者可以通过调查、数据挖掘等方法获取用户的年龄、性别、兴趣偏好等与用户需求相关的信息，在此基础上进行建模并为用户制定特定标签。通过分析用户标签，将具有相同属性和特征的用户划为一类，对用户信息进行分类和汇总，并多维度构建用户的描述性标签属性，根据重要性进行排序，突出显示重要的、核心的、关键的和大规模的用户，以形成不同的功能用户组。识别核心用户、忠实用户、一般用户、潜在用户等，并按层次准确地管理用户，从而掌握不同用户的特点、偏好和需求，间接发现用户的结构变化和信息需求变化。用户画像有助于构建智能推荐系统，以提供个性化推荐，帮助实现精确服务。本书根据用户画像的构建流程设计本章的研究方法如下。

1. 消费者用户日志数据收集

在用户画像研究中主要通过社会调查、网络数据采集和平台数据库采集三种方法来获取用户数据。本章拟通过访谈和简单调研为代表的社会调查方法收集数据。主要了解消费者性别、年龄、爱好、经常使用的移动设备品牌和类型、网购年限、网购频次、网购的主要商品、经常网购的平台、网购平均月消费、网购后是否书写评论、不愿意发表在线评论的可能原因等。

2. 消费者用户行为特征抽取

现有的用户画像研究主要通过人工抽取和技术抽取的方法来完成特征抽取。由于研究时间和研究能力有限，本书主要采用人工抽取的方法对消费者用户的类型进行优先级排序。优先级排序的目的是为电商经营者、网络购物平台发现需求重点，即在购物平台激励消费者撰写在线评论营销策略和功能开发时，以优先级别考虑用户需求。本书拟在分析在线评论用户类型的基础上，结合调查和访谈的结果统计出每种类型消费者的样本数量来进行优先级排序。

3. 消费者用户标签可视化表示

标签可视化表示是以各种直观、明了的可视化图形将构建的用户画像呈现出来的一个过程。可以使用标签评分、共现耦合、TF－IDF 算法和社会网络分析等方法对行为标签、社会标签和兴趣标签等内容进行重组。本章研究拟将用户标签构成一个词云图，词云图中词的占比大小代表用户特征显著性水平，使用在线编辑软件易词云（YeeLogo）平台进行用户画像的呈现。

7.2.2 研究步骤与数据收集

7.2.2.1 研究对象界定

本书研究对象为网购消费者，目前网络购物平台主要有各类购物 APP、自建购物网站、第三方购物网站等。网购消费者在获得产品或体验后可以在网络上自由发表自己对该产品的感受或心得体会。本书从样本便利的角度出发选择了大学生这个购物群体作为研究对象，共 215 名研究对象，并对其中 164 名研究对象的访谈内容进行整理，对研究对象进行了访谈。

7.2.2.2 研究准备与数据收集

用户画像的数据收集可以基于很多方法开展，例如进行可用性测试或与用户进行一对一访谈。简而言之，它需要基于数据而不是基于假设。由于个体的行为意愿与态度并不会在一些客观数据中显示，因此对用户进行访谈和观察是进行用户画像研究必不可少的步骤。鉴于此，本书最终选取 215 名年龄在 19～26 周岁的在校大学生，在 2019 年 4 月份以“在线评论用户及潜在消费者采纳意愿”为主题开展深度访谈、焦点小组和其他形式的调查，访谈的主要内容包括受访者的基本信息、信息技术设备与互联网使用时间、网购年限、网购频次等，本次研究共进行 18 次深度访谈和 2 场焦点小组访谈，同时在 2020 年 3～4 月进行了补充访谈，访谈中进行了记录，访谈结束后，将 164 名访谈者访谈内容整理成文本。

7.2.2.3　亲和图

亲和图(Affinity Diagram)收集定性数据，如用户特征、行为、态度，并按相似性对其进行排序。笔者以条目的形式组织所有用户的访谈数据，并根据收集的消费者发表在线评论方面的信息，归纳消费者在进行消费后的行为，主要包括默认好评用户、星级评论用户、无图有评论用户、有图有评论用户、追加评论用户这五种类型。需要说明的是，部分用户由于消费体验不同或使用平台不同，可能会出现一个用户存在几种类型的情况，本书将根据其访谈时着重提到的某种经历或某一经历的典型性将其归为其中一种类型。在确定类型后，通过亲和图对五种类型的用户进行刻画。

7.2.2.4　用户画像框架

用户画像的刻画，依据：① 根据问卷调查获得的用户行为方面的主客观数据，总结和描述用户的典型特征；② 结合访谈内容，反映用户的环境特征和特征元素；③ 对于每个典型用户画像，注意体现用户差异性；④ 使用简单的句子来表达用户的典型特征；⑤ 从多维度进行用户画像的创建。对于用户画像的数量，Cooper 指出用户画像的类别不能超过 3 个，否则会因为需求上产生的分歧与冲突使功能需求分析难以进行(范哲，2017)。一般来说，产品的用户画像控制在 3～5 个，本书区分出 5 种类型的在线评论用户，因此描绘出 5 个用户画像。

7.2.2.5　优先级排序

优先级排序的目的是为电商经营者、网络购物平台发现需求重点，即在购物平台激励消费者撰写在线评论营销策略和功能开发时，以优先级别考虑用户需求。本书在分析在线评论用户的基础上(见图 7－1)，结合每种类型的消费者的样本数量来进行优先级排序。用户优先级顺序和特征如表 7－2 所示。

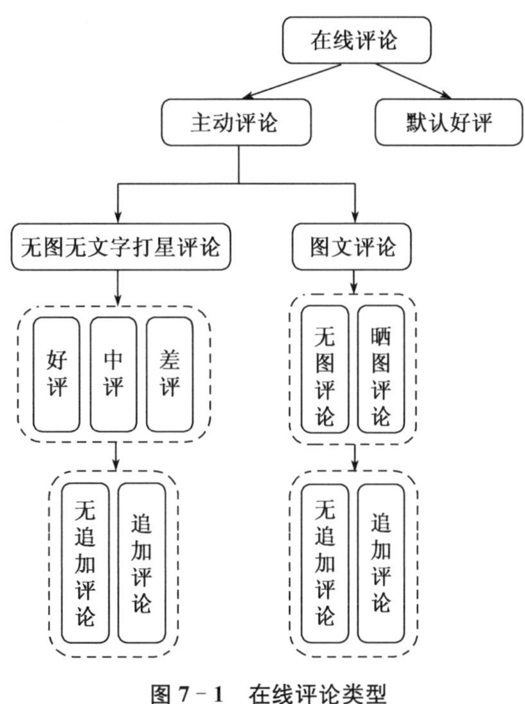

图 7－1　在线评论类型

表 7-2　用户优先排序指标表

用户画像类型	样本数	购买频率	购买广度	排序级别
默认好评	73	1～2 次/周	3 个平台	1
星级评论	58	有需求时才购买	2 个平台	3
无图有评论	70	2～3 次/周	4 个平台	2
有图有评论	10	1～2 次/周	3 个平台	4
追加评论	4	2～3 次/周	3 个平台	5

7.3　基于在线评论的用户画像

7.3.1　默认好评用户画像

默认好评是指如果消费者在交易成功后 15 天内未进行主动评价，则系统会自动给卖家一个好评，但无具体评价内容，用户画像如表 7-3 和图 7-2 所示。

表 7-3　默认好评用户画像

姓名：赵同学 性别：女 年龄：22 爱好：看电影、打篮球、看书 性格：活泼开朗	常用移动设备：iPhone 8 Plus 网购年限：5～10 年 网购频次：有需求才会购买 每月花费在网络购物的费用：300～500 元 经常使用的购物平台：淘宝、美团外卖、唯品会、大众点评、蘑菇街、聚美、苏宁易购、拼多多
默认好评的原因：① 浪费自己的时间，认为没有必要；② 买完不会再打开这个界面；③ 忘记去评价	

图 7-2　默认好评用户画像

7.3.2　星级评论用户画像

星级评论是指购物或体验完成后系统会让消费者对产品或体验是否与描述相符、物流服务、服务态度给出 1～5 星的评价，同时可以添加图片和视频，以及发表使用心得，其中一星是非常差、二星是差、三星是一般、四星是好、五星非常好。星级评论用户一般只打星，不会给出具体评价图片和文字评论，用户画像如表 7－4 和图 7－3 所示。

表 7－4　星级评论用户画像

姓名:李同学 性别:女 年龄:22 爱好:跑步、打球 性格:外向	常用移动设备:VIVO 网购年限:3～5 年 网购频次:有需求才会购买 每月花费在网络购物的费用:300～500 元 经常使用的购物平台:淘宝、天猫、京东、美团外卖
仅打星无评论的原因:① 不知道产品如何，通常不评价;② 用完产品觉得好，一般嫌麻烦也不会打开再评价，除非产品质量实在不行，会点开评价页面吐槽	

图 7－3　星级评论用户画像

7.3.3 无图有评论用户画像

无图有评论指在星级评论用户的基础上附上相关产品或体验的使用心得，但是未附上产品图片或体验过程的图片，用户画像如表 7-5 和图 7-4 所示。

表 7-5 无图有评论用户画像

<table>
<tr><td>姓名:宋同学
性别:女
年龄:20
爱好:听歌、逛街、看书
性格:文静</td><td>常用移动设备:OPPO 手机
网购年限:3～5 年
网购频次:有需求才会购买
每月花费在网络购物的费用:300～500 元
经常使用的购物平台:淘宝、天猫、京东、美团外卖、微信公众号推荐、有货、网易考拉、微商代购</td></tr>
<tr><td colspan="2">发表评论的原因:① 有时候评论一下给个好评卖家会返红包给我;② 评论俨然成了一种习惯;③ 也想让其他买家借鉴一下</td></tr>
<tr><td colspan="2">最近一次购物体验:在淘宝上购买了隆力奇花露水
发表评论的内容:味道好闻,不错不错(五星好评)</td></tr>
</table>

图 7-4 无图有评论用户画像

7.3.4 有图有评论用户画像

有图有评论是指在无图有评论用户基础上附上了相关产品的图片或体验过程的图片，使潜在消费者对产品的感受更加直观，用户画像如表 7－6 和图 7－5 所示。

表 7－6　有图有评论用户画像

姓名：蒋同学 性别：女 年龄：22 爱好：绘画 性格：安静内向	常用移动设备：小米手机 网购年限：5～10 年 网购频次：一周一次 每月花费在网络购物的费用：100～300 元 经常使用的购物平台：淘宝、天猫、美团外卖
发表评论的原因：① 有积分；② 购物体验特别差的时候也想给其他消费者一些建议	
最近一次购物体验：购买了的 SPAO 旗舰店皮卡丘短袖 最近一次发表的评论内容：两张实物照片，颜色是蒋同学比较喜欢的亮黄，款式修身，面料一般	

图 7－5　有图有评论用户画像

7.3.5 追加评论用户画像

追加评论简称“追评”，指消费者在交易完成后的 180 天内发表评论，这种评论方式的设置基于有些产品只有在使用一段时间后才能给出公正的评价。这种类型的评论，评论后无法进行修改或删除，用户画像如表 7－7 和图 7－6 所示。

表 7－7 追加评论用户画像

<table>
<tr><td>姓名：鲍同学
性别：女
年龄：20
爱好：阅读、运动
性格：外向活泼</td><td>常用移动设备：VIVO
网购年限：3～5 年
网购频次：有需求时才购买
每月花费在网络购物的费用：300～500 元
经常使用的购物平台：淘宝、天猫、美团外卖</td></tr>
<tr><td colspan="2">发表评论的原因：① 赚取硬币；② 希望他人通过自己的评论选择心仪的商品；③ 商家催促</td></tr>
<tr><td colspan="2">最近一次购物：购买了一双鞋
最近一次发表评论的内容：鞋子的质量过关，穿着舒适，价格合适，值得购买
一个月以后追评：穿着舒适，质量过关</td></tr>
</table>

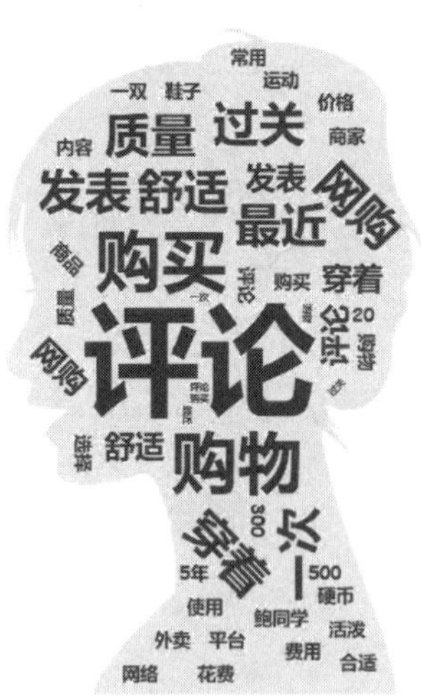

图 7－6 追加评论用户画像

7.4　结果讨论

7.4.1　结果分析

一般而言，消费者的在线评论已成为潜在消费者购买或体验决策的重要参考因素。因此，在评论过程中分析典型消费者用户的态度、情感和意愿，然后分析这些在线评论对潜在消费者的影响是非常必要的。

默认好评是消费者在交易成功后15天内未主动给予评价，系统会代替消费者自动给卖家一个好评，但无具体评价内容，只有系统给出的“好评”两个字。默认好评和有内容的好评都不能被系统修改或删除。虽然默认好评和有内容的好评在卖家信用分数中会获得同样的积分，但潜在消费者选择查看所有的评论时，由于默认评论本身没有除了好评之外的任何信息，所以潜在消费者并不会在默认好评和有内容好评上给予同等的关注度。因此，本书认为，与默认好评相比，有内容的评论更能反映消费者反馈的信息，对潜在消费者的购买决策影响也更大。在访谈中很多不写评论的消费者提出撰写在线评论需要消耗一定的时间和精力，而且不主动撰写评论并不会影响在线交易的正常进行，因此，从时间成本角度来说，很多消费者都会默认系统好评，而不会主动反馈交易信息，发表评论。由于消费者未在15天评论期内进行主动评论而且之后也没有追加评论，再加上在线交易本身最大的不足是信息不对称的问题，因此，系统的默认好评导致评论信息量的不足会加大信息的不对称性。在控制风险偏好的前提下，潜在消费者在面对具有更大不确定性的卖家时就会更加不信任，从而降低与卖家交易的可能性。从前面用户优先排序结果来看，选择默认好评的消费者在所有消费者中人数最多，这也是卖家或电商平台应重点关注的人群，需要制定有效的策略来激发这部分消费者发表在线评论的意愿。

星级评论是在购物或体验完成后系统会让消费者对产品或体验是否与描述相符、物流服务、服务态度给出1～5星的评价。淘宝平台最终会根据买家的星级评分给产品算出最终的宝贝描述、卖家服务、物流服务的平均值供潜在消费者参考。而买家评论后会获得诸如88会员购物福袋(如一个月优酷免广告特权)、领淘金币和与家人一起升级为亲情账号等福利。当然有些福利的领取会有一些条件或者消费者根本不需要这样的福利，因此像这样不能让消费者直接获利的激励措施对消费者是无效激励。

无图有评论是指未附上商品的图片但有具体内容的评论。通过我们前期的调查和访谈发现，带图评论的消费者一般来说存在于两种类型的消费过程中：一是消费体验超出本人预期，禁不住内心的喜悦而欲与其他消费者分享以回馈商家的超值服务；二是消费体验特别糟糕，通过"有图有真相"的方式提醒其他消费者谨慎在该商家消费，避免别人与自己入同样的坑。由于带图评论必须要上传照片，如果是购买衣物的试穿照片，为避免个人信息泄露，有时还需要在脸部或其他部分打码等，因此为避免在评论时投入更多的成本，很多的消费者为完成评论任务仅是简单输入几个字，如"不错""非常棒""很实用""质量不错，下次还会买"等。对于潜在消费者来说，更希望看到"有图有真相"的评论，这样的评论对消费者的购买决策起到关键的决定性作用。在我们的访谈中，有消费者谈到，在购买衣物时，模特儿穿衣效果都特别好，但是如果消费者在发表评论时告知其他消费者他(她)的身高和体重，并放置一张其穿着该衣服的照片，潜在消费者就会在心中根据自己的身高和体重进行决策，是否购买该衣物。因此，力争将无图有评论的消费者争取为带图评论的消费者，优质的购物体验和便捷的平台功能是未来商家和平台共同努力的方向。

有图有评论用户，由于撰写评论本身会花费消费者的时间，再加上附上图片，因此很多消费者并不太愿意再花时间拍图和上传图片，除非有足够的激励措施。有些消费者会对超过心理预期值的产品和特别糟糕，与描述非常不符合的商品进行评论并上传图片。大量研究认为，图片对消费者的影响大于文字，因为视觉上的刺激更有冲击力，更能直接影响消费者的决策。此外，图片与文字表述相结合时，特别是图片所传递的信息与文字表述紧密相关时，信息会被更有效地传递。当然也会出现图文不一致的现象，评论内容是好评，但是现实的图片却是质量差的商品，对于这样的情况，即使淘宝进行人工或自动归类，也无法达到完全准确。这种情况很多是消费者不想因为差评受到商家干扰而做出的内容是好评但是图片是差评的评论。

追加评论，相比交易后 15 天内的评论，更能反映商品的实际使用情况，从而更能吸引潜在消费者的注意力，为潜在买家提供更好的决策帮助。如果消费者在追加评论时上传了图片，就更加增加了商品的信息量。上传图片和追加评论都需要消耗一定的时间和精力，但满意度处于两个极端的消费者，即非常满意和非常不满意的消费者更愿意发表评论进行口碑传播，特别是非常不满意的用户更愿意发表评论以表达不满。

从淘宝网站上浏览商品的评价，消费者极少给出中差评，如一款缝被子钢针的评价总数为1 506个,其中的中评只有4个,差评3个。即使给出不好的评论,也有在卖家电话“沟通”之后,删去该评论或再次修改为好评的可能。当然消费者即便迫于电话骚扰的压力而删除了中差评,但这并不会改变他们对卖家或商品的不满意。因此,有图评论和追加评论这两种不可修改和不可删除的方式可以作为消费者提供发泄不满的途径,为潜在消费者提供购买决策。

7.4.2 研究启示

结合用户画像的研究进展与探索实践,从事网络信息资源和用户行为研究的学者可以从以下三个方面开展用户画像相关研究。

1. 获取数据的途径和方式尽可能多元化

从数据来源来说,数据可以分为直接数据和间接数据,直接数据可以通过问卷调查法、访谈法、网络爬虫法如Python软件和八爪鱼爬虫软件来获取,间接数据可以通过购买商业平台的数据来获取。本书在这部分围绕用户画像进行研究的不足在于,获取数据的途径和方法过于单一,仅仅通过对消费者用户的访谈和简单调查来获得数据,这样得出的研究结论难免有主观性和片面性。

2. 用户画像标签的提取及重组需要算法和技术的支持

标签的提取与重组是用户画像流程的最后环节,是直接影响用户画像结果准确性的步骤,甚至标签权重的不同也会使得用户画像模型存在差异性(徐芳等,2020)。由于本人研究时间和研究能力不足,本书在进行用户画像标签提取时仅仅使用了用户优先级顺序的方式进行消费者用户标签的提取,这是本研究的不足之处,相关学者在用户画像标签的提取和重组方面尽可能使用关联规则、TF－IDF算法、社会网络分析等算法和技术手段。

3. 用户画像研究领域扩大的同时需要进行深化研究

用户画像最早使用于电子商务领域,主要用于广告投放、市场细分、精准营销等方面,现有研究成果已商业化如根据用户的网络行踪轨迹进行有针对性的商品推送等。目前用户画像的研究对象已经扩大至医疗健康、旅游、图书情报、学术研究、网络社交、人才评价等领域,形成的研究成果尚不多,相关领域的研究有待进一步深化。

7.5 本章小结

本章采用用户画像的方法对在线评论用户类型进行分类,表征消费者在线评论特征,并分析潜在的消费者采纳在线评论的行为。总体来说,基于在线评论的用户可以分为五种类型的画像,但这五种类型不是不交叉,分类标准是消费者在进行购物或体验后大部分情况下采取的评论方式。根据访谈结果,有些消费者不管什么时候都不会发表评论,即便遇到质量问题,也是直接和店家沟通后解决,解决后也不会发表任何评论,而有的消费者会对超出预期和特别糟糕的产品和服务进行评论,大部分时候选择沉默不语。本章仅以这些用户画像来揭示典型用户在发表评论过程中的态度、情感、意愿,然后分析这些在线评论对潜在消费者的影响,未来可基于用户类型与潜在消费者的采纳行为之间的关系做更深入的定量分析。本书的研究结论可为电商在线交易双方、电商经营者和平台经营管理者提供有价值的参考。用户画像作为一个重要的设计工具,刻画在线评论消费者类型及特征画像对交易双方和平台管理者等具有一定的意义:首先,为消费者进行在线交易提出了有效的决策建议。在做出购买决策时,提醒消费者应更多关注有图评论和追加评论这种不可删除或更改的评论,以获得更有价值的信息。其次,为卖家管理在线评论提出了有针对性的建议。建议卖家不应只关注评价的信用等级,因为当信用等级达到消费者心理阈值时,它进入了消费者的考虑集,卖家应在关注信用等级的同时,积极管理各种形式的在线评论,才能吸引更多的潜在消费者。最后,为交易平台更好地进行管理提供一定的参考。在卖家过度干涉消费者在线评论的大环境下,交易平台应该有更加规范的机制来管理平台,让在线评论真正发挥其应有的价值,从而促进电商平台运营的良性发展。

第八章　结语与展望

8.1　研究结论

据第45次《中国互联网络发展状况统计报告》，截至2020年3月，我国网络购物用户规模达7.10亿，较2018年年底增长16.4%，占网民整体的78.6%。2020年1～2月份，全国实物商品网上零售额同比增长3.0%，实现逆势增长，占社会消费品零售总额的比重为21.5%，比上年同期提高5个百分点。移动互联网的发展和支付方式的便利使得网络购物成为趋势，更多的用户通过浏览其他用户的在线评论，足不出户就可以购买到自己心仪的商品或服务。但通过我们的初步调研，用户中仍然有63.5%很少发表评论，只针对感觉特别佳和特别糟糕的商品或服务偶尔发表评论，有15%的用户从来不发表评论，这部分用户即便遇到商品或服务的问题，也仅仅选择与客服沟通的方式解决，而不会发表任何在线评论。由此可见，研究影响消费者发表在线评论的因素，有利于拓展发表在线评论的用户范围、丰富在线评论的内容、增强用户的黏性，对消费者、电商企业、互联网监管部门等都有较大的意义。

本书在相关理论基础上借鉴前人已有研究成果，通过问卷调查、访谈等方式利用AMOS20.0构建了消费者在线评论信息生成的动力机制模型，其中系统认知(SC)、社群影响(SI)、激励条件(FC)是外衍变量(Exogenous Variables)，感知成本(PC)、感知风险(PR)、感知趣味性(PF)、传播习惯(HA)、行为态度(BA)、行为意向(BI)是内衍变量(Endogenous Variables)，对研究结果的探讨如下。

系统认知(SC)和社群影响(SI)作为外部变量对感知趣味性(PF)的路径系数分别为0.449和0.512，P值均达到了显著水平，表明系统认知(SC)和社群影响(SI)对感知趣味性(PF)具有显著的正向影响，当消费者意识到发表在线评论很重要时，其对参与在线评论的兴趣会随之增加；消费者工作和生活所在的群体对他(她)的影响越大，其参与在线评论的兴趣就越大。社群影响(SI)对传播习惯(HA)的路径系数为1.092，P值达到了显著水平，表明用户工作和生活所在的群体对他(她)的影响越大,其使用在线评论系统就越成为一种习惯。系统认知(SC)对感知成本(PC)和感知风险(PR)的路径系数分别为－0.081 和 0.148,P 值均未达到显著水平,表明消费者意识到发表在线评论的重要性并未对消费者发表在线评论时考虑到的成本和风险产生显著的影响作用。感知风险(PR)对感知成本(PC)的路径系数为 0.583,P 值达到了显著水平,表明用户感知到发表在线评论的风险越大其成本也会越高。

感知成本(PC)对传播习惯(HA)产生了显著的负影响,其路径系数为－0.174,表明用户感知到参与在线评论的成本越高越不会形成发表在线评论的习惯。感知成本(PC)、感知趣味性(PF)、传播习惯(HA)对行为态度(BA)产生影响的路径系数分别为－0.186、0.644、0.230,P 值均达到了显著水平,其中感知成本对行为态度的影响是负向的,即感知成本越高,用户参与在线评论的积极性越低;感知趣味性对行为态度的影响最大,表明发表在线评论带给用户的乐趣越多,用户越愿意去发表在线评论。激励条件(FC)对行为态度(BA)的路径系数为0.055,未通过显著性检验,表明当前商家对消费者发表在线评论的激励措施对消费者发表在线评论的态度并未产生任何影响。

传播习惯(HA)对行为态度(BA)的路径系数为 0.230,P 值达到了显著水平,表明用户越习惯于发表在线评论也越愿意参与在线评论。传播习惯(HA)和行为态度(BA)对行为意向(BI)产生了显著性影响,其效果系数分别为 0.236 和 0.809,且均通过了显著性检验,其中行为态度(BA)对行为意向(BI)的影响比较大,其路径系数高达 0.809,这与本研究提出的假设也是一致的。

8.2 思考与建议

本书基于技术接受模型建立了用户在线评论信息生成的动机概念模型并进行了实证研究,探索了用户在线评论信息生成动机的重要因素。基于上述研究,对移动互联网环境下社会化商务平台的运营与发展提出一些建议:

1. 完善发表在线评论的激励措施

用户在平台进行消费或享受服务后,有些平台或商家为激励用户撰写评论,会有一些福利,根据本书前期假设激励条件对消费者参与在线评论行为意向有正向影响。但通过实证检验结果发现,激励条件(FC)对行为态度(BA)的路径系数为 0.055,且未通过显著性检验,即未通过假设。这表明现有平台或商家的激励措施对消费者来说毫无吸引力,或者这些激励条件与消费者感知的成本和风险来说相差太多，以至消费者忽略了商家的激励措施，这一点从本书后期访谈中也可以看出，商家的红包和优惠折扣不足以吸引消费参与评论。

根据本研究结果，在消费者参与在线评论动力机制模型中，激励措施无显著的正面影响。此结果与 Tong 等和邵兵家等的研究结果相同。由此可见，目前经济回报在理论上的激励作用在实践中并未完全凸显。造成这一结果的原因可能来自 3 个方面：① 目前电子商务网站对参与评价尚无完善合理的经济激励体系。② 目前商家提供的经济回报形式非常有限，且使用条件苛刻。③ 商家提供的经济回报额度较低，不能起到显著的激励作用。如何提供让消费者发表在线评论的有效的激励措施，提高网络用户流量与黏性是商家和平台在未来一段时间需要考虑的。虽然本书的研究结果表明激励条件对消费者参与在线产品评价影响不明显，但是电商平台如当当网推出的“征集有奖评价”活动以及“评价冲千，共获惊喜”活动，所取得的成绩还是不错的。“评价冲千，共获惊喜”的活动是对于当月达到 1 000 条评价的商品，发表评价字数超过 15 个字的所有顾客均能够获得抽奖机会，这使得其网站销售的《不一样的卡梅拉》首先突破千条。因此，本书认为适量的经济刺激是必要的，本书所提到的激励措施对消费者没有产生任何影响是因为现有电商平台的激励措施是不太有效的。

2. 优化电商平台，降低使用成本

感知成本（PC）、感知趣味性（PF）对行为态度（BA）的路径系数分别为 −0.186、0.644，P 值均达到了显著水平，其中感知成本对行为态度的影响是负向的，即感知成本越高，用户参与在线评论的积极性越低。感知趣味性对行为态度的影响最大，表明发表在线评论带给用户的乐趣越多，用户越愿意去发表在线评论。电商平台网站的界面、互动体验等技术层面的设计极大地影响了消费者生成在线评论的动机，运营商需从界面设计、使用流畅等角度改善系统功能，不断完善网站和平台的各项功能。

优化电商平台，可以从“路径”和“内容”两方面进行设计。从评论“路径”上看，购物网站可通过简化消费者发布商品评论的路径操作来优化平台的设计，例如可在消费者点击“确认收货”按钮后，就直接跳转到评论页面让其进行商品评论，这样可大大节省消费者单独查找“评论”按钮的时间及精力；而没有“确认收货”环节的购物网站，则可将消费者未作出评论的购物记录列在首页较为醒目的位置，让消费者一打开界面就很容易发现。从评论“内容”上看，购物网站可通过简化评论内容的输入过程实现平台设计的优化，例如可减少或取消对于评论字数的限制；设置评论内容模板或关键词提示供消费者参考，以节约其思考及组织语言所需花费的时间和精力。

3. 利用社群影响提升用户活跃度

社群影响(SI)对感知趣味性(PF)和传播习惯(HA)的影响均达到了显著性的正向影响,其路径系数分别为0.512和1.092,表明用户工作和生活所在的群体对他(她)的影响越大,其对使用在线评论系统越感兴趣,在线评论也越会成为一种习惯。移动商务环境下,消费者通过社会交往而获得享乐动机间接影响消费者发表在线评论,用户基于个人兴趣爱好和满足内在好奇心等因素发表在线评论。因此,电商平台和运营商在产品设计、开发过程中应注重满足用户交流互动需求,以此提升用户享乐体验、增强用户生成内容动机以达到提升用户活跃度的目的。

在淘宝平台,店家可以建立消费者的群如某产品VIP尊享群,每个群最多容纳的消费者大概是500人,活跃在群里的消费者可以通过每天打卡随机获取淘金币、店铺优惠券、平台通用红包等。比如某店家规定5枚淘宝币可以兑换店铺优惠券或红包等其他奖品。在盒马鲜生平台专门建立了所有消费者的盒区生活,在盒区生活群里的消费者大概有700人,盒区生活的群管理员除了不停发送每天的特价优惠商品以外,还会不定期提供优惠券。这些都是各大平台利用社群影响提升用户的活跃度的举措,但这些群里到底有多少是真正的活跃性消费者,还有多少消费者从来都没参与过任何活动呢,毕竟从一个平台辗转到另一个平台每天打卡或浏览群消息也需要很多时间,哪些消费者群体会有时间参与各个平台活动,这也是商家或平台未来要着力要关注和改善的,将社群里一些沉默的消费者尽可能转化为活跃的消费者。

4. 利用大数据进行用户精准服务

在本书第七章中提到目前关于用户画像的已有研究有单个用户和群体用户两类研究对象,基于此针对用户的精准服务可以是对单个用户也可以是群体用户,电商企业或平台可以根据用户的兴趣和偏好进行个性化推荐,也可以是某场景下特定的用户群体,对具有相似用户特征的用户进行聚类后提炼用户标签,对群体用户提供有针对性的精准营销。有些企业或平台目前已经开始了这方面的推送服务,很多手机用户发现在某个平台搜索了某个产品后,会在其他平台收到关于此产品的广告或推送。这是因为在大数据时代,消费者在网络上的行为被充分地记录下来,用户画像作为大数据环境下的用户描述工具,凭借其用户描述与建模上的优势,在电子商务领域被广泛应用。本书围绕电子商务领域中经常关注的用户购买习惯、购买行为、兴趣爱好、社交态度等特征,给出了在该领域构建用户画像的思路，并从用户购买习惯这一维度出发，然后通过贴标签构建用户画像，对用户价值进行区分以帮助电商主体精细化定位人群特征，挖掘潜在用户群体的实例。用户画像现已不仅仅停留于电商领域，各领域都有涉及并需要构建用户画像，只是根据业务需求侧重点有所不同。各行业正不断完善用户画像的内容和应用，更好地利用数据服务用户和业务发展。

5. 提高消费者使用在线反馈系统的愉悦度

从第六章已有研究结果来看，感知趣味性（PF）对行为态度（BA）的路径系数达到了 0.644，P 值达到了显著性水平，说明消费者在使用在线评论系统时感知到娱乐的趣味性对其参与在线评论起到了很最重要的决定性因素。因此，在线评论系统的设计者们应该增加一些新的特征来提高消费者们的这种愉悦感，使消费者因为想去享受这种愉悦感而主动发表在线评论。如系统设计者们可以开发一个子系统来反映关于每一个产品的评价需求，允许消费者提出关于他们想购买的产品的一些问题，这样，看到此需求的消费者容易感觉到自己的知识非常有用，从而产生一种满足感，其在回答此问题时更容易获得愉悦感，也就更容易参与到产品评价中来。同时，允许发出信息的需求者对回答打分，这样，消费者参与的积极性会得到提高，也就能获得更多的产品评价或者评论。目前淘宝平台宝贝页面除了有宝贝评价、买家秀外，在该页面还有“问大家”这个界面，但这个系统的消费者的参与度并不高，某商品月销 1 571 件，总评价数是 1 813 次，买家秀的参与人数只有 25 次，问大家的参与人数也只有 25 次。京东商城小米品牌旗下某件商品的评价总人次达 157 万多，参与“问答”这个功能的人数也仅仅只有 1 961 条，与评价人次相比较，这个参与度还是略低了，说明消费者之间的这种互动系统还有待改进，提高消费者之间的这种互动频率，在线评论系统设计者可以有针对性地对现有系统改进以强化参与评论或问答的愉悦感，有利于提高在线评论和问答环节的参与度，也有利于潜在消费者转化为购买者。

本书基于移动互联网环境对在线评论信息生成的动机进行了相关研究，由于本书没有对商务平台、商品和服务进行分类调查且调查对象人数有限，因此今后将深入研究，进一步扩大问卷调查对象的范围，对各种社会化商务平台进行分类，并考量消费的动机因素，以提出更加完善的模型以及更有针对性的对策。

8.3 主要研究贡献

从理论角度，本书在对在线评论信息资源的分布规律进行探讨的基础上，结合动机理论、沉浸理论、社会认知理论、社会交换理论和技术接受理论，从系统认知(SC)、社群影响(SI)、激励条件(FC)、感知成本(PC)、感知风险(PR)、感知趣味性(PF)、传播习惯(HA)、行为态度(BA)、行为意向(BI)多个维度考察影响消费者在线评论的主要动因，并提出激励策略，这些研究得出的结论一定程度上丰富了在线评论信息生成的动力机制的理论研究。

从实践角度，对于消费者个体、电商企业、互联网监管部门等都有较大的影响和意义。对消费者个体而言，动力机制的研究有助于商家更好地开展相关的信息推送服务、协同过滤、个性化定制等业务，设计激励机制也能在很大程度上提升消费者个体的满足感和体验感。对电商企业而言，电子商务的经营机构可以在本研究的基础上，依据各自的企业特点，系统引进或选用各部分研究的成果，结合实践，开发出在线评论质量测评系统、在线评论平台综合管理评价系统、在线评论用户动态跟踪系统等。对互联网监管部门而言，在线评论的动力机制研究结论对形成良性互动的互联网发展环境来说具有一定的参考价值。实践上，本课题的研究成果是对传统购物方式的有效扩充，本研究的结论对消费者、电商平台、电商监管部门的活动具有极其重要的借鉴作用，对促进我国网络购物的发展具有极其重要的实践意义。

8.4 研究局限及展望

8.4.1 研究局限

本书致力于探究消费者发表在线评论的动机因素，但由于研究条件、研究者知识积累和时间、学术水平等多方面的限制，本书在以下几个方面存在着一定的局限。

(1) 在样本数量方面，样本量不够大，样本选取范围不够广泛，年龄和性别分布都不够均衡，从已有访谈和调查看，有些 50 岁以上的男性从不网购更不会发表在线评论。论文采用 233 份样本来验证假设模型，虽然符合稳定的结构方程模型需要的大于 200 的样本量，但是这个总量还是有些少。另外，由于调查资源有限，样本量没有覆盖到全国范围内，大部分被调查对象替换来自江苏省。再有，性别也不太平衡，客观来说女性网购比例远远大于男性，女性消费者也更愿意发表在线评论，但是样本分布的不均衡会影响群组分析的结果。

(2) 在模型的构建方面，本书在理论模型中用行为意向代替实际行为作为因变量是本研究的一个局限，主要原因在于我们的调查对象并不都是曾经发表过在线评论，只要有网络购物行为的都纳入我们的调查对象范畴，因此对于没有发表过在线评论的消费者，其行为意向和实际行为之间也许还存在一定的差距，即有意向发表在线评论并不一定会有实际行为发生，也许暂时不会有，但未来不确定的某个时间会有。从已有的调研和访谈来看，有部分消费者从来不考虑发表在线评论，即便遇到商品或体验的问题，也是通过与客服沟通的方式予以解决。为了使问卷调查具备便捷性和可行性，本研究以行为意向代替实际行为作为模型的因变量。虽然 TPB 理论指出，用户的行为意向越强，个人将会越努力去实现其行为，但在信息技术领域，行为意向和行为结果之间的相关系数在 0.5 左右。其次，经典的信息技术接受理论模型 UTAUT 证明了用户的性别、年龄、经验和自愿性对用户的接受行为产生调节作用，受制于研究内容的复杂和时间、精力的有限性，本研究并没有将调节变量纳入研究范围。

(3) 在研究方法上，本书的主要研究方法局限于文献调研法、访谈法、问卷调查法，消费者个体的心理活动存在很大差异性，应多运用个案法、模拟实验法、眼动实验法等进一步深入研究消费者参与在线评论的动机因素，如在线评论行为特点，评论数量、评论质量、评论深度等，从信息发送端研究在线评论动机还需做大量深入细致的探讨与研究。

(4) 基于用户画像的研究，仍然不太全面。本书基于用户画像的策略研究仅仅基于淘宝平台的评论用户类型来进行细分，但刻画用户的评论偏好还需更多的相关特征，由于研究能力和获取的资源有限，对用户画像的刻画缺乏全面性。虽然现有方法可以实现用户属性、用户行为特征的描述与表示，但在实际研究中，规模庞大和质量参差不齐的海量数据对用户画像的研究方法提出了更高的要求，如何更好地利用这些方法成为解决此类用户画像研究问题亟须关注的问题。此外，对于一些不易获取数据的研究，数据源可能存在总量相对较小、数据质量不高的问题，针对此类研究，在研究方法的选择上更应该考虑数据挖掘等研究方法的合理性和适用性。

8.4.2 研究展望

消费者参与在线评论的动机因素是一个相当复杂的问题，本书没有也不可能解决所有问题。因此，需要有更多的致力于用户行为研究的学者继续开展相关研究工作。本研究认为可从以下几个方面开展后续工作。

1. 扩大样本量，细化评论类型

拓宽问卷调研研究范围，样本量的覆盖范围尽量扩展到全国各地，在性别分布上尽量做到男女均衡，在年龄分布上尽量做到每个年龄段人数均衡。另外，不同电商平台的评论系统也有差异，不同电商平台的测试系统的易用性不同，对消费者参与在线评论的动因也会有不同影响。

2. 考察消费者持续参与在线评论行为

在电商平台的运营过程中，消费者持续参与在线评论是平台保持黏性并最终成功的关键驱动力，只有消费者的持续参与，在线评论才可能得到长远发展。因此，待客观条件许可后，应该对消费者的持续参与行为进行深入研究。在信息技术用户的持续参与研究方面，期望确认理论（Expectation Confirmation Theory, ECT）是最为经典的理论，该理论突破了 TAM 等模型的局限，真正关注用户在接受信息技术后的行为，近年来在用户持续参与评论方面得到了广泛应用。今后在考察消费者的追加评论行为可以以 ECT 模型为基础，并进行适当的调整。

3. 寻求更多研究方法去挖掘动因

本书利用技术接受模型，研究了外部变量如系统认知、社群影响、激励措施对消费者参与在线评论的影响，同时考量了消费者自身的感知风险、感知成本、感知趣味性、传播习惯对消费者参与在线评论的影响，但是，评论动因还有很多种，比如寻求他人帮助的动因。在未来的研究中，可以针对这些本书尚未提到的动因，用实验研究法实际模拟电商平台购物环境，利用眼动实验来观察消费者购物时浏览在线评论，同时在脑部形成思考的过程，找到与之对应的用户行为数据进行研究。也可以从评论内容入手，从评论文本中进一步抽取与这些动因相关的内容，以此发掘这些动因。

4. 更有针对性地刻画用户的画像

刻画用户的评论偏好还需更多的相关特征，或者用户的全部历史评论数据。电商平台拥有丰富的此类数据，但是，由于电商平台的隐私保护，我们无法直接获取相关的数据。通过数据融合与提升，构建更加多元、精准的用户画像。在现有用户画像研究中，数据获取渠道和数据类型具有多样性，数据获取渠道包括商业数据、网络数据、平台数据等，数据类型包括用户属性数据、用户行为轨迹、用户生成内容等；获取方式除了问卷调查法，更多的是利用网络采集技术或直接从系统后台获取，研究数据逐渐呈现出实时性、动态性等特征。在数据获取渠道和方式多元的情境下，同类数据呈现出获取渠道、格式、属性不一致的特征，学者需要将不同数据源、不同类型的数据进行整合之后，再利用合适的技术方法提取特征构建用户画像。后续的研究如果有机会获得更多的此类数据，也可以进一步探索。

参考文献

英文部分

[1] Chatterjee P. Online reviews：do consumers use them? [J]. Advances in Consumer Research，2001(28)：129－133.

[2] Hovland C I. Proceedings of the American Philosophical Society [J]. Social communication，1948：371－375.

[3] Bansal H S，Voyer P A. Word-of-mouth processes within a services purchase decision context [J]. Journal of service research，2000，3(2)：166－177.

[4] Brucks M. The effects of product class knowledge on information search behavior [J]. Journal of consumer research，1985：1－16.

[5] Garbarino E，Strahilevitz M. Gender differences in the perceived risk of buying online and the effects of receiving a site recommendation [J]. Journal of Business Research，2004，57(7)：768－775.

[6] McKinney V，Yoon K，Zahedi F M. The measurement of web-customer satisfaction：an expectation and disconfirmation approach [J]. Information systems research，2002，13(3)：296－315.

[7] Mudambi S M，Schuff D. What makes a helpful online review? A study of customer reviews on Amazon. com [J]. MIS quarterly，2010，34(1)：185－200.

[8] Chen Y B，Xie J H. Online consumer review：Word-of-mouth as a news element of marketing communication mix [J]. Management Science，2008，54(3)：477－491.

[9] Jiang Z H，Benbasat I. Virtual product experience：Effects of visual and functional control of products on perceived diagnosticity and flow in electronic shopping [J]. Journal of Management Information Systems，

2005, 21(3): 111 - 147.

[10] Hennig-Thurau T, Walsh G. Electronic word-of-mouth: Motives for and consequences of reading customer articulations on the Internet [J]. International Journal of Electronic Commerce, 2003, 8(2): 51 - 74.

[11] Hicks A,Comp S, Horovitz Jeannie, et al. Why people use Yelp. com: An exploration of uses and gratifications [J]. Computers In Human Behavior, 2012, 28(6): 2274 - 2279.

[12] Cheung C M K, Thadani D R. The impact of electronic word-of-mouth communication: A literature analysis and integrative model [J]. Decision Support Systems, 2012,54(1): 461 - 470.

[13] Yoo C W, Sanders G. L, Moon J. Exploring the effect of e-WOM participation on e-Loyalty in e-commerce [J]. Decision Support Systems, 2013, 55(3): 669 - 678.

[14] Dahlgren E, Leung T. An optimal multiple stopping approach to infrastructure investment decisions [J]. Journal of Economic Dynamics & Control, 2015, 53(4): 251 - 267.

[15] Zhang J Q, Li L Q, Qian Y . A Study of Online Review Promptness in a B2C System [J]. Discrete Dynamics In Nature And Society, 2016, 6: 1 - 10.

[16] McIntyre S H, McQuarrie E F, Shanmugam R. How online reviews create social network value: the role of feedback versus individual motivation [J]. Journal of Strategic Marketing, 2016, 24 (3 - 4): 295 - 310.

[17] Hwang J Y, Park S, Woo M. Understanding user experiences of online travel review websites for hotel booking behaviours: an investigation of a dual motivation theory [J]. Asia Pacific Journal of Tourism Research, 2018, 23(4): 359 - 372.

[18] Ajzen I. The theory of planned behavior [J]. Organizational Behavior and Human Decision Processes, 1991, 50(2): 179 - 211.

[19] Lin C S, Wu S, Tsai R J. Integrating perceived playfulness into expectation-confirmation model for web portal context [J]. Information & Management, 2005, 42(5): 683 - 693.

[20] Hsu C L, Chang, K Ch, Chen M C. The impact of website quality on customer satisfaction and purchase intention: perceived playfulness and perceived flow as mediators [J]. Information Systems And E-Business Management, 2012, 10(4): 549 - 570.

[21] Yeh R C, Lin Y C, Tseng K H. Why Do People Stick to Play Social Network Sites? An Extension of Expectation-Confirmation Model with Perceived Interpersonal Values and Playfulness Perspectives [J]. Studies in Computational Intelligence, 2013, 457: 37 - 46.

[22] Ajzen I. Residual effects of past on later behaviors: habituation and reasoned action perspectives [J]. Personality and Social Psychology Review, 2002, 6(2): 107 - 122.

[23] Venkatesh V, Morris M G, Davis G B, et al. User acceptance of information technology: Toward a unified view [J]. MIS Quarterly, 2003, 27(3): 425 - 478.

[24] Fornell C, Larcker D F. Evaluation structural equation models with unobservable variables and measurement error [J]. Journal of Marketing Research, 1981, 18(1): 39 - 50.

中文部分

[1] 中国互联网络信息中心. 第 44 次中国互联网络发展状况统计报告[EB/OL]. http://www.cnnic.net.cn/hlwfzyj/hlwxzbg/hlwtjbg/201908/t20190830_70800.htm,2019 - 08 - 30.

[2] 赵宇翔,朱庆华. Web2.0 环境下影响用户生成内容动因的实证研究:以土豆网为例[J]. 情报学报,2010,(3):449 - 459.

[3] 赵宇翔,朱庆华. Web2.0 环境下影响用户生成内容的主要动因研究[J]. 中国图书馆学报,2009,(5):107 - 116.

[4] 邵兵家,马蓉,张晓燕,等. 消费者在线产品评价参与意向影响因素的实证研究[J]. 情报杂志,2010,29(12):185 - 189.

[5] 张丽. 在线评论的客户参与动机与评论有效性研究[D]. 天津:南开大学,2011.

[6] 尹敬刚,李晶,魏登柏. 移动互联网环境下发表评论意愿的影响因素研究:一

个整合模型的视角[J]. 图书情报工作,2012,56(2):135 - 141.

[7] 孟健,姜燕. 社会化商务环境下用户生成内容的动机研究:以“大众点评网”为例[J]. 现代情报,2015,35(11):31 - 37.

[8] 张蓓佳. 网络购物环境下消费者发布在线评论的动力机制研究:基于社会认知理论的视角[J]. 吉林工商学院学报,2016,32(5):41 - 44.

[9] 王彩云. 消费者在线评论动机对评论有用性的影响研究[D]. 天津:天津大学,2016.

[10] 张辉,徐晓林. 博客评论行为动机因素实证研究[J]. 情报杂志,2013,(11):107 - 109,201.

[11] 柳瑶,郎宇洁,李凌. 微博用户生成内容的动机研究[J]. 图书情报工作,2013,(10):51 - 57.

[12] 袁顺波. 科研人员采纳自存储的影响因素研究[J]. 图书情报知识,2014(2):72 - 83.

[13] 胡庆平,曾剑秋. 移动新闻客户端用户采纳影响因素研究[J]. 云南财经大学学报,2015,31(4):147 - 151.

[14] 代宝,刘业政. 基于技术接受模型和感知流行性的 SNS 使用意愿研究[J]. 科技进步与对策,2012,29(24):47 - 51.

[15] 谢起慧,彭宗超. 基于 TAM 的政务微博与政务微信危机沟通机制比较研究[J]. 情报杂志,2017,36(5):100,106 - 112.

[16] 黄柏淅,朱小栋. 移动社交类 APP 用户持续使用意愿的影响因素研究[J]. 现代情报,2016,36(12):57 - 64.

[17] 张亚明,郑莉,刘海鸥. 移动阅读 APP 用户采纳行为实证研究[J]. 图书馆理论与实践,2018(2):97 - 100,107.

[18] 宋世俊,晏华,王浩先. 我国移动图书馆高校用户接受行为影响因素 Meta 分析[J]. 图书情报工作,2019,63(10):56 - 67.

[19] 王法硕,丁海恩. 移动政务公众持续使用意愿研究:以政务服务 APP 为例[J]. 电子政务,2019(12):65 - 74.

[20] 张建. 消费者在线评论意愿的影响因素研究[D]. 济南:山东大学,2014.

[21] 井淼,周颖. 基于 TAM 模型和感知风险的消费者网上购买行为研究[J]. 上海管理科学,2005(5):5 - 7.

[22] 马费成,裴雷. 网络信息资源的分布规律[J]. 情报科学,2003(11):1121 - 1124,1169.

[23] 王宇灿,袁勤俭. 消费者在线评价参与意愿影响因素研究:以体验型商品为例[J]. 现代情报,2014,34(10):166-173.

[24] 朱红灿,李建,胡新,等. 感知整合和感知过载对公众政务新媒体持续使用意愿的影响研究[J]. 现代情报,2019,39(11):137-145.

[25] 雷霄霄. 在线评论对SUV汽车销量影响的实证研究[D]. 北京:北京交通大学,2018.

[26] 孙茜甜. 在线评论内容特征及其效价的感知有用性研究[D]. 济南:山东大学,2018.

[27] 王少兵,吴升. 采用在线评论的景点个性化推荐[J]. 华侨大学学报(自然科学版),2018,39(3):467-472.

[28] 聂伟,田娟娟. 在线评论对消费者购买意愿影响的实证研究[J]. 技术与创新管理,2017(5):502-506

[29] 张贵林. 互联网商品评论信息的情感分析研究[D]. 南京:东南大学. 2016.

[30] 金立印. 网络口碑信息对消费者购买决策的影响:一个实验研究[J]. 经济管理,2007,29(22):36-42.

[31] 侯月红. 图文在线评论质量对消费者购买意愿影响研究[J]. 农村经济与科技,2019(4):59,61.

[32] 张欢欢. 在线评论类型对消费者网购意愿的影响机制研究[D]. 青岛:青岛大学,2018.

[33] 周之昂. 在线评论语言风格对消费者购买意愿的影响[D]. 广州:广东财经大学,2018.

[34] 姚柏延. 在线评论的动因:用户特征与用户评论行为关系研究[D]. 成都:电子科技大学,2018.

[35] 孙琳. 在线评论中产品属性识别及其应用研究[D]. 武汉:武汉理工大学,2018.

[36] 徐世莹. 在线评论质量特征对经济型酒店线上首购意愿影响研究[D]. 长春:吉林大学,2018.

[37] 孟添. 在线评论对零食消费者购买意愿的影响研究[D]. 长春:吉林大学,2018.

[38] 冀经纬. 在线评论影响图书销量的实证研究[D]. 北京:中国地质大学,2018.

[39] 李香娟. 在线评论对消费者购买决策的影响研究[D]. 北京:中国地质大

学,2018.

[40] 汪蒙. 在线评论对酒店顾客购买意愿的影响研究[D]. 重庆:重庆交通大学,2018.

[41] 严仲培,陆文星,束柬,等. 面向旅游在线评论情感词典构建方法[J]. 计算机应用研究,2019,36(6):1660-1664.

[42] 陈佳. 在线评论对消费者态度演化和购买行为的影响研究[D]. 成都:电子科技大学,2018.

[43] 严仲培. 面向旅游在线评论的文本挖掘方法研究[D]. 合肥:合肥工业大学,2018.

[44] 崔梦焱. 消费者购买决策过程中在线评论的影响研究[D]. 杭州:浙江大学,2018.

[45] 曹书芳. 面向在线评论口碑舆情观点挖掘的产品领域本体构建研究[D]. 镇江:江苏大学,2018.

[46] 张育涵. 在线评论演化模式的实证分析与建模[D]. 北京:北京邮电大学,2018.

[47] 张绮. 在线评论矛盾性对消费者矛盾态度和购买意愿的影响研究[D]. 北京:北京邮电大学,2018.

[48] 张艳芳. 在线评论文本和评级的不一致性及商家反馈对商品销量的影响研究[D]. 北京:北京邮电大学,2018.

[49] 杨伊态. 在线评论细粒度属性情感分类模型研究[D]. 武汉:武汉纺织大学,2018.

[50] 李丹丹. 面向在线评论的情感信息分类与挖掘[D]. 杭州:浙江理工大学,2018.

[51] 李永海. 一种使用在线评论信息的商品购买决策分析方法[J]. 运筹与管理,2018,27(2):32-37.

[52] 孙克琳,张心悦,林滓夏,等. 电子商务中在线评论对商品销售的影响:以当当网自营图书为例[J]. 电子商务,2018(2):33-34.

[53] 陈火全. 在线评论对商家业绩影响研究[J]. 中州大学学报,2017,34(6):44-51.

[54] 汪祖柱,谢悦芸. 在线评论视角下 App 服务的用户满意度分析[J]. 成都工业学院学报,2017,20(4):21-26.

[55] 马丹丹. 在线评论对消费者汽车购买行为的影响研究[D]. 大连:东北财经

大学,2017.
[56] 曹高辉,虞松涛,张煜轩,等. 消费者持续参与在线评论意愿实证研究[J]. 管理评论,2017,29(11):148-158.
[57] 李曼丽. 在线评论对年轻女性服装消费者购买意向的影响研究[D]. 北京:北京服装学院,2018.
[58] 李聪. 网购差评中愤怒和悲伤情绪对感知在线评论有用性的影响[D]. 大连:东北财经大学,2017.
[59] 闵庆飞,覃亮,张克亮. 影响在线评论有用性的因素研究[J]. 管理评论,2017,29(10):95-107.
[60] 王伟,王洪伟,盛小宝. 中文在线评论的产品特征与观点识别:跨领域的比较研究[J]. 管理工程学报,2017,31(4):52-62.
[61] 朱振涛,李娜,陈星光,等. 在线评论信息越完备越有用? [J]. 辽东学院学报(社会科学版),2017,19(5):55-63.
[62] 王莹. 在线评论中评分与文本不一致对消费者态度和购买意愿的影响研究[D]. 大连:东北财经大学,2017.
[63] 刘思琦. 在线评论的抽象性对消费者态度矛盾性改变的影响研究[D]. 大连:东北财经大学,2017.
[64] 邱均平. 信息计量学(六):第六讲・文献信息作者分布规律[J]. 情报理论与实践,2000(6):475-478.
[65] 张补宏,周旋,广新菊. 国内外旅游在线评论研究综述[J]. 地理与地理信息科学,2017,33(5):119-126.
[66] 张鑫,朱振中. 在线评论有用性影响因素研究综述[J]. 商业经济研究,2017(17):82-84.
[67] 李启庚,赵晓虹,何耀宇. 在线评论信息感知有用性影响因素实证研究:以服务型产品为例[J]. 情报理论与实践,2017,40(8):92,122-125.
[68] 刘丽娜,齐佳音,齐宏伟,等. 在线评论中离散情感的分布研究[J]. 情报科学,2017,35(8):121-128.
[69] 陶晓波,张欣瑞,杨建坤,等. 在线评论、感知有用性与新产品扩散的关系研究[J]. 中国软科学,2017(7):162-171.
[70] 李启庚,赵晓虹,余明阳. 在线评论信息结构与消费者调节聚焦对评论感知有用性的影响研究[J]. 上海交通大学学报(哲学社会科学版),2017,25(4):87-96.

[71] 汪旭晖,张其林.在线评论如何影响多渠道零售商品牌权益?[J].经济管理,2017,39(6):129-146.

[72] 徐慧,康丽.在线评论研究现状综述及未来展望[J].中国市场,2017(16):14-15.

[73] 林洁,王平春.电子商务贸易中在线评论有用性影响因素研究[J].商业经济研究,2017(10):73-75.

[74] 岳大川.在线评论对市场竞争替代品销量的影响研究[D].哈尔滨:哈尔滨工业大学,2017.

[75] 王维娜.面向中文在线评论意见的挖掘算法研究及应用[D].西安:西安科技大学,2017.

[76] 周淑玲.在线评论的动态变化对消费者购买意愿影响的研究[D].长春:吉林大学,2017.

[77] 梁楷晶.中文在线评论情感关联数据的构建研究[D].太原:山西大学,2017.

[78] 王月斌.在线评论对体验式旅游消费者决策的影响研究[D].南昌:江西财经大学,2017.

[79] 刘洁.在线评论有用性的影响因素研究[D].北京:首都经济贸易大学,2017.

[80] 刘涛.基于特征的中文在线评论观点挖掘系统的研究与实现[D].南京:东南大学,2017.

[81] 祖旭,余伟萍,孙阳波.产品类别与消费者异质性对在线评论意愿影响研究:在线评论与消费体验的比较情景[J].南大商学评论,2017,14(1):168-183.

[82] 刘玲玉.在线评论对酒店开放式创新的作用机理研究[D].济南:山东大学,2017.

[83] 张柳影.面向在线评论的汉语意见解释分类方法研究[D].哈尔滨:黑龙江大学,2017.

[84] 张淑容.国产电影票房收入和在线评论的实证研究[D].济南:山东大学,2017.

[85] 成亚飞.餐饮团购在线评论对产品销量影响研究[D].济南:山东大学,2017.

[86] 张心悦,孙克琳,林夏,等.在线评论对商品销售的影响的实证研究[J].电

子商务,2017(7):51-52.
[87] 张光健.追加在线评论对消费者网络购买行为影响研究[D].合肥:安徽农业大学,2017.
[88] 杨雪.在线评论对消费者品牌信任的影响研究[D].徐州:中国矿业大学,2017.
[89] 翟倩.在线评论有用性排序模型研究[D].长春:吉林大学,2017.
[90] 鞠天骄.在线评论对移动应用下载影响的实证研究[D].长春:吉林大学,2017.
[91] 丁素云.大数据环境下在线评论对消费者行为的影响研究[D].秦皇岛:燕山大学,2017.
[92] 李玉玉.在线评论对网络产品销量的影响研究[D].重庆:重庆大学,2017.
[93] 龙瑾.在线评论异类知识管理研究[D].武汉:武汉纺织大学,2017.
[94] 陶易.在线评论有用性影响因素的实证研究[D].哈尔滨:黑龙江大学,2018.
[95] 向春燕.在线评论有用性评估研究[D].昆明:昆明理工大学,2017.
[96] 王新星.电商环境下在线评论对消费者选择物流商的影响机理研究[D].昆明:昆明理工大学,2017.
[97] 韩金波.面向在线评论的关键词抽取和知识关联研究[D].大连:大连理工大学,2017.
[98] 王宁,宋嘉莹,杨学成.C2C电商平台中在线评论偏离真实性的诱因及应对策略[J].软科学,2017,31(4):100-103.
[99] 史文彬.在线评论对消费者购买意愿影响研究[D].成都:西南交通大学,2017.
[100] 王亚茹.在线评论对消费者购买意愿影响研究综述[J].产业与科技论坛,2017,16(3):104-105.
[101] 刘宪立,赵昆.在线评论有用性关键影响因素识别研究[J].现代情报,2017,37(1):94-99,105.
[102] 刘俊清.在线评论对网络消费者购买意愿的影响研究[J].内蒙古财经大学学报,2016,14(6):30-35.
[103] 岳子静,章成志,周清清.利用在线评论挖掘用户饮食偏好:以北京地区为例[J].图书馆论坛,2017,37(3):108-115.
[104] 劳鑫.在线评论对商品销售的影响研究[D].北京:北京邮电大学,2017.

[105] 刘俊清,汤定娜.在线评论、顾客信任与消费者购买意愿关系研究[J].价格理论与实践,2016(12):200-203.

[106] 胡龙茂.中文在线评论的用户性别判定研究[J].通化师范学院学报,2016,37(12):69-72.

[107] 牛更枫,李根强,耿协鑫,等.在线评论数量和质量对网络购物意愿的影响:认知需要的调节作用[J].心理科学,2016,39(6):1454-1459.

[108] 张睿,于陶静.在线评论特征对消费者购买决策的影响[J].科技与管理,2016,18(6):93-98.

[109] 张艳辉,李宗伟.在线评论有用性的影响因素研究:基于产品类型的调节效应[J].管理评论,2016,28(10):123-132.

[110] 高松,王洪伟,冯罡,等.面向在线评论的比较观点挖掘研究综述[J].现代图书情报技术,2016(10):1-12.

[111] 邱均平.信息计量学(四):第四讲·文献信息离散分布规律[J].情报理论与实践,2000(4):314-315,316-320.

[112] 第十九届全国心理学学术会议摘要集[C].中国心理学会,2016.

[113] 宋之杰,李永超,石蕊.在线评论对消费者购买决策影响的眼动追踪实验研究[J].商业研究,2016(10):164-170,192.

[114] 马岑.在线评论对消费者购买意向的影响研究[D].北京:对外经济贸易大学,2016.

[115] 刘通,张聪,吴鸣远.在线评论中基于边界平均信息熵的产品特征提取算法[J].系统工程理论与实践,2016,36(9):2416-2423.

[116] 王智生,李慧颖,孙锐.在线评论有用性投票的影响因素研究:基于商品类型的调节作用[J].管理评论,2016,28(7):143-153.

[117] 任娟.大数据背景下在线评论在图书销售中的策略分析[J].编辑学刊,2016(4):42-46.

[118] 秦成磊,魏晓.中文在线评论中的商品特征聚类研究[J].计算机应用与软件,2016,33(7):64-67.

[119] 林瑛.在线评论倾向与消费者购买的关系[D].重庆:重庆邮电大学,2016.

[120] 付海红.不同产品类型下在线评论对销量的影响研究[D].桂林:广西师范大学,2016.

[121] 李泽华.酒店先期在线评论对后续评论影响的调节变量研究[D].哈尔滨:哈尔滨工业大学,2016.

[122] 陈超宇. 在线评论对消费者购买决策的影响研究[D]. 西安:陕西师范大学,2016.

[123] 石朝辉. 在线评论对网络消费群体购买意愿的影响研究[D]. 湘潭:湘潭大学,2016.

[124] 闵曙辉(Jesse MIN). 在线评论对酒店消费者购买决策行为的影响研究[D]. 南京:南京师范大学,2016.

[125] 李琪,阮燕雅. 在线评论认真书写的激励机制:以优惠券为例[J]. 系统管理学报,2016,25(3):477-483.

[126] 杨建坤. 在线评论对新产品扩散的影响机理研究[D]. 北京:北方工业大学,2016.

[127] 虢卓妍. 在线评论对外国旅游者决策的影响研究[D]. 长沙:中南林业科技大学,2016.

[128] 王灵巧. 在线评论对大学生购买意愿影响研究[D]. 合肥:安徽大学,2016.

[129] 王知津,李博雅. 近五年我国情报学研究热点动态变化分析:基于布拉德福定律分区理论[J]. 情报资料工作,2016(3):34-40.

[130] 刘静兰. 在线评论对消费者购买意向影响的实证研究[D]. 天津:天津财经大学,2016.

[131] 王军,丁丹丹. 在线评论有用性与时间距离和社会距离关系的研究[J]. 情报理论与实践,2016,39(2):73-77,81.

[132] 房文敏,张宁,韩雁雁. 在线评论信息挖掘研究综述[J]. 信息资源管理学报,2016,6(1):4-11.

[133] 尹裴,王洪伟. 面向产品特征的中文在线评论情感分类:以本体建模为方法[J]. 系统管理学报,2016,25(1):103-114.

[134] 王绮,郑晓涛. 在线评论的生动效应和商户再反馈对消费者购买意愿的影响:以经济型酒店为调查样本[J]. 湖南师范大学社会科学学报,2016,45(1):105-113.

[135] 朱雅萌. 在线评论有用性的影响因素研究[D]. 北京:北京邮电大学,2016.

[136] 韩科伦,范英杰,郭昕,等. 在线评论的情感倾向对不同类型产品销量的影响研究[J]. 管理观察,2015(36):69-71,77.

[137] 胡志海,赵丹丹,张义. 在线评论对商品销售影响的实证研究[J]. 重庆工商大学学报(自然科学版),2015,32(12):52-55.

[138] 王洪伟,蒋文瑛,高松,等. 面向竞争力分析的中文在线评论的比较观点识

别:以餐饮业为例[J]. 情报学报,2015,34(12):1259－1269.
[139] 郭顺利,张向先,李中梅. 面向用户信息需求的移动O2O在线评论有用性排序模型研究:以美团为例[J]. 图书情报工作,2015,59(23):85－93.
[140] 张小娟. 在线评论情感倾向对顾客购买意愿的影响研究[D]. 上海:上海工程技术大学,2016.
[141] 邬溪羽. 在线评论文本特征对电子类产品销量的影响机制:产品特性的调节作用[D]. 浙江大学,2016.
[142] 汪勇慧. 在线评论研究的知识图谱分析[J]. 情报探索,2015(11):127－132.
[143] 黄盼盼. 在线评论不一致对混合情绪和消费者购买意愿的影响研究[D]. 大连:东北财经大学,2016.
[144] 李琪,梁妮. 在线评论中产品评论和服务评论的感知有用性差异研究[J]. 软科学,2015,29(10):106－109,114.
[145] 莫赞,李燕飞. 在线评论对消费者购买行为的影响研究:消费者学习视角[J]. 现代情报,2015,35(9):3－7.
[146] 刘志明. 跨文化视角下在线评论有用性研究:基于说服双过程模型[J]. 江汉学术,2015,34(4):76－85.
[147] 栾攀. 在线评论有用性实证研究[D]. 青岛:青岛大学,2015.
[148] 陈茜. 在线评论对消费者购买意愿的影响研究[D]. 沈阳:东北大学,2015.
[149] 王慧. B2C环境下在线评论对农产品销量的影响研究[D]. 湘潭:湖南科技大学,2015.
[150] 王墨涵. 开放式在线评论对消费者购买决策的影响研究[D]. 哈尔滨:哈尔滨工业大学,2015.
[151] 吴含前,朱云杰,谢珏. 基于逻辑回归的中文在线评论有效性检测模型[J]. 东南大学学报(自然科学版),2015,45(3):433－437.
[152] 王伟,王洪伟. 特征观点对购买意愿的影响:在线评论的情感分析方法[J]. 系统工程理论与实践,2016,36(1):63－76.
[153] 岳中刚,王晓亚. 在线评论与消费者行为的研究进展与趋势展望[J]. 软科学,2015,29(6):90－93.
[154] 殷文玲. 在线评论有用性影响因素的研究[D]. 天津:天津财经大学,2015.
[155] 陈漫,张新国,王峰. 在线评论中的属性不一致性对产品销售的影响[J]. 华东经济管理,2015,29(5):147－153.

[156] 耿协鑫.在线评论特征对大学生购买意愿的影响:有中介的调节模型[D].武汉:华中师范大学,2015.

[157] 晏芳.在线评论对消费者行为意向的影响研究[D].北京:中国农业大学,2015.

[158] 侯萍.在线评论视角下面向青年顾客的营销策略探讨[J].商业经济研究,2015(12):69-71.

[159] 江晓东.什么样的产品评论最有用?[J].外国经济与管理,2015,37(4):41-55.

[160] 李金海,何有世.在线评论信息挖掘分析的数据来源可靠性研究[J].软科学,2015,29(4):94-99.

[161] 卓四清,冯永洲.在线评论有用性影响因素实证研究:基于 Tripadvisor.com 酒店评论数据[J].现代情报,2015,35(4):52-56,74.

[162] 于明朕.在线评论中的产品属性提取及有用性识别研究[D].大连:大连理工大学,2016.

[163] 张怀.在线评论对实木家具销量的影响研究[D].哈尔滨:东北林业大学,2015.

[164] 乔甜甜.在线评论对不同感知风险消费者购买决策的影响[D].南京:南京师范大学,2015.

[165] 王琳.在线评论的情感极性呈现方式对消费者购买决策的影响研究[D].北京:北京邮电大学,2015.

[166] 王琦,王琳.在线评论情感倾向的影响效应及管理措施[J].北京邮电大学学报(社会科学版),2015,17(1):43-51.

[167] 武鹏飞,闫强.在线评论对社交网络中电子口碑采纳的影响研究[J].北京邮电大学学报(社会科学版),2015,17(1):52-61.

[168] 邬溪羽,郭斌,周莎莎,等.在线评论如何影响消费者:基于社会影响视角的整合框架[J].西安电子科技大学学报(社会科学版),2015,25(1):1-18.

[169] 陈农.在线评论研究中的主题结构:社会网络分析的视角[J].现代情报,2015,35(1):61-67.

[170] 周梅华,李佩镅,牟宇鹏.在线评论对消费者购买意愿的影响:心理距离的中介作用[J].软科学,2015,29(1):101-104,109.

[171] 于丽萍.在线评论对消费者网络购买意愿的影响研究[D].上海:上海工程

技术大学,2015.

[172] 王伟,王洪伟,孟园.协同过滤推荐算法研究:考虑在线评论情感倾向[J].系统工程理论与实践,2014,34(12):3238-3249.

[173] 赵青青.考虑在线评论的不同品牌产品的动态定价[D].西安:西安电子科技大学,2014.

[174] 王军.在线评论内容及其对商品价格的影响研究[D].西安:西安电子科技大学,2014.

[175] 周文婧.我国 0～3 岁幼儿读物的网购行为分析[D].北京:北京印刷学院,2015.

[176] 张媛媛.在线评论对消费者购买决策影响的实证研究[D].杭州:浙江财经大学,2015.

[177] 于丽萍,夏志杰,王冰冰.在线评论对消费者网络购买意愿影响的研究[J].现代情报,2014,34(11):34-38.

[178] 梁峰杰.在线评论对消费者网络团购的影响因素研究[D].西安:西安电子科技大学,2014.

[179] 代陆群.在线评论对搜索型产品和体验型产品销量影响的研究[D].西安:西安电子科技大学,2014.

[180] 王祖辉,姜维,李一军.在线评论情感分析中固定搭配特征提取方法研究[J].管理工程学报,2014,28(4):180-186.

[181] 王诚.在线评论中触觉线索对消费者购买意愿的影响研究[D].武汉:武汉大学,2014.

[182] 刘旭.在线评论对产品销量的影响研究[D].大连:东北财经大学,2015.

[183] 苗蕊.在线评论有用性研究综述[J].中国管理信息化,2014,17(18):126-128.

[184] 刘洋,廖貅武,刘莹.在线评论对应用软件及平台定价策略的影响[J].系统工程学报,2014,29(4):560-570.

[185] 彭敏钰,肖婷,李旭芳.在线评论对消费者行为意愿的影响研究[J].河南科技,2014(15):219-220.

[186] 张睿,高长元,Tiong Goh,陈可义.在线评论结构模型构建及实证分析[J].科技与管理,2014,16(4):18-22.

[187] 林先杰.在线评论有用性影响因素研究[D].广州:华南理工大学,2014.

[188] 姚宁宁.在线评论口碑效应的影响因素分析[D].南昌:江西农业大

学,2014.
[189] 刘跃怡.在线评论对消费者购买决策影响实证研究[D].南昌:江西财经大学,2014.
[190] 陈雅琦.在线评论与消费者购买意向的关系研究[D].镇江:江苏科技大学,2014.
[191] 武芳.在线评论对化妆品网购用户购买决策影响研究[D].大连:大连理工大学,2014.
[192] 周兴海.在线评论、感知风险和购买意愿的关系研究[D].南宁:广西大学,2014.
[193] 王孟萍.在线评论对消费者购买意愿的影响研究[D].太原:太原科技大学,2014.
[194] 俞明南,武芳,张明明.在线评论对顾客购买意愿的影响研究[J].市场周刊(理论研究),2014(4):58-60,83.
[195] 瓦瑜.在线评论对消费者购买意愿的影响研究[D].杭州:浙江大学,2014.
[196] 戴和忠.网络推荐和在线评论对数字内容商品体验消费的整合影响及实证研究[D].杭州:浙江大学,2014.
[197] 武娟丽.在线评论对新旧产品销量影响实证研究[D].北京:北京邮电大学,2014.
[198] 孟跃.Web2.0下在线评论感知有用性影响因素研究[D].北京:北京邮电大学,2014.
[199] 龚艳萍,梁树霖.在线评论对新技术产品消费者采用意愿的影响研究:基于ELM视角[J].软科学,2014,28(2):96-99,105.
[200] 谢彦君,马天,卫银栋.宣传片、在线评论和游记对目的地形象改变的实证研究:以大学生对台湾旅游形象认知变化为例[J].北京第二外国语学院学报,2014,36(1):77-84.
[201] 陈在飞,徐峰.电子商务中在线评论有用投票数影响因素研究[J].现代情报,2014,34(1):18-22.
[202] 闫强,孟跃.在线评论的感知有用性影响因素:基于在线影评的实证研究[J].中国管理科学,2013,21(S1):126-131.
[203] 谷红平.新产品预告时间对消费者购买意愿的影响:在线评论视角的研究[D].长沙:中南大学,2013.
[204] 马艳丽,胡正明.在线评论的矛盾性影响因素和形成机理研究[J].云南社

会科学,2013(5):78－81,95.
[205] 史伟,王洪伟,何绍义.基于语义的中文在线评论情感分析[J].情报学报,2013,32(8):860－867.
[206] 徐峰,丁斅,侯云章.在线评论影响下的供应链合作模式研究[J].东南大学学报(哲学社会科学版),2013,15(4):52－57,135.
[207] 李慧颖.在线评论对消费者感知及企业商品销量的影响研究[D].哈尔滨:哈尔滨工业大学,2013.
[208] 曹欢欢,姜锦虎.在线评论实证研究综述[J].信息系统学报,2012(2):125－136.
[209] 郭冲.面向在线评论的细粒度意见挖掘及在手机口碑分析中的应用[D].广州:华南理工大学,2013.
[210] 廖成林,蔡春江,李忆.电子商务中在线评论有用性影响因素实证研究[J].软科学,2013,27(5):46－50.
[211] 陈泓洁.利用在线评论获取酒店客户知识的研究[D].上海:华东师范大学,2013.
[212] 刘顺利.在线评论对网上书店销量影响实证研究[D].长沙:湖南大学,2013.
[213] 谭倩霞.在线评论对消费者购买意愿的影响研究[D].长沙:湖南大学,2013.
[214] 赵佳,马钦海,张跃先.C2C环境下感知在线评论与初始信任的调节因素[J].东北大学学报(自然科学版),2012,33(12):1790－1794.
[215] 杨雅秀.在线评论对创新扩散影响的实证研究[D].杭州:浙江大学,2012.
[216] 马艳丽,胡正明.2006—2011年在线评论研究:主题分析和趋势展望[J].经济与管理评论,2012,28(6):69－75.
[217] 肖玲.在线评论对消费者网购过程中感知风险影响的研究[D].长沙:中南大学,2012.
[218] 郭林方.影响在线评论有用性的相关因素研究[D].大连:东北财经大学,2012.
[219] 胡新明,夏火松.在线评论中用户商品属性偏好识别方法研究[J].情报杂志,2012,31(9):197－201.
[220] 高雅,李红,施慧斌.在线评论投票数的影响因素研究[J].中国管理信息化,2012,15(17):88－91.

[221] 王洪伟,郑丽娟,尹裴,等.在线评论的情感极性分类研究综述[J].情报科学,2012,30(8):1263-1271,1276.

[222] 肖安明.酒店虚拟社区中在线评论对消费者购买意愿影响研究[D].广州:华南理工大学,2012.

[223] 王真真.中国旅游在线评论对旅游消费者购买决策影响的实证研究[D].北京:北京第二外国语学院,2012.

[224] 严建援,张丽,张蕾.电子商务中在线评论内容对评论有用性影响的实证研究[J].情报科学,2012,30(5):713-716,719.

[225] 苏雪佳.B2C在线评论有用性影响因素研究[D].武汉:中南民族大学,2012.

[226] 曹原.在线评论的加层信息对信息采纳的影响研究[D].成都:西南财经大学,2012.

[227] 吴秋琴,许元科,梁佳聚,等.互联网背景下在线评论质量与网站形象的影响研究[J].科学管理研究,2012,30(1):81-83,88.

[228] 盘英芝,崔金红,王欢.在线评论对不同热门程度体验型商品销售收入影响的实证研究[J].图书情报工作,2011,55(24):126-131.

[229] 冯小翼.在线评论的产品属性提取与情感分析研究[D].武汉:华中科技大学,2011.

[230] 田纯.基于洛特卡定律与布拉德福定律的用户社会化标签信息分布规律研究[J].甘肃科技,2019,35(17):85-91.

[231] 张宁.在线评论对经济型酒店顾客购买决策的研究[D].大连:东北财经大学,2011.

[232] 彭坤.在线评论对高技术产品消费者采用意愿的影响研究[D].长沙:中南大学,2011.

[233] 崔大志.在线评论语料情感常识的图式标注研究[J].山东农业大学学报(社会科学版),2010,12(3):107-110.

[234] 邓斌.B2C在线评论中的客户知识管理研究[D].成都:电子科技大学,2010.

[235] 崔大志,孙丽伟.在线评论情感词汇模糊本体库构建[J].辽宁工程技术大学学报(社会科学版),2010,12(4):395-398.

[236] 郝媛媛.在线评论对消费者感知与购买行为影响的实证研究[D].哈尔滨:哈尔滨工业大学,2010.

[237] 郭潇.在线评论对旅游预订意向影响的实证分析[D].广州:华南理工大学,2010.

[238] 李敏乐.在线评论对消费者从众行为的影响机制研究:神经科学视角[D].杭州:浙江大学,2010.

[239] 覃伍.在线评论对网络消费者冲动购买意愿的影响机理研究[D].武汉:华中科技大学,2009.

[240] 郑小平.在线评论对网络消费者购买决策影响的实证研究[D].北京:中国人民大学,2008.

[241] 方爱华,陆朦朦,朱静雯.用户评论视域下数字音乐信息分布规律探析:以网易云音乐热歌榜为例[J].出版广角,2017(3):72-76.

[242] 乔巍然.在线评论和感知有用性对消费者购买行为意向的影响[D].上海:华东师范大学,2016.

[243] 周燕,商平平.B2C网络平台在线评论对消费者购买决策的影响[J].商业经济研究 2018(22):66-68.

[244] 杨金鑫.追加在线评论对消费者购买行为的影响[J].宿州学院报,2018(10):15-20,96.

[245] 王阳,王伟军,刘智宇.在线负面评论信息对潜在消费者购买意愿影响研究[J].情报科学,2018(10):156-163.

[246] 宗红,薛春香,陈芬.在线新闻评论生长规律研究[J].数据分析与知识发现,2018,2(9):50-58.

[247] 余伟萍,祖旭,孙阳波.不同产品类别在线评论对异质性消费者购买意愿影响[J].大连理工大学学报(社会科学版),2016(1):1-5.

[248] 孙锐,李星星.矛盾性追评对消费者购买意愿的影响研究[J].武汉大学学报(哲学社会科学版),2017(1):75-86.

[249] 肖锴,王梦灵.在线评论的感知有用性对在线消费者购买意愿的影响路径研究[J].科技创业月刊,2016,29(9):29-32.

[250] 朱丽叶,袁登华,张静宜.在线用户评论质量与评论者等级对消费者购买意愿的影响:产品卷入度的调节作用[J].管理评论,2017(2):87-96.

[251] 刘思繁.在线评论熵对产品销量的影响研究[D].北京:北方工业大学,2019.

[252] 王扶东,尹倩倩,刘峰涛.在线评论中隐式商品特征识别方法[J/OL].东华大学学报(自然科学版),2019(3):451-456[2019-07-17].http://

kns. cnki. net. njxzc. vpn358. com/kcms/detail/31. 1865. N. 20190709. 1703. 042. html.

[253] 耿斌. 在线评论对用户购买行为的影响研究[D]. 南京:南京大学,2019.

[254] 游浚,张晓瑜,杨丰瑞. 在线评论有用性的影响因素研究:基于商品类型的调节效应[J]. 软科学,2019,33(5):140－144.

[255] 程馨,刘雪莲,张宁,等. 在线评论的酒店体验价值对顾客满意度的影响[J]. 东方论坛,2019(2):70－80.

[256] 洪菲,郑辉,周颖帆,等. 在线评论对大学生消费者购买意愿的影响研究[J]. 商业经济研究,2019(8):52－56.

[257] 王宁,张冬,杨学成. 在线评论对消费者搜寻替代品意愿的影响研究[J]. 北京邮电大学学报(社会科学版),2019,21(2):1－8.

[258] 李昂,赵志杰. 在线评论有用性研究综述[J]. 商业经济研究,2019(6):77－80.

[259] 张琴,龚艳萍,张晓丹. 为他人购物:在线评论的说服力有何不同? [J]. 管理评论,2019,31(2):94－102.

[260] 莫赞,罗敏瑶. 在线评论对消费者购买决策的影响研究:基于评论可信度和信任倾向的中介、调节作用[J]. 广东工业大学学报,2019,36(2):54－61.

[261] 吴秀艳. 在线评论对高卷入度产品线上销量影响的实证研究:产品特征的调节作用[D]. 大连:东北财经大学,2018.

[262] 陈恒. 在线评论情境下消费者购买决策影响因素研究[D]. 杭州:浙江工商大学,2018.

[263] 焦丽娜. 问答式在线评论信息质量对平台使用意愿的影响研究[D]. 大连:东北财经大学,2018.

[264] 韩心瑜,张向达. 在线评论影响顾客资产的机制研究:基于品牌信任视角的分析[J]. 价格理论与实践,2018(11):151－153,164.

[265] 郝玫,马建峰. 在线评论中基于动态窗口提取特征观点对的产品推荐模型[J]. 系统工程理论与实践,2018,38(9):2363－2375.

[266] 李亚红,徐富明. 在线评论情感倾向对后续评论意愿的影响:计划行为理论的视角[J]. 心理研究,2018,11(4):326－332.

[267] 石文华,张绮,蔡嘉龙. 在线评论矛盾性对消费者矛盾态度和购买意愿的影响研究[J]. 管理评论,2018,30(7):77－88.

[268] 魏仁干,郑建国. 在线评论情感营销效应研究[J]. 上海对外经贸大学学报,2018,25(4):72-80.

[269] 赵丽梅,陶易. 在线评论有用性影响因素的实证研究[J]. 农业图书情报学刊,2018,30(7):14-18.

[270] 詹文鹏. 基于中文在线评论的产品需求挖掘研究[D]. 厦门:厦门大学,2018.

[271] 方泽鹏. 在线评论中的用户意见挖掘研究[D]. 厦门:厦门大学,2018.

[272] 黄苏萍,武文静,马姗子. 在线评论中消费者自主评价偏差效应研究综述[J]. 首都经济贸易大学学报,2018,20(4):105-112.

[273] 石文华,王星瑶. 电商环境下在线评论与探究学习的比较研究[J]. 北京邮电大学学报(社会科学版),2018,20(3):10-17.

[274] 董思怡,娄策群. 在线商品评论信息形成影响因素研究[J]. 现代情报,2015,35(7):36-39.

[275] 宋恩梅,朱梦娴. 社会化媒体信息分布规律研究:以电影评论为例[J]. 信息资源管理学报,2015,5(3):25-36.

[276] 廖小琴,孙建军,郑彦宁,等. 网络学术信息的核心优势研究评述:信息分布与链接结构视角[J]. 情报科学,2012,30(9):1431-1435.

[277] 张文彤. SPSS 统计分析高级教程[M]. 北京:高等教育出版社,2004.

[278] 黄涅熹. 整合 TTF 与 VAM 视角的 RFID 手机支付用户使用意愿研究[D]. 杭州:浙江大学,2012.

[279] 孙元. 基于任务—技术匹配理论视角的整合性技术接受模型发展研究[D]. 杭州:浙江大学,2010.

[280] 查金祥. B2C 电子商务顾客价值与顾客忠诚度的关系研究[D]. 杭州:浙江大学,2006.

[281] 刘柳昕. 基于 SNS 的中国社会化电子商务研究[D]. 武汉:华中科技大学,2012.

[282] 钟柏昌,黄峰. 问卷设计的基本原则与问题分析:以某校 2011 年教育学硕士学位论文为例[J]. 学位与研究生教育,2012(3):67-72.

[283] 宋美琦,陈烨,张瑞. 用户画像研究述评[J]. 情报科学,2019,37(4):171-177.

[284] 马费成. 情报学的进展与深化[J]. 情报学报,1996,15(5):338-344.

[285] 马费成,陈锐. 科学信息离散分布的机理分析[J]. 中国图书馆学报. 2000,

26(5):20－23.

[286] 胡昌平,邓胜利,张敏,等. 信息资源管理[M]. 武汉:武汉大学出版社. 2008.

[287] 汪恭政. 网络交易平台刷单行为的类型梳理与刑法评价[J]. 北京邮电大学学报(社会科学版),2018,20(3):18－24,32.

[288] 仲秋雁,王彦杰,裘江南. 众包社区用户持续参与行为实证研究[J]. 大连理工大学学报(社会科学版),2011,32(1):1－6.

[289] 徐海玲,张海涛,魏明珠,等. 社交媒体用户画像的构建及资源聚合模型研究[J]. 图书情报工作,2019,63(9):109－115.

[290] 宋美琦,陈烨,张瑞. 用户画像研究述评[J]. 情报科学,2019,37(4):171－177.

[291] 许鹏程,毕强,张晗,等. 数据驱动下数字图书馆用户画像模型构建[J]. 图书情报工作,2019,63(3):30－37.

[292] 刘海鸥,孙晶晶,张亚明,等. 在线社交活动中的用户画像及其信息传播行为研究[J]. 情报科学,2018,36(12):17－21.

[293] 张海涛,崔阳,王丹,等. 基于概念格的在线健康社区用户画像研究[J]. 情报学报,2018,37(9):912－922.

[294] 刘海鸥,孙晶晶,苏妍嫄,等. 国内外用户画像研究综述[J]. 情报理论与实践,2018,41(11):155－160.

[295] 陈添源. 高校移动图书馆用户画像构建实证[J]. 图书情报工作,2018,62(7):38－46.

[296] 裘惠麟,邵波. 基于用户画像的高校图书馆精准服务构建[J]. 高校图书馆工作,2018,38(2):70－74.

[297] 王凌霄,沈卓,李艳. 社会化问答社区用户画像构建[J]. 情报理论与实践,2018,41(1):129－134.

[298] 刘蓓琳,张琪. 基于购买决策过程的电子商务用户画像应用研究[J]. 商业经济研究,2017(24):49－51.

[299] 单晓红,张晓月,刘晓燕. 基于在线评论的用户画像研究:以携程酒店为例[J]. 情报理论与实践,2018,41(4):99－104,149.

[300] 韩梅花,赵景秀. 基于“用户画像”的阅读疗法模式研究:以抑郁症为例[J]. 大学图书馆学报,2017,35(6):105－110.

[301] 陈慧香,邵波. 国外图书馆领域用户画像的研究现状及启示[J]. 图书馆学

研究,2017(20):16-20.
[302] 范哲.基于用户画像的数字原住民社会化媒体采纳意愿的阶段性分析[J].现代情报,2017,37(6):99-106.
[303] 黄文彬,徐山川,吴家辉,等.移动用户画像构建研究[J].现代情报,2016,36(10):54-61.
[304] 袁顺波.开放存取运动中科研人员的参与行为研究[D].南京:南京大学.2013.
[305] 皇甫青红.人文社科科研人员持续使用外文数字资源的行为研究[D].南京:南京大学.2014.
[306] 李兆飞.在线消费者产品评论发表动机的研究[D].哈尔滨:哈尔滨工业大学,2011.
[307] 王飞飞,张生太.移动社交网络微信用户信息发布行为统计特征分析[J].数据分析与知识发现,2018,2(4):99-109.

附　录

附录 A　消费者在线评论信息生成的动力机制探索性访谈提纲

第一部分　话题引入

1. 线上购物和线下购物的比例大概是怎样的,哪些产品或服务会选择线上购买,哪些会选择线下?

2. 您主要从哪些平台购买产品或服务?

3. 您从什么时候开始网络购物的?网购的频次如何?

4. 您是否有一些令您记忆深刻的网购体验?体验好的或体验不好的。

5. 您在网络购买产品或服务前是否会浏览评论?这些评论的哪些方面会影响您的购物决策?您觉得评论的可信度如何?

6. 您是否愿意为自己的每次购物撰写评论与其他消费者分享?包括上传一些图片或视频。

第二部分　消费者发表在线评论的动机因素

- **针对愿意发表在线评论的消费者**

为什么愿意以发表评论的方式来分享自己的消费体验?

由访谈对象自由回答

备用的提问:

1. 您是否认为发表在线评论,有助于提高产品或服务的口碑?

2. 您是否认为发表在线评论,将有助于其他消费者更好地了解该产品或服务?

3. 您是否认为发表在线评论，需要花费您一定的时间和精力？

4. 您是否认为发表正面的在线评论，有助于提升您在该平台的等级或获得商家的奖励？

5. 您是否认为发表负面的在线评论，将受到商家的电话骚扰甚至威胁？

6. 您是否认为发表在线评论，有助于商家改进产品或服务？

7. 您是否认为发表在线评论，将有助于政府等监督部门进行有效的监督？

8. 您是否认为发表在线评论，将有利于形成良好的电商购物环境？

• 针对不愿意发表在线评论的消费者

为什么不愿意以发表评论的方式来分享自己的消费体验？

由访谈对象自由回答

备用的提问：

1. 没有时间和精力是不是您不愿意发表在线评论的一个原因？

2. 不愿意与人分享购物体验，总觉得这是个人行为跟其他人无关，这是不是您不愿意发表在线评论的一个原因？

3. 您是否认为参与在线评论需要花费一定的时间和精力？

4. 您是否认为在线评论对您购买决策没有帮助？

5. 您是否担心发表的正面在线评论太主观，有为商家做广告的嫌疑，不利于其他消费者进行购物决策？

6. 您是否担心发表负面的在线评论，会受到商家的电话骚扰和威胁？

7. 您是否认为现有的发表在线评论的奖励措施不够有吸引力让您去发表在线评论？

8. 您觉得平台或商家给出什么样的奖励措施，您才会发表自己购买产品或服务的在线评论？

附录 B 消费者在线评论信息生成的动力机制正式调查问卷

消费者在线评论信息生成的动力机制研究调查问卷

尊敬的女士/先生：

您好！非常感谢您能在酷热难耐的夏季抽出时间完成本问卷。

我是南京大学商学院的一名博士后研究人员，正在进行一项关于“消费者在线评论信息生成的动机机制”的学术研究。本研究中消费者在线评论是指网络消费者在购物网站或APP上对购买的产品或服务进行的评分、文字性评论和图片评论。

本问卷分为两类：疑问句问题和陈述性量表问题，这两类问题的回答都是选择相应答案选项前的按钮，陈述性量表问题根据您对陈述句观点的认同程度，选择相应选项前的按钮。其中1表示“完全不同意”，2表示“不同意”，3表示“不太同意”，4表示“不能确定”，5表示“基本同意”，6表示“同意”，7表示“完全同意”。

请根据您的实际情况，回答下列问题：

1. 请问您最近一个月内是否有过网络购物经历？（　　）

   A. 是　　B. 否

2. 您的网络购物年限大概是几年？（　　）

   A. 3年以下　　B. 3～5年　　C. 5～10年　　D. 10年以上

3. 您在最近半年内购物的次数是？（单选）（　　）

   A. 1～2次　　B. 3～4次　　C. 5～6次

   D. 7～8次　　E. 9～10次　　F. 10次以上

4. 您在网购后是否发表评论？（单选）（　　）

   A. 每次都发表评论

   B. 绝大部分都发表评论

   C. 很少发表评论，感觉特别好的体验或商品会写，感觉特别糟糕的也

会写

D. 从不发表评论

5. 您经常购物的平台或APP？（　　）（限选3项）

A. 淘宝网　B. 天猫商城　C. 京东商城　D. 唯品会

E. 大众点评　F. 1号店　G. 饿了么　H. 美团外卖

I. 途牛网　J. 当当网　K. 亚马逊　L. 滴滴出行

M. 共享单车

6. 您每个月花在网络购物上的费用大概是多少元？（　　）

A. 200以下　B. 201～500元

C. 501～1 000元　D. 1 000元以上

7. 请针对下列描述选择合适的等级。

	非常不同意→非常同意						
在线评论对自己和其他消费者购物是有帮助的	1	2	3	4	5	6	7
发表在线评论可以表扬或惩罚商家	1	2	3	4	5	6	7
在线评论系统有助于释放大家对产品或服务的看法和意见	1	2	3	4	5	6	7
在线评论系统很有必要，可以让政府等监管部门也看到	1	2	3	4	5	6	7
有良好的或糟糕的购物体验都应该与大家积极分享	1	2	3	4	5	6	7
发表在线评论会浪费我的时间	1	2	3	4	5	6	7
发表在线评论会浪费我的精力	1	2	3	4	5	6	7
发表在线评论会浪费我的流量	1	2	3	4	5	6	7
考虑到时间成本、经济成本和投入的脑力成本，我不会发表在线评论	1	2	3	4	5	6	7
发表负面在线评论会接到商家骚扰电话	1	2	3	4	5	6	7
发表负面在线评论可能会受到商家的恐吓和威胁	1	2	3	4	5	6	7
发表在线评论有时会泄露个人隐私，可能会被不法分子利用	1	2	3	4	5	6	7
总体而言，发表在线评论可能会面临着较大的风险	1	2	3	4	5	6	7
分享购物或服务体验供其他消费者作参考，帮助了别人，让我心情愉悦	1	2	3	4	5	6	7
吐槽产品或服务的缺陷，让更多消费者了解该产品或服务，是一件很有意思的事	1	2	3	4	5	6	7

（续表）

	非常不同意→非常同意						
发表在线评论，分享图片或视频，是一件有趣的事	1	2	3	4	5	6	7
发表在线评论得到商家或其他买家的回应或询问，是一件很快乐的事	1	2	3	4	5	6	7
我的很多同学或朋友都喜欢发表在线评论	1	2	3	4	5	6	7
我的父母也喜欢发表在线评论	1	2	3	4	5	6	7
我加入的各种购物群体的消费者都喜欢发表在线评论	1	2	3	4	5	6	7
很多时候，在收到购买的产品或享受完服务时，我会习惯性发表评论	1	2	3	4	5	6	7
很多时候，发表评论已经成为完成网络购物的一部分	1	2	3	4	5	6	7
很多时候，发表评论对我来说已经是一种习惯性行为	1	2	3	4	5	6	7
发表评论可以获得平台的积分或返利	1	2	3	4	5	6	7
发表评论可以获得商家的现金返利	1	2	3	4	5	6	7
发表评论可以获得商家的礼物馈赠	1	2	3	4	5	6	7
我愿意对购买的产品或服务做出评论	1	2	3	4	5	6	7
我愿意与其他消费者分享我的消费体验	1	2	3	4	5	6	7
我愿意表达我对产品及商家的看法和意见	1	2	3	4	5	6	7
我愿意将产品或服务的真实情况告诉其他消费者以改进产品或服务	1	2	3	4	5	6	7
我正在或已经对购买的产品或服务做出评论	1	2	3	4	5	6	7
我正在或已经与其他消费者分享我的消费体验	1	2	3	4	5	6	7
我正在或已经表达我对产品及商家的看法和意见	1	2	3	4	5	6	7
我正在或已经将产品或服务的真实情况告诉其他消费者以改进产品或服务	1	2	3	4	5	6	7

8. 您的性别（　　）：A. 男　B. 女

9. 您的年龄（　　）：

A. 25 岁及以下　B. 26～30 岁　C. 31～35 岁　D. 36～40 岁

E. 41～45 岁　F. 46～50 岁　G. 51～55 岁　H. 56～60 岁

I. 60 岁以上

10. 您所在的省份：____________________

11. 您的学历(　　)：

A. 初中　　B. 高中　　C. 大专　　D. 本科　　E. 硕士　　F. 博士

12. 您的家庭人均月收入是?(　　)

A. 1 000 元以下　　B. 1 001～2 000 元

C. 2 001～3 000 元　　D. 3 001～4 000 元

E. 4 001～5 000 元　　F. 5 001～6 000 元

G. 6 001 元以上

问卷到此结束，再次感谢您的支持!

附录C 消费者在线评论用户画像调研

姓名____________ 性别____________ 年龄(实岁)________

爱好______________ 经常使用的移动设备品牌和类型______________

1. 你网络购物的年限________

(1) 10 年以上 (2) 5～10 年 (3) 3～5 年 (4) 3 年以下

2. 你网络购物(包括购买食品、衣物等)频率大概是________

(1) 几乎每天 (2) 2～3 天一次

(3) 一周一次 (4) 有需求才会购买

3. 你网络购物的主要商品是(按顺序进行排序)________

(1) 外卖食品 (2) 日常衣鞋 (3) 生活用品 (4) 书籍等

4. 你经常在哪些购物平台进行购物(可多选)________

(1) 淘宝 (2) 天猫 (3) 京东 (4) 当当 (5) 大众点评

(6) 美团外卖 (7) 饿了么外卖 (8) 唯品会 (9) 微信公众号推荐

(10) 其他经常购物的 APP 或平台______________

5. 你每个月花在网络购物上的费用大概________

(1) 500 元以上 (2) 300～500 元

(3) 100～300 元 (4) 100 元以下

6. 网络购物完成,你会写用户评论吗? ________

选(1)或(2)的同学转到第 7 题,选(3)或(4)的同学转到第 8 题。

(1) 不写任何评价

(2) 系统默认好评

(3) 感觉特别好的体验或商品会写,感觉特别糟糕的也会写

(4) 不管什么情况都会写,赚取积分或金币等

7. 不发表在线评论或系统默认好评的原因?

____

____

____

8. 你经常发表在线评论的原因是什么？打开你的手机购物平台，看看你最近一次的购物体验是什么？你所发表的在线评论内容是什么？

____

____

____

衷心感谢各位参与！

附录 D　京东商品评论(部分)

1	会员	级别	评价星级	评价内容	时间	点赞数	回复数量	追评时间	追评内容	商品属性
2	O***y	PLUS会员	star5	手机质量非常好，外观非常漂	2019-04-30 14:13	127	74			亮黑色8GB+128GB　标准版
3	y***妩	PLUS会员	star5	外形外观：外观比较大气，整	2019-04-12 20:24	523	150			天空之境标准版　8GB+128GB
4	哗***点	PLUS会员	star5	华为的手机是越来越棒了，感	2019-04-17 22:04	63	36			极光色标准版　8GB+128GB
5	零**柔	PLUS会员	star5	在京东上买过好几次手机了，	2019-04-29 14:57	86	13			天空之境8GB+128GB　标准版
6	**怡	PLUS会员	star5	首先来说一下外观外观来说，	2019-04-29 18:57	7	4			极光色8GB+256GB　标准版
7	雨**	PLUS会员	star5	最开始定了30pro 用了几天眼	2019-04-16 21:43	38	9			天空之境标准版　8GB+128GB
8	**孙		star5	拍照效果：简单试了一下，历	2019-04-30 08:47	57	12			亮黑色8GB+128GB　标准版
9	c***4		star5	是因为超级月亮的事情才关注	2019-04-13 00:22	28	17	[购买2天	看了玩机	珠光贝母标准版　8GB+256GB
10	D***z		star5	在手机后背的配色方案还是很	2019-04-17 06:59	26	4			天空之境标准版　8GB+64GB
11	刘*男	PLUS会员	star5	没有钢化膜，手机很漂亮，但	2019-04-12 12:10	41	17			天空之境标准版　8GB+128GB
12	丛**码		star5	外观不错！手感很好！屏下指	2019-04-14 10:37	340	174			亮黑色标准版　8GB+64GB
13	年***文	PLUS会员	star5	外形外观：天空之境的颜色真	2019-04-29 19:53	53	9			亮黑色8GB+64GB　标准版
14	b**x	PLUS会员	star5	拍照方面，华为P30更是搭载了	2019-04-18 22:47	24	5			极光色8GB+128GB　标准版
15	贺**树		star5	快递很快，当天买当天到的手	2019-04-17 16:30	71	6			天空之境标准版　8GB+128GB
16	w**x	PLUS会员	star5	华为p30使用一段时间了，手	2019-04-22 20:33	137	35			亮黑色8GB+128GB　标准版
17	x**4	PLUS会员	star5	我家媳妇手机坏了，以前用的	2019-04-26 18:15	27	18	[购买1天	之前晒图	赤茶橘8GB+128GB　标准版
18	j**c		star5	手机收到了，孩子自己选的，	2019-04-18 09:13	17	2			天空之境标准版　8GB+128GB
19	多***8		star5	很好，用了几天了，华为P30外	2019-04-30 13:39	13	5			珠光贝母8GB+64GB　标准版
20	x**1	PLUS会员	star5	外形外观：非常漂亮，特别适	2019-04-16 21:11	117	39			亮黑色标准版　8GB+128GB
21	胡**球	PLUS会员	star5	外形外观：好看屏幕音效：喜	2019-04-12 19:16	17	5			极光色标准版　8GB+128GB
22	梦**夜	PLUS会员	star5	送货速度很快，昨天下单的，	2019-04-23 23:55	27	11			亮黑色8GB+128GB　标准版
23	j***d	PLUS会员	star5	珠光贝母这个颜色是真的美！	2019-04-13 12:12	8	7			极光色标准版　8GB+128GB
24	j**e		star5	外形外观：好看屏幕音效：很	2019-04-14 10:42	22	7			天空之境标准版　8GB+64GB
25	祢**6	PLUS会员	star5	物流超快的，隔天到，非常方	2019-04-30 15:33	7	2			极光色8GB+128GB　标准版
26	m***3	PLUS会员	star5	拍照效果：夜间拍照挺清晰的	2019-04-26 21:40	3	1			极光色8GB+128GB　标准版
27	z***z	PLUS会员	star5	还不错，很轻薄，外观很惊艳	2019-04-13 22:41	22	6			珠光贝母标准版　8GB+64GB
28	s***6	PLUS会员	star5	手机使用流畅，操作简单，屏	2019-04-23 11:00	12	3			天空之境8GB+64GB　标准版
29	尘**身	PLUS会员	star5	刚收的手机很满意，外观看起	2019-04-13 17:41	22	5			天空之境标准版　8GB+64GB
30	残**殇	PLUS会员	star5	大爱啊，虽然不是pro.拍照依	2019-04-27 08:48	24	7			天空之境8GB+128GB　标准版

31	h***g	PLUS会员	star5	外形外观：外观靓丽、艺术感	2019-04-15 16:42	5	0			极光色标准版	8GB+128GB
32	w ** t	PLUS会员	star5	外观颜色酷酷哒屏幕不大不小	2019-04-12 23:09	80	17			亮黑色标准版	8GB+64GB
33	妮 ** 娜		star5	外形外观：美轮美奂屏幕音效	2019-04-12 21:18	64	10			亮黑色标准版	8GB+128GB
34	L***9	PLUS会员	star5	外形外观：应该是华为目前唯	2019-04-26 23:20	3	1			天空之境8GB+128GB	标准版
35	展***翔	PLUS会员	star5	外形外观：天空之境颜色真的	2019-04-26 19:29	14	5			天空之境8GB+64GB	标准版
36	q ** o	PLUS会员	star5	外形外观：手感非常不错屏幕	2019-04-13 16:24	19	5			天空之境标准版	8GB+128GB
37	喵***南		star5	手机非常棒！！国货真的做的	2019-04-24 18:37	6	0			珠光贝母8GB+256GB	标准版
38	b** 8	PLUS会员	star5	物流很快，手机外观好看，屏	2019-04-13 00:20	48	7			天空之境标准版	8GB+256GB
39	1 ** p		star5	中华有为，我华为终于出来这	2019-04-12 23:56	12	11			天空之境标准版	8GB+128GB
40	j ** 舟	PLUS会员	star5	早上买的，下午4点多就送到	2019-04-17 22:36	8	1			天空之境标准版	8GB+256GB
41	j***5		star5	哇 手机颜色真的好好看啊，之	2019-04-26 13:22	1	1			极光色8GB+128GB	标准版
42	默***哀		star5	外形外观：很漂亮拍照效果：	2019-04-28 09:11	4	3			极光色8GB+128GB	标准版
43	z ** 良	PLUS会员	star5	这个颜色真难买，等了好久才	2019-04-20 10:10	14	3	[购买8天	阳光下拍	极光色8GB+128GB	标准版
44	l ** l		star5	华为很满意，妹没刚高考结束	2019-04-12 18:47	3	1			天空之境标准版	8GB+256GB
45	1 ** p	PLUS会员	star5	买这款手机之前挑了好久，本	2019-04-17 19:52	9	0			天空之境标准版	8GB+128GB
46	p ** k	PLUS会员	star5	非常满意，比我预想的要好。	2019-04-12 18:20	12	1			天空之境标准版	8GB+128GB
47	虞***少	PLUS会员	star5	一直想买这款手机?的，现在	2019-04-13 18:01	7	4			珠光贝母标准版	8GB+64GB
48	难 ** 哒		star5	真的很不错，系统一点不卡，	2019-04-30 11:46	25	6			天空之境8GB+64GB	标准版
49	h ** 8	PLUS会员	star5	运行速度：非常快外形外观：	2019-04-17 11:12	8	2			天空之境标准版	8GB+128GB
50	x***9		star5	外形外观：很靓丽，手感不错	2019-04-29 20:15	17	2			天空之境8GB+64GB	标准版
51	x***0	PLUS会员	star5	外形外观：黑色的还是很漂亮	2019-04-12 20:56	14	7			极光色标准版	8GB+64GB
52	c ** y	PLUS会员	star5	给爸妈买的，一个黑色一个白	2019-04-12 22:41	77	54			亮黑色标准版	8GB+128GB
53	竹 ** 长	PLUS会员	star5	从iPhone8换过来的，手感比8	2019-04-22 22:55	5	1			天空之境8GB+128GB	标准版
54	柳 ** 起	PLUS会员	star5	很nice的一款手机，对这个手	2019-04-28 07:54	1	1			极光色8GB+128GB	标准版
55	L ** 0		star5	使用P30一周报告：整体感觉	2019-04-17 06:38	37	3			亮黑色标准版	8GB+128GB
56	饿 ** 宠		star5	nice，手感好，颜值棒。天空	2019-04-29 21:02	7	0			天空之境8GB+128GB	标准版
57	诺 ** 三-		star5	手机很不错，当天下单，第二	2019-04-18 16:03	17	9			珠光贝母标准版	8GB+128GB

57	诺**三-		star5	手机很不错，当天下单，第二	2019-04-18 16:03	17	9			珠光贝母标准版	8GB+128GB
58	j***9		star5	这个极光色真的是爱了，屏下	2019-04-13 13:20	3	1			天空之境标准版	8GB+128GB
59	b***s	PLUS会员[试用	star5	买来送给婆婆的，颜色很漂亮	2019-04-21 13:00	4	2			珠光贝母8GB+256GB	标准版
60	金**号		star5	使用了一周后，过来说一下亲	2019-04-27 15:38	3	1			天空之境8GB+64GB	标准版
61	f***2	PLUS会员	star5	外形外观：不错 买的天空之镜	2019-04-29 19:46	4	1			天空之境8GB+128GB	标准版
62	徐**y		star5	买来给妹妹用的，用了一段时	2019-04-26 20:13	2	1			天空之境8GB+128GB	标准版
63	蜡**粑		star5	收到货后第一印象外观很漂亮	2019-04-20 12:15	15	1			亮黑色8GB+128GB	标准版
64	c***y		star5	极光色美不胜收，参考了很多	2019-04-19 15:07	27	4			亮黑色8GB+128GB	标准版
65	j**e	PLUS会员	star5	第一次用hw手机，确实惊艳到	2019-04-13 23:31	2	0			极光色标准版	8GB+128GB
66	Y**y	PLUS会员	star5	华为p30的屏幕是真的细腻，拍	2019-04-28 09:45	6	0			极光色8GB+64GB	标准版
67	x***n	PLUS会员	star5	【换机背景】苹果8摔得旧了，	2019-04-24 08:55	8	1			亮黑色8GB+128GB	标准版
68	壹***3	PLUS会员	star5	手机屏幕大，显示效果很好，	2019-04-13 10:42	5	1			天空之境标准版	8GB+128GB
69	顶**角		star5	第一个方面：外观颜值好看。	2019-04-23 18:07	10	1			亮黑色8GB+256GB	标准版
70	爱**西		star5	8g内存为手机性能提升不少，	2019-04-18 15:04	15	0			亮黑色标准版	8GB+128GB
71	B**y		star5	等这个白色等了很久了，终于	2019-04-21 23:19	13	0	[购买1天]屏幕非常		珠光贝母8GB+64GB	标准版
72	L***9		star5	手机特意使用几个月后再来评	2019-04-13 18:51	1	0			天空之境标准版	8GB+128GB
73	芦**菁	PLUS会员	star5	外形外观：手机很好看，颜色	2019-04-30 12:20	0	1			极光色8GB+128GB	标准版
74	j**8	PLUS会员	star5	外形外观：简洁大方，适合直	2019-04-15 15:59	5	4			天空之境标准版	8GB+256GB
75	飞***9		star5	喜欢它的淡蓝渐进色！用起来	2019-04-23 11:37	4	0			天空之境8GB+128GB	标准版
76	y***n	PLUS会员	star5	用了几天才来评价的，手机电	2019-04-16 22:07	4	0			天空之境标准版	8GB+128GB
77	j**a		star5	快递相当的快，昨天下午下单	2019-04-16 22:22	24	4			珠光贝母标准版	8GB+128GB
78	妮**儿	PLUS会员	star5	用苹果手机很久了，换华为了	2019-04-14 15:16	19	3			亮黑色标准版	8GB+128GB
79	Z***E		star5	我以前的手机内存太小了 总卡	2019-04-14 14:32	24	7			亮黑色标准版	8GB+128GB
80	s***y	PLUS会员	star5	手机很时尚，天空之境颜色随	2019-04-19 14:49	13	2			珠光贝母8GB+128GB	标准版
81	j**d		star5	外形外观：很漂亮屏幕音效：	2019-04-27 11:51	4	1			亮黑色8GB+128GB	标准版
82	j***n		star5	当天发货第二天就到了,惊艳的	2019-04-22 00:30	0	2			天空之境8GB+128GB	标准版
83	j**嫣。	PLUS会员	star5	第二台华为手机，屏没有nove	2019-04-28 19:09	3	2			极光色8GB+256GB	标准版
84	K**鑫	PLUS会员	star5	我觉得huaweiP30手机真的特别	2019-04-27 11:45	2	1			天空之境8GB+128GB	标准版

85	易**哟		star5	第一次买华为的，特别喜欢千	2019-04-23 16:56	3	0			天空之境8GB+128GB	标准版
86	J***_		star5	整体手感很好！屏内指纹灵敏	2019-04-30 16:57	1	2			天空之境8GB+128GB	标准版
87	天**取	PLUS会员	star5	待机时间：续航能力强，超出	2019-04-13 12:36	4	1			极光色标准版	8GB+64GB
88	蓦***珊	PLUS会员	star5	给别人买的华为p30，对方很	2019-04-16 00:21	5	1			天空之境标准版	8GB+128GB
89	廖***荣		star5	外形外观：漂亮屏幕音效：很	2019-04-13 09:24	7	3			珠光贝母标准版	8GB+256GB
90	y**板	PLUS会员	star5	我对这个手机的细节设计很满	2019-04-13 12:10	6	3			天空之境标准版	8GB+256GB
91	洵**8	PLUS会员	star5	用了一天，手感很好，激光色	2019-04-28 17:41	3	0			珠光贝母8GB+128GB	标准版
92	j***d		star5	第二天就收到了，发货很快，	2019-04-14 07:14	4	1			天空之境标准版	8GB+128GB
93	j***a	PLUS会员	star5	外形外观：酷炫无敌屏幕音效	2019-04-13 22:14	0	3			极光色标准版	8GB+128GB
94	Q***1	PLUS会员	star5	京东自营次日达是真的快，这	2019-04-12 09:51	21	11			天空之境标准版	8GB+128GB
95	刘*朗	PLUS会员	star5	支持中国，支持华为，强大祖	2019-04-13 19:22	111	9			亮黑色标准版	8GB+64GB
96	D**n	PLUS会员	star5	给老婆换了新机，不愧是华为	2019-04-29 14:40	0	0			天空之境8GB+128GB	标准版
97	l**3	PLUS会员	star5	外形外观：漂亮的天空之境，	2019-04-15 00:28	16	1			亮黑色标准版	8GB+128GB
98	h***q		star5	屏幕音效：很好。拍照效果：	2019-04-13 14:55	3	1			极光色标准版	8GB+64GB
99	加***爱		star5	非常满意的一个手机了，真的	2019-04-20 20:42	4	0			极光色8GB+128GB	标准版
100	A***t	PLUS会员	star5	LD大人上一次的手机是2015年	2019-04-20 16:19	3	1			珠光贝母8GB+128GB	标准版
101	k***e	PLUS会员	star5	手机收到了，大小合适，拍照	2019-04-12 14:13	65	13			天空之境标准版	8GB+64GB
102	左**财	PLUS会员	star5	外形外观：好屏幕音效：好拍	2019-04-25 09:59	6	3			极光色8GB+256GB	标准版
103	w***1		star5	用了一段时间，感觉使用流畅	2019-04-14 07:57	3	1			天空之境标准版	8GB+128GB
104	张*弋	PLUS会员	star5	看中她的颜值和苗条的身材，	2019-04-30 21:00	0	1			亮黑色8GB+128GB	标准版
105	j**7		star5	通话声音大，清晰，待机一天	2019-04-29 15:15	1	1			亮黑色8GB+128GB	标准版
106	j**t		star5	颜值无敌了哈哈哈，好用，不	2019-04-28 21:46	3	0			天空之境8GB+256GB	标准版
107	相***红	PLUS会员	star5	外形外观：漂亮屏幕音效：漂	2019-04-12 14:37	21	0			天空之境标准版	8GB+128GB
108	希***斯	PLUS会员	star5	运行速度很快，打开app不卡	2019-04-16 00:19	4	2			极光色标准版	8GB+128GB
109	陆***4	PLUS会员	star5	大小正合适，拿着很舒服，背	2019-04-15 12:10	69	34			亮黑色标准版	8GB+128GB
110	丿***灬		star5	p30真的很优秀！系统反应很	2019-04-22 09:47	2	1			天空之境8GB+64GB	标准版
111	小**明	PLUS会员	star5	华为p30是一款非常不错的手	2019-04-14 16:57	0	1			极光色标准版	8GB+64GB

部分网上评论整理①：

1. 手机质量非常好，外观非常漂亮，尺寸大小适合女性，男性建议mate20，拍照清晰，自带算法，画面增强，随手拍，竟显大片本色，颜值高，自拍，旅游神器，屏幕清晰，触感好，电池待机时间长，充电速度很快。

2. 外形外观：外观比较大气，整体是比较纤长的，手感好。拍照效果：拍照效果很赞，成像清晰，夜景在微光下拍照效果不错，长焦放大10倍时画面还可以，但放大到二十多倍就不清晰了。待机时间：电池续航比较好，一个多小时就可以充满，超级快充很棒。运行速度：处理器和高通没啥区别，非常流畅。屏幕音效：屏幕分辨率高，看高清视频挺清晰的。

3. 当天发货第二天就到了，惊艳的外观，流畅的系统，游戏也是非常可以的，应该可以满足日常应用，拍照也是非常不错的，十二分满意的手机。显示效果：很自然的色彩，耐看。运行速度：非常快。电池续航：P30的续航强大。拍照效果：非常满意，续航力强、性能棒、外观好看。

4. 第二台华为手机，屏没有nove2s大，但是手感很好。256内存，还是喜欢的颜色，真的非常开心。拍照的话最大是30倍，水滴刘海有点不习惯。运行速度很好，吃鸡三小时，还很耐电。大家有兴趣买新手机，可以了解一下。

5. 我觉得huaweiP30手机真的特别推荐，性能的优越是无可置疑的，最打动我的就是这款手机的外观，它的颜色真的是太美了！让人不由被它吸引住目光！手机的颜色真的可以用惊艳来形容，这款手机功能同样是相当出色的，P30使用的是麒麟980处理器，这款处理器应该是相当高端的，内存大，多任务处理功能，运行流畅，非常适合对功能要求全面，手机体验度高的用户。拍照效果好一直是华为手机的优势，P30的徕卡三摄，高像素，强大的感光能力，使每一个手机用户都能拍出专业级的优质照片。而且操作非常简单。最重要的一点是这款手机的颜值，我想很多选择这款手机的人都会被这款手机的色彩所打动，简直是自带仙气有木有。

6.【换机背景】苹果8摔得旧了，从苹果换华为。主要还是觉得华为拍照“人像”模式很霸道，堪比单反。这是最主要原因。【数据迁移】手机搬家导入挺快，华为有提示，如何通过手机克隆，几分钟无线网络环境把照片、通讯录等一下子搬过来。【配件惊喜】比较小惊喜是，华为还配了手机壳，很贴心。【基本感

① 笔者为了表证网上评论真实性，保留了原评论的内容。

觉】尺寸确实比苹果8大,估计和plus差不多。目前还不是很喜欢安卓系统,慢慢在操作上适应。双卡双待,这个还是很实用的。华为自己有很多服务、客服啊、商城啊、云存储啊,有待慢慢感受。

7. 用苹果手机很久了,换华为了,体验还可以,很流畅。相机真的挺好的,很清晰。现在国产机也挺好看的。

8. 给别人买的华为p30,对方很喜欢,说手机看起来很有质感。我看了一下,大小和华为p10差不多大,但是屏幕要比华为p＊＊＊很多,对于手小不喜欢大屏幕的女生很友好,单手拿很方便。双卡双待,系统流畅,比苹果要值一点。天空之境很美。

9. 以前都是用的苹果手机,华为手机还是第一次用呢,不错的体验,很好的一部手机。使用起来很流畅不卡,天空之镜很漂亮,颜值担当,特别是它主打的拍照就很好。

10. 这也算是以一种方式支持华为了。① 手机色彩真的很漂亮,运行速度很快。② 比原来红米Note 4稍窄一点,手拿着正好。③ 随机带了一个软质透明壳,不是很厚,但跟手机贴合很好,完全可以不用另买手机壳的。④ 最赞的是随机带了一副耳机。⑤ 试了相机,暗处拍摄非常清楚,比我用D3200单反套机拍的清晰得多。⑥ 音质比iPhone6Plus听着舒服。⑦ 贴膜没除掉,所以没有试指纹。第一次买华为手机,很满意。

11. 手机用过很多品牌,直到用到华为,上个手机买的荣耀V9,用了2年多还是跟新的一样,我老婆我都是给她买的华为,这款P30看了很久了,也就是上个手机一直什么毛病都没机会换,刚好我妈手机坏了,我把旧的给她就有理由买新的了,哈哈。

12. 京东发货速度杠杠滴、第一次用华为手机、感觉挺好的、充电超级快、电池很耐用、应该能续航一天、外观设计很大气、拍摄功能很强大、麒麟980处理器很快、人脸识别和指纹解锁非常灵敏、选择了自己喜欢的黑色,希望能带来好运。

13. 在xr和p30中犹豫不定,最终选择p30。屏幕大小适中,手小的操作也无压力。一点都不失望,又一次刷新了对安卓机的认识。屏幕很舒服,京东还送了一年的碎屏险,非常不错。买的珠光贝母,很好看,有点渐变色的意思。

14. 性能强悍,发热控制得很好,拍照非常棒,不过指纹识别和面部解锁不如我的魅族pro7p,一些ui细节不如魅族做得人性化。假如华为硬件加持flyme系统,一定很爽。

15. 拿到手,包装太简陋了,完全配不上这四千的手机,透明胶都开了！拆开里面倒没有磕碰，手机手感极佳，屏幕也很漂亮，拍照确实强大！

16. 之前用过几部国产某米，对国产手机性价比有很高的认可度。后来又用过三星，水果机，感觉合资机做工较好，小毛病也少，但性价比差好多。现在华为崛起，全球认可华为，家里人也吵着要买华为！果断下单，到手后，眼前一亮，做工精细，外形时尚，耐看，屏幕清晰，运行流畅，音效不错，摄像头相当给力，大小适中，家人很喜欢！很满意的一次购物，P30 值得推荐！京东物流速度值得点赞！

17. 以前用的手机有三星. 苹果. vivo 等等，从来没使用过华为手机，这次美国佬打压制裁华为，反而觉得一定要用行动支持华为，别的手机不买了，就买华为手机。京东自营店的，昨晚下单，今天上午收到。手机无论是外观设计、还是使用速度真的非常完美。漂亮！

18. 之前一直用苹果，先是买了小米，感觉电池不好用，就换了华为，算是第一次正式用华为产品，真的很惊艳，速度很快，下载，打开软件，指纹感应都很好，比米 9 块很快。苹果用习惯了，一直不想换安卓的系统，目前来说，很满意。

19. 手机用了两天来做一下评价。无论是从它的外观还是运行，都非常满意。以前用过三台华为手机。虽然我不玩游戏，不知道游戏体验怎么样？但从它的运行速度来讲，什么游戏应该都可以拿下吧？拍照功能很不错。虽然 5G 快要来了但是还忍不住买下这台心仪已久的手机。

20. 1080P 分辨率的 AMOLED 屏幕显示效果比较细腻，目前感受不错，配上屏下指纹；在卡槽方面，华为 P30 采用的是二合一卡槽，不支持 SD 卡槽，拍照效果简直不是一般的好，特别赞！

21. 这款手机很火爆，21 号下的预约订单，说 26 号才有货，26 号上午就收到货了，像素特别好，比以前的手机拍出的效果好太多了，运行超级快，是 8GB128GB 运行，这款极光色感觉是最完美的。

22. 第一次从苹果换华为，开始充满忐忑，没想到非常顺利。P30 外表好看，拿捏起来大小正好，拍照功能强，色彩很鲜明。拿到后就爱不释手，用手机克隆转移数据也相当速度。

23. 心心念念的 HUAWEI P30 果然没有让人失望，买这款手机主要是考虑强大的拍照、录像功能，最突出的优点就是拥有广角，这让使用变得非常便利。分辨率高，简直就是拥有通信功能的数码相机。性价比高，外形美观大方，非常满意。

24. 用了两年半旧手机电池真的不行了，而且是小火龙 820 处理器，实在无法忍受了,一直有关注华为p30,市场反响不错,整体都比较符合我的需求!小屏续航比较强。

25. 非常完美的一款产品!国产机的极品简直了,麒麟980,光学指纹解锁,极速的22.5万超级快充,现在的流畅度也媲美苹果,我朋友的苹果x系列在全方位完败,p30信号更不用说,下载app平均速度在15m左右稳的很,最要夸的就是天空之境这个配色,手机里面最好看配色,没有之一,越来越好看,还是一句话:买到手体验再做评价,有些人没体验就别瞎喷!我从p6就开始用的华为,中间转到小米几年,荣耀v10又回归华为!品质各方面越来越强劲!个人觉得三星,苹果已经不是华为的对手了!还是期待华为下半年的鸿蒙操作系统!全力支持!华为也想做得更好,作为花粉必须支持!各位多体验华为的产品就会知道所谓外国产品的技术落后!国货发展起来是必然的!彻底打败还在消费者群体这块!两个字——"稳了"。

26. 好看,背壳随着光线呈现不同颜色,光颜值就值五星。大小合适,色彩很棒,指纹灵敏。还没有拍照,明天出去试试。从荣耀6,到p10,到荣耀V10,再到p30,一路追随。

27. 外观特别好看,不同角度光线都不一样,工艺是这么点,手机外观很圆滑,撕掉第一层膜里面还有自带的钢化膜,续航还没有具体用,可能会追评,快递也特别快,昨天中午下单,今天十点收到了取货码,很nice。我终于可以换手机了,耶!开心!对,里面还有一个透明的软壳,在我没有买到新的壳之前就可以用。啦啦啦……

28. 说是采购中,本来以为要等十来天,哪知道第二天就送到了。颜色很浅,没有网图那么惊艳吧。系统很流畅,握感也很好,机身稍微有点长。女孩子用会不会太大呢?哈哈哈

29. 首先说一下我的感受,下单前已经看过很多次,在各个平台,包括跟朋友也去了实体店看了,其实更偏向于"赤茶橘",觉得很亮丽,被惊艳到!最终决定在京东下单,所选地区暂时无货,就下单了珠光贝母,拿到手也觉得很漂亮!其次,个人还是非常信赖京东的,买了好几部手机,而且还买了电脑,质量、服务和物流都非常给力!最后强调一下,收快递那天下午真的巨热,连续好几天的高温,天气闷热,小哥送前打了电话,我接过来快递频频道谢,但小哥笑着说不客气,有那么一刻,觉得鼻头一酸,每一份工作都有相应的职责,需要付出和努力才会有好的结果。生活不易,一起加油吧!

30. 一直在苹果XR和华为P30两者中纠结,最终还是选择了P30,果真没

让我失望，大小合适，丝滑流畅，和 ios 系统有得一拼，待机时间也不错，app 界面的美观度相比 ios 还有很大提升空间，拍照非常清晰，总之很不错。

31. 非常好，256 G 的容量足够使用。不喜欢曲面屏，看着别扭，所以没有选择 P30 Pro，Pro 要是有非曲面屏的就好了。

32. 运行速度：开关机很快，没想到华为手机很不错……外形外观：看着很好，新款新机新体验……屏幕音效：声音很纯，没杂音……待机时间：刚用，还没体验……拍照效果：拍照效果很好，和三星的差不多……其他特色：自带手机贴膜，省事儿了，系统还得适应一段时间，以前一直使用三星的……

33. 外形外观：新一代小屏旗舰一手掌握非常顺手；屏幕音效：屏幕比 P30pro 要好，调成鲜艳模式看着非常顺眼，正常模式下会偏黄更素一些，拍照效果：混 30 倍变焦足够用了；运行速度：和之前的荣耀 8 比快了不是一点点；待机时间：正常使用～网页浏览偶有电话一天还能剩下 30% 多，快充一个多小时就满了很方便。

34. 待机的话，用了整一天，中度使用吧，充满还剩 57% 电。然后反应速度，浏览器，游戏，无延迟卡顿(同样的网络，与上一台机比较。)色彩鲜艳，触感舒适，按键翻页查找什么的很灵敏。指哪儿打哪儿算是吧。再者大小适中，6.1 的机子并没有很大，反而很精致。屏占比很大，非显示区域的大小，长度、宽度方向上大概就 3.5 毫米～大方面就这，小细节还在摸索之中，暂时没找到什么不满意之处。

35. 非常非常好用，流畅运行速度快，内存绝对够用，照相功能绝对的，充电速度很快，不愧是华为，京东快递非常快，信赖京东，信赖华为，特意用了几天才来评价的，值得购买。

36. 用了六七年的苹果手机，都说华为手机是中国人自己的手机，所以我也特意换了这款华为 P30(当时拍的时候缺货，等了一周多才有“天空之镜”)，目前试用 2 天了，感觉很好，截屏功能目前还没用顺手，解锁也还没完全习惯，但系统很好，没有失望，验证了是真品，我想以后也会继续用华为手机的，用回中国人自己的品牌!

37. 快递超快，手机颜值超级好看，手机不大不小握在手中，初步体验挺不错的，我觉得我的食指无法安放，按照以前的拿手机方式我会挡住摄像头，不过一个手机一个方式，习惯就好啦。

38. 买来使用了有一个月了，评价有点晚了，不过更全面的，来说下感受吧，首先机身来说对于一只手操作正合适，没买 Pro 也是因为机身比这款大，配置方面没话说,系统很快,估计可以用个两年时间,作为华为的旗舰款也对得起它的价格,因为这款手机主打的是拍照,回来也用来拍了很多次照片(虽然我这人平时不大拍照),但是毕竟网上吹得很厉害的拍照效果确实#,各种模式自动会推荐,图片很清晰放一张自家的手办图,美爆了,哈哈说了这么多其实还是很满意能买这款手机的,买新不买旧,在犹豫的朋友也趁早可以入手了!

39. p20被偷了,白条12期买的,明年这个时候降价一千块了估计。p1是手机拿到的第一张图。像素比p20高了很多,肉眼可辨,AI智能也更精准了。背壳很好看,配件耳机又换成了圆孔,我用20的耳机插着也合适。不追求什么摄影大片p系列还是很不错的。8G后台运行足够了,以前6G的返回之前开的～总是会被刷新,这个打开无数个APP以后返回去还是原来的那一条。超赞。

40. 收到货之后已经用了有半个月了,本人表示非常满意,对于他的拍照来说是他最#的地方,基本上可以当望远镜了。这是第3次在京东店铺购买。京东自营店从来没有让我失望。喜欢的朋友们可以下手。电池方面感觉一般吧,正常早上100%,晚上回去大概10:00,还有35%的电量。但是有一个好处,这个手机充电器特别快,一个小时就可以从0充到80%。整体来说还是比较满意的。

41. 京东发货速度太神速了,上午拍,傍晚就到了。一直用的华为,从荣耀6到p10,如今买了p30。不喜欢大屏的,所以选择p30。这手机屏幕比p＊＊＊一点点,拿在手里很合适,天空之镜颜色很漂亮,满意!只是被儿子鄙视了一下,他认为1+7pro更好!

42. 流畅度挺高,手机也很流畅,好多功能其实日常也用不到,主要是打电话和浏览新闻,待机时间比原来的苹果好很多!

43. 之前用的苹果6S plus,看到华为的广告被拍照功能吸引,看了各种评测貌似还行就买了。果然不负所望,夜景、逆光、超级微距、广角、背景虚化真的好棒,好喜欢。但我基本用标准模式拍照,鲜艳模式偶尔用用,因为喜欢自然点。至于变焦我也只是在拍远距离建筑物偶尔用用,基本用3倍或5倍,若再高的话清晰度会下降。总之很适合我这种搞不来专业相机的摄影小白。另外关于屏幕,刚开始觉得看图片有时比较鲜艳,用了快一个月才发现原来在设置中的显示中的色彩调节与色温中可以把默认的鲜艳改为标准,这样屏幕色彩看起来自然多了。充电很快这点非常方便。视频用得不多,拍过一个夜景,很清晰。打电话通话效果OK。听歌的话若戴上耳机听蛮好,但是把音乐放出来听效果真的不怎么样。选的极光色,很炫,其实其他颜色也不错,在实体店看过,还有黑色也是意外的比图片好看。拿到手时包装盒内有个透明保护套,质感挺不错呢。

44. 支持华为这款手机，真的好用，颜色也好看。就是功能太多，我有很多不会用的地方慢慢研究吧，不像真正懂的人说的那么专业，零部件都能说得头头是道，我就是知道真好用。支持华为，支持京东。晚上 11 点多下单，第二天早晨 9 点多就收到快递工作人员的电话。工作人员很好，我上班不在家，下午又跑了一趟给我送的。

45. p30 真的很优秀！系统反应很流畅，人脸识别和指纹识别速度非常快！选了很久，决定这款机型，真的没有选错！颜色很漂亮，男女都适合！这个屏幕大小刚好，拿在手里很舒服，不会太宽，手感也很好，就是容易吃指纹。原厂还配送了透明壳，还有高清膜已贴好，真的很贴心！

46. 大爱啊，虽然不是 pro. 拍照依然吊打 N 多手机，天空之境比图片美死了，2019 最美后盖，没有之一！屏幕指纹贼快，系统好快啊，之前用 p20 pro。拍照进步了，录像也进步了，全公司我们组所有员工手机全部是华为！支持华为，支持任正非，无关爱国！

47. 喜欢它的淡蓝渐进色！用起来很流畅，电基本一天一充，如果不照相。要是照相的话电力也就坚持 4～5 个小时。拍照很 cool，前镜头自拍会自动变成 portraiture 模式，不是很喜欢那种失真的人工智能，还是喜欢用一般照相模式。夜晚拍照模式很强大，暗光时 night 模式可以自动调亮，但需要稳定手持若干秒，成像效果显然有锐化处理。另外很喜欢近景拍照功能。总之拍照操作很方便。其他功能还在探索，基本上很满意。

48. 运行很流畅，精致小巧，女生用天空之境再合适不过了，很喜欢的渐变色，之前超喜欢手机壳的我为了不遮挡这个颜色就用了买手机时赠的手机壳，还有这个不赠送钢化膜的，大家买手机之前也记得买钢化膜，美中不足就是指纹解锁不太灵敏，其他都很喜欢，好评，拍照是真的强

49. 最开始定了 30pro 用了几天眼睛感觉太难受了都说 30 的屏幕好一些我把那个退了换成了 30 确实感觉要好一些，眼睛舒服多了。感觉两个相机差不太多，pro 更专业一些，要求不高的话，30 就可以。30 出厂自带一个软膜暂时可以不用贴钢化膜，送的透明套也很好。从某水果转粉过来，没有不适应，而且很流畅，用起来很便捷。30 的大小更适合女孩子，可以一个手操作，手感握着比 pro 更舒服。对相机要求不高的话，30 就可以。之前 pro 买的珠光贝母色也很漂亮，30 换了一个天空之境，体验一下新配色，很漂亮哦！

部分网上差评整理：

1. 不好用 拍照还行 当买了个玩具吧。

2. 太卡了，电池还可以。

3. 手机很好，一星给快递，包装盒损坏，希望jd不要栽在快递服务上面。

4. 打游戏老是卡顿。

5. 软件升级，手机就烫得要命。

6. 一塌糊涂。

7. 电子发票呢？给我吃了吗。

8. 看好了有赠品才买的，给的赠品呢？让你家落下了吗？

9. 买了还没7天呢就便宜300了。

10. 好端端的为什么会重启？我想知道！

11. 说实话，冲着京东快递在这里买的，这个快递让我很失望，手机还可以。

12. 还是实体比较好，这个不能保证质量与服务。

13. 二手机，连出厂原膜都没了……

14. 到货试用发现扬声器发出很离谱的嘶嘶声，作为国之名牌，不应该有的质量问题。

15. 刚用2个月手机就卡。

16. 昨天下单4788，今天就4488。

17. 总体还行，送的耳机杂音好大，失望。

18. 话筒有问题!!!!! 心痛。

19. 物流挺快的，长经验了，手机不能在网上买，用了一周就开始卡??

20. 进网许可证都没有…………不知道是不是真货。

21. 手机刚到手，好不好过一段时间才知道，不过应该没什么问题的，因为我一直用的都是华为。但我还是要差评，问题出在配送上了，竟然说没人配送，要我自己到配送站去拿，一个来回用了我六十多的车费。

22. 差评。也不知道是不是真的，反正新的用着比用了几年的旧手机还卡，拍照效果更是一般般。

23. 我的赠品呢？

24. 京东和店铺联合起来骗手续费和利息，6·18活动说是免息，其实分期照样多扣费用，华为P30免息共5219元，呵呵。

25. 手机使用 3 周后屏幕左侧出现绿色条纹，一直闪，反馈给京东客服，态度挺好的，不知道后续返修后会怎样。

26. 手机不错，但因为快递，我给差评，昨天早上看了预送达时间当天到才下的单（手机丢了，比较着急用），但快递今天早上才到！！！

27. 8 月 3 号下单，4 号到货。用了 3 天就直降 300 元，这算不算欺诈？京东我何等的相信你，你却让我心灰意冷。

28. 后悔，早知道买苹果。[购买 17 天后追评]苹果苹果我爱你。

29. 拍照偏色辣鸡。

30. 打游戏卡得很。

31. 好卡啊，从开始用到现在还是好卡，伤心，感觉也没有那么好，伤心。

32. 手机安全系数需要提高，手机刚买就被偷了，之后定位到在一个很小的修手机门店已经刷完机了，一个小小的门店都可以随随便便不需要任何密码刷机成功，不想吐槽什么了，心痛。

33. 为什么我的用了 2 天之后手机耗电特别快，刚买时还可以，特别省电，可过了两天就是不玩也会几分钟掉 1%的电??

34. 还行吧，一般般。一下午没玩不知道怎么就关机了，没电了。还行吧，贴完钢化膜，指纹解锁却不好使了。

35. 指纹解锁……只能暂时解锁……指纹支付……从未成功。

36. 手机各项功能都没有介绍说的好，拍照不是很清晰，除了有变焦和双录像，拍照效果比一般一两千的手机也没觉得更好很多，电池早上八点充满晚上九点多还有百分之 16，不玩游戏看了两集电视，下午看了下朋友圈，接打了几个电话。[购买 13 天后追评]总是要求下资源包，不下就打不开，同一张卡其他手机看电视不卡，这个手机看就卡。

37. 换个主题就这样了。有好多毛病，自动亮度关了，它自己又恢复了。各种小毛病。

38. 一直用苹果，看到华为的崛起果断买了一台 p30，结果用了一周已经出现质量问题，点赞京东售后，已经顺利退款，总体这次华为体验亏了 15 元的屏幕费用以及我宝贵的时间。国产加油！

39. 开箱的时候心里一个疙瘩，手机和保护膜上都是脏脏的，好多灰尘和疑似指纹的感觉。

40. 给女朋友买的，结果现在分手了，你问我好用不好用，我怎么知道好用不好用啊！你问别人去啊。

41. 买华为手机要留意了，新手机出来不要着急买，过一小段时间，就会很多赠送礼品，早买两三天就没这福利了，经验之谈，不要着急入手。

42. 新手机刚用了34天出现卡顿 后台运行4个程序出现未响应，让选择等待或关闭程序，购买需谨慎。

43. 手机还是很惊艳的，外观漂亮，系统流畅，快充很好，拍照的功能很强大。但是夜景拍摄的照片会发红，夜景模式，拍照模式都会出现发红的现象。

44. 昨天晚上下单，今天中午就到了，物流很给力，快递小哥很优秀！产品外观很漂亮！拿到手还有50%的电量 拍照还行 但是我才开机用了10分钟手机就发热、发烫，是什么情况???? 我觉得很失望。第一次用华为产品印象就不好！下次我会慎重考虑。

45. 手机买了有段时间了，说说感受。以前一直用的三星。华为的系统流畅度还是比较不错的，指纹解锁就是个垃圾，不过面部解锁很好用，电池耐用度比三星强3倍，不管怎么玩，一天一充毫无压力，晚上喜欢玩手机的千万不要买，玩的时间久了估计眼睛会瞎掉。通话音量很大，但是外放音量比较小。

46. 第一次在京东自营买东西，等了三天，京东是要倒闭了吗?

47. 收到货不到一天就降价。

48. 刚买了两天就降了三百！

49. 才过几天，就降价了，心痛。

50. 什么都没送，比实体店牛。

附录 E　电影《哪吒之魔童降世》豆瓣网短评时间和数量

序号	日期	短评数量	序号	日期	短评数量
1	2019/7/5	1	23	2019/7/31	638
2	2019/7/8	1	24	2019/8/1	510
3	2019/7/11	3	25	2019/8/2	377
4	2019/7/12	4	26	2019/8/3	433
5	2019/7/13	40	27	2019/8/4	503
6	2019/7/14	41	28	2019/8/5	400
7	2019/7/15	14	29	2019/8/6	260
8	2019/7/16	8	30	2019/8/7	203
9	2019/7/17	37	31	2019/8/8	200
10	2019/7/18	71	32	2019/8/9	226
11	2019/7/19	131	33	2019/8/10	231
12	2019/7/20	197	34	2019/8/11	231
13	2019/7/21	306	35	2019/8/12	202
14	2019/7/22	187	36	2019/8/13	114
15	2019/7/23	83	37	2019/8/14	109
16	2019/7/24	53	38	2019/8/15	101
17	2019/7/25	51	39	2019/8/16	87
18	2019/7/26	458	40	2019/8/17	90
19	2019/7/27	870	41	2019/8/18	116
20	2019/7/28	1016	42	2019/8/19	102
21	2019/7/29	850	43	2019/8/20	68
22	2019/7/30	653	44	2019/8/21	54

(续表)

序号	日期	短评数量	序号	日期	短评数量
45	2019/8/22	58	73	2019/9/19	9
46	2019/8/23	51	74	2019/9/20	7
47	2019/8/24	61	75	2019/9/21	56
48	2019/8/25	86	76	2019/9/22	12
49	2019/8/26	54	77	2019/9/23	11
50	2019/8/27	46	78	2019/9/24	8
51	2019/8/28	38	79	2019/9/25	4
52	2019/8/29	38	80	2019/9/26	13
53	2019/8/30	42	81	2019/9/27	6
54	2019/8/31	61	82	2019/9/28	5
55	2019/9/1	44	83	2019/9/29	8
56	2019/9/2	34	84	2019/9/30	10
57	2019/9/3	29	85	2019/10/1	7
58	2019/9/4	23	86	2019/10/2	4
59	2019/9/5	23	87	2019/10/3	6
60	2019/9/6	16	88	2019/10/4	10
61	2019/9/7	18	89	2019/10/5	5
62	2019/9/8	20	90	2019/10/6	3
63	2019/9/9	19	91	2019/10/7	4
64	2019/9/10	13	92	2019/10/8	7
65	2019/9/11	15	93	2019/10/9	2
66	2019/9/12	24	94	2019/10/10	5
67	2019/9/13	25	95	2019/10/11	29
68	2019/9/14	36	96	2019/10/12	70
69	2019/9/15	24	97	2019/10/13	71
70	2019/9/16	15	98	2019/10/14	42
71	2019/9/17	16	99	2019/10/15	26
72	2019/9/18	8	100	2019/10/16	29

（续表）

序号	日期	短评数量	序号	日期	短评数量
101	2019/10/17	20	129	2019/11/14	8
102	2019/10/18	42	130	2019/11/15	11
103	2019/10/19	31	131	2019/11/16	9
104	2019/10/20	23	132	2019/11/17	1
105	2019/10/21	19	133	2019/11/18	3
106	2019/10/22	19	134	2019/11/19	5
107	2019/10/23	24	135	2019/11/20	5
108	2019/10/24	11	136	2019/11/21	3
109	2019/10/25	17	137	2019/11/22	5
110	2019/10/26	20	138	2019/11/23	4
111	2019/10/27	14	139	2019/11/24	3
112	2019/10/28	40	140	2019/11/25	6
113	2019/10/29	22	141	2019/11/26	3
114	2019/10/30	15	142	2019/11/27	3
115	2019/10/31	22	143	2019/11/28	4
116	2019/11/1	6	144	2019/11/29	4
117	2019/11/2	16	145	2019/11/30	6
118	2019/11/3	14	146	2019/12/1	4
119	2019/11/4	15	147	2019/12/2	3
120	2019/11/5	5	148	2019/12/3	2
121	2019/11/6	8	149	2019/12/4	4
122	2019/11/7	11	150	2019/12/5	3
123	2019/11/8	8	151	2019/12/6	2
124	2019/11/9	7	152	2019/12/8	9
125	2019/11/10	9	153	2019/12/9	1
126	2019/11/11	1	154	2019/12/10	3
127	2019/11/12	1	155	2019/12/11	4
128	2019/11/13	4	156	2019/12/12	2

（续表）

序号	日期	短评数量	序号	日期	短评数量
157	2019/12/13	5	168	2019/12/25	5
158	2019/12/14	5	169	2019/12/26	4
159	2019/12/15	3	170	2019/12/27	9
160	2019/12/17	2	171	2019/12/28	6
161	2019/12/18	4	172	2019/12/29	2
162	2019/12/19	2	173	2019/12/30	6
163	2019/12/20	5	174	2019/12/31	6
164	2019/12/21	5	175	2020/1/1	4
165	2019/12/22	8	176	2020/1/2	4
166	2019/12/23	6	177	2020/1/3	1
167	2019/12/24	6			

附录 F　豆瓣网用户短评数(部分)

用户 ID	用户名	评论数	用户 ID	用户名	评论数
B**8	游**笑	3 919	5**7	红*	137
v**k	做**设	3 806	1**2	隔**漫	135
y**6	云**扬	2 565	B**A	B**A	133
y**i	影**榜	2 409	4**5	影**末	132
1**8	阿*	1 477	d**a	乌**子	131
s**s	释*	1 447	1**9	K**f	131
b**8	竹*	1 140	1**6	希*	130
M**L	木**二	1 136	1**7	c**a	128
5**7	初*	1 115	9**0	帕**斯	128
5**8	梦**书	1 095	h**1	雷**晴	128
1**6	非**构	965	o**u	影**控	127
1**7	行**客	947	1**1	慕**糕	126
1**0	远*	937	1**1	墨**花	125
f**n	方**南	880	v**t	影**匠	124
d**x	乌**堂	857	1**7	我**视	123
1**6	小**影	847	y**g	军**蛋	123
5**6	张*	842	I**k	冰**巅	122
x**u	x**n	727	n**n	白**蝎	122
B**s	B**s	658	w**d	w**d	121
l**n	里**森	636	1**8	小**明	119
1**1	E**■	596	1**7	G**c	118
1**5	塔**次	583	a**y	突**s	118
1**3	花**车	571	w**i	五**味	118

(续表)

用户 ID	用户名	评论数	用户 ID	用户名	评论数
5＊＊0	蓝＊＊城	562	1＊＊9	P＊＊X	117
1＊＊9	L＊＊飞	554	1＊＊5	柚＊＊茶	117
5＊＊4	曾＊＊群	547	s＊＊o	霄＊＊霄	116
L＊＊e	L＊＊c	527	z＊＊3	朱＊＊力	115
7＊＊8	嘉＊＊隐	474	r＊＊6	徐＊＊风	115
1＊＊7	这＊＊影	473	s＊＊r	夜＊＊床	114
s＊＊n	三＊＊片	455	1＊＊6	6＊＊6	114
5＊＊4	o＊＊y	443	1＊＊3	小＊＊仪	113
d＊＊3	电＊＊派	437	4＊＊5	妖＊＊轮	113
s＊＊t	s＊＊t	434	1＊＊0	卡＊＊降	113
8＊＊7	/＊＊灯	427	4＊＊7	阿＊＊伟	113
y＊＊n	雪＊＊蕻	407	r＊＊g	『＊＊』	113
a＊＊i	瑄＊＊记	403	1＊＊9	独＊＊二	112
1＊＊2	芝＊＊果	397	8＊＊0	行＊＊机	112
1＊＊2	M＊＊c	388	y＊＊n	小＊＊学	112
2＊＊1	毒＊＊文	382	1＊＊4	无＊＊紫	112
1＊＊7	扰＊＊扰	374	P＊＊e	一＊＊椒	111
6＊＊1	杨＊＊儿	367	1＊＊2	电＊＊影	111
1＊＊5	陆＊＊均	367	7＊＊8	下＊＊菜	110
m＊＊x	麻＊＊姐	351	s＊＊e	清＊＊溪	110
7＊＊6	R＊＊g	343	2＊＊3	亲＊＊游	109
1＊＊5	凌＊＊睿	342	c＊＊s	猫＊＊娱	109
w＊＊n	惘＊＊然	341	3＊＊9	所＊＊炼	108
s＊＊9	大＊＊海	337	8＊＊3	做＊＊醋	108
6＊＊4	知＊＊行	329	7＊＊2	s＊＊0	108
1＊＊2	雪＊	326	4＊＊2	舒＊＊酱	108
1＊＊7	电＊＊条	326	y＊＊i	一＊＊白	107
7＊＊3	天＊＊e	319	5＊＊7	y＊＊r	107

（续表）

用户 ID	用户名	评论数	用户 ID	用户名	评论数
1**3	大**影	318	4**9	圆**书	107
k**4	山**影	304	p**9	子**戈	107
1**3	李**6	303	1**1	欠**了	106
1**5	你**了	295	1**1	元**宝	106
1**2	壹**哥	294	1**8	C**k	106
1**5	最**光	292	1**2	Y**a	105
1**8	仁**敌	290	k**n	喵**人	105
b**g	表**影	289	3**0	戴**咪	104
t**e	长**易	289	1**3	■**■	104
l**7	救**棍	287	1**6	期**虹	104
q**e	叶**臣	283	1**4	张**户	103
m**e	巴**影	281	7**5	千**面	103
w**g	w**心	279	4**6	w**i	102
7**7	雪**白	277	1**7	d**w	101
i**9	i**e	274	t**d	t**人	101
R**x	隔**歌	272	1**7	阿**呆	99
s**g	司**狂	265	4**8	e**a	99
1**6	电**令	265	2**5	虎**头	98
1**8	N**影	264	5**4	地**瓜	97
e**8	独**楼	263	y**4	花**减	97
4**3	w**d	262	1**1	广**雨	97
1**4	思**膀	260	1**7	念**凉	97
p**y	口**君	260	5**9	墨**痕	97
y**a	亚**鱼	257	1**8	D**0	96
e**n	E**西	247	a**a	南**泉	96
4**9	云**东	246	1**2	老**记	96
1**9	李**翼	243	1**4	玛**养	95
E**2	E**s	243	6**4	仰**蓝	95

(续表)

用户ID	用户名	评论数	用户ID	用户名	评论数
x＊＊l	西＊＊凉	237	1＊＊7	佛＊＊念	94
1＊＊9	首＊＊官	237	2＊＊8	1＊＊6	93
1＊＊5	文＊＊道	236	1＊＊0	福＊＊妞	93
5＊＊1	天＊＊n	231	1＊＊5	罗＊＊极	92
q＊＊o	萧＊＊水	229	8＊＊6	双＊＊鹏	92
s＊＊7	三＊＊盅	228	8＊＊9	j＊＊l	91
1＊＊3	仲＊＊影	225	f＊＊d	f＊＊d	90
1＊＊5	摩＊＊卡	224	1＊＊0	陈＊＊走	90
1＊＊4	小＊＊子	223	3＊＊3	火＊＊人	89
o＊＊a	润＊＊物	220	1＊＊2	地＊＊宫	89
8＊＊9	柠＊＊F	219	1＊＊7	j＊＊g	89
2＊＊2	影＊＊士	216	1＊＊1	棉＊＊苏	88
1＊＊3	双＊＊子	216	1＊＊4	徐＊＊辞	88
1＊＊6	C＊＊儿	214	1＊＊6	西＊＊雪	88
1＊＊5	w＊＊y	213	E＊＊g	D＊＊g	88
o＊＊t	J＊＊	213	s＊＊r	巴＊＊德	87
1＊＊3	翟＊＊钧	211	1＊＊9	密＊＊言	87
1＊＊4	遇＊＊你	210	1＊＊9	射＊＊魔	86
4＊＊3	二＊＊主	209	7＊＊0	楚＊＊凡	86
e＊＊y	E＊＊姐	205	1＊＊5	元＊＊评	86
1＊＊2	冷＊＊墨	202	1＊＊5	意＊＊说	85
1＊＊6	紫＊＊涵	198	1＊＊5	问＊＊津	84
1＊＊5	小＊＊人	196	1＊＊5	G＊＊e	84
i＊＊e	闲＊＊影	195	3＊＊3	A＊＊e	84
1＊＊5	壹＊＊影	194	A＊＊r	呵＊＊吗	83
y＊＊5	梦＊＊阳	194	7＊＊7	沉＊＊g	82
5＊＊2	爱＊＊翾	189	W＊＊7	P＊＊r	82
d＊＊j	夏＊＊间	189	8＊＊9	晏＊＊飞	82

（续表）

用户 ID	用户名	评论数	用户 ID	用户名	评论数
1＊＊7	月＊＊殇	185	1＊＊3	乔＊＊儿	82
7＊＊6	鲜＊＊客	182	1＊＊6	庭＊＊槐	81
1＊＊5	珉＊＊书	182	y＊＊e	电＊＊子	81
1＊＊0	威＊＊廉	181	h＊＊3	柳＊＊丁	81
D＊＊4	宋＊＊生	181	1＊＊7	童＊＊镇	80
1＊＊5	看＊＊死	181	4＊＊9	魔＊＊族	80
1＊＊7	蓝＊＊市	181	3＊＊0	ノ＊＊ノ)	80
F＊＊3	■＊＊号	181	5＊＊4	路＊＊雨	80
6＊＊8	大＊＊针	175	1＊＊6	望＊＊心	80
1＊＊1	蚊＊＊子	175	1＊＊0	志＊＊会	79
1＊＊2	无＊＊丽	174	1＊＊8	s＊＊索	79
e＊＊7	小＊＊君	173	x＊＊1	头＊＊小	79
1＊＊2	樱＊＊恋	173	6＊＊6	八＊＊鱼	79
s＊＊2	沙＊＊2	171	1＊＊9	片＊＊子	79
1＊＊6	电＊＊事	169	2＊＊2	要＊＊?	78
1＊＊3	缺＊＊K	169	i＊＊5	傷＊＊舞	78
1＊＊5	一＊＊	168	1＊＊5	H＊＊t	78
1＊＊6	A＊＊y	165	1＊＊5	悠＊＊山	77
c＊＊N	K＊＊F	165	1＊＊7	想＊＊东	77
s＊＊n	杀＊＊影	162	1＊＊5	木＊＊鱼	77
6＊＊3	楚＊＊葵	162	1＊＊8	1＊＊8	77
a＊＊g	安＊＊生	162	l＊＊a	L＊＊a	77
9＊＊5	世＊＊图	161	m＊＊4	暖＊＊	76
1＊＊0	R＊＊U	159	1＊＊2	G＊＊y	76
1＊＊2	导＊＊帮	157	d＊＊a	d＊＊a	76
1＊＊3	涂＊＊苏	157	y＊＊r	杨＊＊生	76
4＊＊8	土＊＊皮	156	1＊＊3	b＊＊族	76
3＊＊0	燚＊＊见	155	x＊＊g	渣＊＊渣	75

(续表)

用户ID	用户名	评论数	用户ID	用户名	评论数
1**8	喵**丧	155	R**h	影**理	74
5**1	z**s	150	2**4	包**子	74
1**4	豆**4	150	4**4	羊**卡	73
1**5	昵**定	149	j**0	梅**举	73
y**i	雨**读	148	7**6	玲**玲	73
1**6	流**者	147	1**7	爱**哥	72
1**6	周**周	147	h**y	纸**影	72
4**1	云**城	147	6**0	殇**脸	72
f**0	M**F	147	1**6	注**销	72
h**1	g**n	147	1**1	有**狗	71
L**n	冯**强	146	1**0	小**魂	71
1**4	s**子	145	d**0	D**鹤	71
6**4	电**察	142	r**o	芒**特	70
y**i	洋**观	141	h**o	粉**■	70
1**4	T**g	137	4**6	萱**草	69

附录G 豆瓣网电影名称及影评和短评数量(部分)

电影名称	影评数	短评数
肖申克的救赎	8 593	318 586
美丽人生	3 843	172 230
霸王别姬	6 944	258 582
这个杀手不太冷	4 771	257 567
阿甘正传	4 347	207 357
泰坦尼克号	2 737	187 953
千与千寻	5 102	237 461
盗梦空间	5 571	247 515
海上钢琴师	7 563	209 704
忠犬八公的故事	3 279	183 699
疯狂动物城	3 281	216 765
三傻大闹宝莱坞	4 117	230 844
摔跤吧！爸爸	7 884	208 015
星际穿越	4 770	223 991
辛德勒的名单	2 065	102 548
楚门的世界	4 691	173 541
大话西游之大圣娶亲	3 715	143 306
寻梦环游记	5 539	243 354
放牛班的春天	2 593	133 032
怦然心动	5 362	249 767
机器人总动员	2 658	143 138
龙猫	1 962	140 105

(续表)

电影名称	影评数	短评数
当幸福来敲门	3 663	145 129
无间道	1 082	103 809
熔炉	3 370	127 692
大话西游之月光宝盒	666	68 324
少年派的奇幻漂流	7 157	211 683
教父	1 366	91 478
蝙蝠侠:黑暗骑士	2 006	106 370
飞屋环游记	2 557	129 433
触不可及	2 410	139 824
让子弹飞	4 793	184 338
末代皇帝	1 804	82 238
天空之城	934	67 880
哈尔的移动城堡	1 149	91 693
哈利·波特与魔法石	445	61 286
活着	2 174	96 342
罗马假日	1 160	101 572
看不见的客人	2 404	174 011
阿凡达	4 265	137 049
素媛	1 669	76 225
狮子王	403	53 136
指环王 3:王者无敌	584	51 492
闻香识女人	2 375	101 911
V 字仇杀队	1 906	124 783
控方证人	655	63 844
你的名字	5 778	215 383
乱世佳人	1 697	81 783
西西里的美丽传说	3 281	109 182

（续表）

电影名称	影评数	短评数
喜剧之王	1 218	76 123
鬼子来了	1 442	69 305
指环王 1:魔戒再现	435	51 046
大闹天宫	140	22 731
黑客帝国	796	64 503
唐伯虎点秋香	280	52 200
猫鼠游戏	953	79 026
剪刀手爱德华	1 979	109 276
加勒比海盗	349	54 476
本杰明·巴顿奇事	3 707	110 166
指环王 2:双塔奇兵	210	35 001
美丽心灵	1 837	79 950
教父 2	352	34 066
十二怒汉	1 526	62 188
辩护人	1 565	82 309
情书	4 329	134 058
三块广告牌	3661	135 969
天堂电影院	2 371	77 677
拯救大兵瑞恩	793	49 052
神偷奶爸	543	88 606
天使爱美丽	2 485	129 478
搏击俱乐部	2 413	112 144
蝴蝶效应	2 432	96 791
釜山行	4 055	151 943
死亡诗社	3 465	94 052
海蒂和爷爷	1 097	57 199
窃听风暴	2 011	78 319

(续表)

电影名称	影评数	短评数
超能陆战队	760	122 550
布达佩斯大饭店	1 015	124 621
禁闭岛	1 813	105 365
饮食男女	1 720	78 393
功夫	611	55 746
穿条纹睡衣的男孩	1 342	63 423
七宗罪	1 675	92 233
哈利·波特与死亡圣器(下)	2 031	83 553
音乐之声	393	43 921
倩女幽魂	534	55 561
请以你的名字呼唤我	3 640	117 771
血战钢锯岭	3 972	127 066
沉默的羔羊	806	76 191
飞越疯人院	2 108	72 930
低俗小说	1 352	99 871
心灵捕手	2 268	76 534
疯狂原始人	934	110 748
致命魔术	1 558	98 371
钢琴家	1 209	52 180
被嫌弃的松子的一生	6 541	128 848
摩登时代	302	21 467
消失的爱人	2 157	143 428
驯龙高手	842	74 591
奇迹男孩	2 564	97 079
美国往事	1 237	53 095
初恋这件小事	4 086	158 486
幽灵公主	726	45 599

（续表）

电影名称	影评数	短评数
小鞋子	1 347	49 500
驴得水	6 406	149 381
两杆大烟枪	659	72 957
重庆森林	2 207	103 257
忠犬八公物语	293	15 284
蝙蝠侠:黑暗骑士崛起	1 842	95 167
断背山	2 286	87 311
春光乍泄	2 349	81 173
杀人回忆	1 276	78 973
傲慢与偏见	1 679	91 700
钢铁侠	668	54 747
复仇者联盟	1 102	107 671
萤火之森	875	62 195
7 号房的礼物	934	65 868
致命 ID	984	90 095
哈利·波特与阿兹卡班的囚徒	154	27 637
哈利·波特与密室	128	25 890
疯狂的石头	726	54 652
射雕英雄传之东成西就	347	62 978
怪兽电力公司	287	43 188
英雄本色	563	41 472
勇敢的心	1 035	64 138
东邪西毒	1 800	56 770
阳光姐妹淘	1 698	94 178
阳光灿烂的日子	1 519	68 271
菊次郎的夏天	1 615	72 478
玩具总动员 3	1 039	53 134

(续表)

电影名称	影评数	短评数
爱在黎明破晓前	2 203	86 607
小森林·夏秋篇	975	61 973
敦刻尔克	4 712	135 268
恐怖直播	1 003	82 663
小森林　冬春篇	862	47 223
时空恋旅人	1 483	84 299
真爱至上	1 615	111 352
冰川时代	200	31 772
黑天鹅	2 323	124 922
教父 3	358	22 783
大鱼	1 865	73 616
爱乐之城	7 708	176 889
风之谷	435	31 196
狩猎	1 778	59 768
贫民窟的百万富翁	2 637	63 633
无人知晓	931	43 655
侧耳倾听	1 306	56 089
魔女宅急便	553	37 003
头脑特工队	1 146	84 121
火星救援	1 232	92 690
小萝莉的猴神大叔	2 083	79 174
爱在日落黄昏时	1 956	69 342